Juristische Fakultät
der Universität Basel

Schriftenreihe
des Instituts für Internationales Recht
und Internationale Beziehungen

Annatina Wirz

Gemeinsame elterliche Gewalt
geschiedener und nicht
verheirateter Eltern

JURISTISCHE FAKULTÄT DER UNIVERSITÄT BASEL

Schriftenreihe
des Instituts für Internationales Recht
und Internationale Beziehungen

Band 68

Herausgegeben von F. Vischer, F.-E. Klein und L. Wildhaber

Annatina Wirz

Gemeinsame elterliche Gewalt geschiedener und nicht verheirateter Eltern

Unter Berücksichtigung des deutschen, französischen, englischen und schweizerischen Rechts

Helbing & Lichtenhahn
Basel und Frankfurt am Main
1995

Die Deutsche Bibliothek – CIP-Einheitsaufnahme

Wirz, Annatina:
Gemeinsame elterliche Gewalt geschiedener und nicht verheirateter Eltern : unter Berücksichtigung des deutschen, französischen, englischen und schweizerischen Rechts / Annatina Wirz. – Basel ; Frankfurt am Main : Helbing und Lichtenhahn, 1995
   (Schriftenreihe des Instituts für Internationales Recht und Internationale Beziehungen ; Bd. 68)
   Zugl.: Basel, Univ., Diss., 1994
   ISBN 3-7190-1402-9
NE: Institut für Internationales Recht und Internationale Beziehungen <Basel>:
   Schriftenreihe des Instituts...

Die Druckvorlage der Textseiten wurde von der Autorin ab Datenträger als reprofertige Vorlage zur Verfügung gestellt.

Alle Rechte vorbehalten. Das Werk und seine Teile sind urheberrechtlich geschützt.
Jede Verwertung in anderen als den gesetzlich zugelassenen Fällen bedarf deshalb der vorherigen schriftlichen Einwilligung des Verlags.

ISBN 3-7190-1402-9
Bestellnummer 21 01402
© 1995 by Helbing & Lichtenhahn Verlag AG, Basel

In erster Linie danke ich meinen Eltern für die Unterstützung, die sie mir auf vielfältige Weise zuteil werden liessen. Ihnen und Dominik soll diese Arbeit gewidmet sein.

Bei Frau Prof. Dr. iur. Ingeborg Schwenzer LL. M. (Berkeley) genoss ich während meiner Tätigkeit als Assistentin eine sehr interessante und lehrreiche Zeit. Insbesondere danke ich ihr als Doktormutter für die hervorragende Betreuung der Arbeit und die anregenden Gespräche und Hinweise.

Mit Hilfe eines van Calker-Stipendiums wurde mir ein dreimonatiger Forschungsaufenthalt am Institut suisse de droit comparé in Lausanne ermöglicht, der für mich in jeder Hinsicht sehr wertvoll war.

Fachkundige und freundschaftliche Hilfe boten mir die Kolleginnen und Kollegen am Institut für Rechtswissenschaft; besonders bedanken möchte ich mich bei Herrn Dr. iur. Markus Müller und Frau lic. iur. Monica Koechlin. Ebenso herzlich danke ich Herrn RA Dirk Schneider, Frau lic. iur. Françoise König sowie Herrn lic. iur. Conradin von Planta für ihre Anregungen und Kommentare.

Basel, Dezember 1994   Annatina Wirz

INHALTSÜBERSICHT

Teil 1. Grundlagen

1. Kapitel. Elterliche Gewalt allgemein

I. Terminologie
II. Geschichtlicher Überblick
III. Voraussetzungen der elterlichen Gewalt nach schweizerischem Recht
IV. Elemente der elterlichen Gewalt in der Schweiz

2. Kapitel. Gemeinsame elterliche Gewalt nach Trennung oder Scheidung

I. Formen der gemeinsamen elterlichen Gewalt nach Hauptkriterien
II. Ziele der gemeinsamen elterlichen Gewalt nach Trennung oder Scheidung

3. Kapitel. Mögliche Anknüpfungspunkte für gemeinsame elterliche Gewalt

I. Ehe
II. Zusammenleben
III. Soziale Eltern-Kind-Beziehung
IV. Antrag der Eltern
V. Kindeswohl
VI. Wille des Kindes

Teil 2. Internationale Abkommen und gemeinsame elterliche Gewalt

4. Kapitel. UN-Kinderrechtskonvention und EMRK als Grundlage für die gemeinsame elterliche Gewalt

I. UN-Konvention über die Rechte des Kindes vom 20. November 1989
II. Europäische Menschenrechtskonvention

Teil 3. Gemeinsame elterliche Verantwortung in verschiedenen Rechtsordnungen

5. Kapitel. Gemeinsame elterliche Gewalt bei Zusammenleben der Eltern

I. Ehe
II. Nichteheliche Lebensgemeinschaft mit Kind(ern)

6. Kapitel. Gemeinsame elterliche Gewalt ohne Zusammenleben der Eltern

I. Faktische Trennung
II. Gemeinsame elterliche Gewalt nach Scheidung der Eltern
III. Unverheiratete Eltern, die nicht - oder nicht mehr - zusammenleben

INHALTSVERZEICHNIS

Literaturverzeichnis XVII

Abkürzungsverzeichnis XXXIX

Einleitung 1

Teil 1.   Grundlagen 3

1. Kapitel. Elterliche Gewalt allgemein 4
    I.   Terminologie 4
        1. Elterliche Gewalt 4
        2. Elterliche Verantwortung 6
    II. Geschichtlicher Überblick 8
        1. Patria potestas im römischen Recht 8
            a. Eheliche Kinder 8
            b. Nichteheliche Kinder 9
            c. Zusammenfassende Wertung 10
        2. Custody in Grossbritannien 11
            a. Eheliche Kinder 11
            b. Nichteheliche Kinder 12
        3. Puissance paternelle in Frankreich 12
            a. Eheliche Kinder 12
            b. Nichteheliche Kinder 14
        4. Väterliche Gewalt in Deutschland und in der Schweiz 14
            a. Germanischer Ursprung 14
                aa. Eheliche Kinder 15
                bb. Nichteheliche Kinder 16
            b. Ende 19. und 20. Jahrhundert 16
                aa. Eheliche Kinder 16
                bb. Nichteheliche Kinder 19
    III. Voraussetzungen der elterlichen Gewalt nach schweizerischem
        Recht 20
    IV. Elemente der elterlichen Gewalt in der Schweiz 21
        1. Zweck der Ausübung der elterlichen Gewalt durch die Eltern .. 21
        2. Erziehung, Vertretung, Verwaltung 22
        3. Obhut 22
            a. Allgemein 22
            b. Obhut nach Scheidung 23

2. Kapitel. Gemeinsame elterliche Gewalt nach Trennung oder Scheidung 25
    I.   Formen der gemeinsamen elterlichen Gewalt nach Hauptkriterien ... 25
        1. Aufenthaltsort des Kindes 27
            a. Residenzmodell 27
            b. Pendelmodell 28
            c. Bird's nest 28
            d. Würdigung 28
        2. Entscheidungsberechtigung der Eltern 29

a. Entscheidungsrecht und Obhutsrecht bei beiden Elternteilen 29
b. Entscheidungsrecht ist losgelöst von Obhut 29
c. Entscheidungsrecht ist gebunden an Obhut 30
3. Zusammenfassende Würdigung 30
II. Ziele der gemeinsamen elterlichen Gewalt nach Trennung oder Scheidung 31
1. Zukunftsorientierung im Verhältnis zwischen den Eltern 31
   a. Vermeidung von Scheidungsverlierern 31
   b. Akzeptanz der Scheidung 33
2. Ein Kind hat Mutter und Vater 35
   a. Bindungslehre 36
   b. Vaterforschung 37
   c. Systemische Sichtweise 39
   d. Zusammenfassung 39
   e. Kritik an zwingender Alleinzuteilung der elterlichen Gewalt ... 40
3. Ausrichtung des Eltern-Kind-Verhältnisses in die Zukunft 41
   a. Aufrechterhaltung des Kontakts 41
      aa. Genfer Untersuchung zur Wahrnehmung des Besuchsrechts 41
      bb. Bedeutung des Kontakts zum Vater für die Entwicklung des Kindes 43
      cc. Kind im Mittelpunkt der bundesgerichtlichen Rechtsprechung 45
      dd. Besuchspflicht statt Besuchsrecht? 45
      ee. Aufbau und Aufrechterhaltung einer Beziehung zwischen Vater und Kind 47
   b. Erfüllung der finanziellen Verpflichtung 48
4. Kindererziehung und Rollenverständnis 49
5. Zusammenfassung 51

3. Kapitel. Mögliche Anknüpfungspunkte für gemeinsame elterliche Gewalt 52
I. Ehe 52
1. Gemeinsame elterliche Gewalt für eheliche Kinder 52
2. Kritische Betrachtung der Ehe als ausschliesslichen Anknüpfungspunkt 53
3. Folgen für die gemeinsame elterliche Gewalt nach Scheidung ... 54
4. Würdigung 55
II. Zusammenleben 56
1. Zusammenleben der nichtehelichen Familie als Anknüpfungspunkt 56
2. Besonderes Schutzbedürfnis des nichtehelichen Kindes 56
3. Würdigung 57
III. Soziale Eltern-Kind-Beziehung 58
IV. Antrag der Eltern 59
1. Reines Antragsmodell 60
   a. Reines Antragsmodell bei Scheidung der Eltern 60
   b. Reines Antragsmodell bei gemeinsamer elterlicher Gewalt unverheirateter Eltern 60
2. Genehmigungsbedürftiger Antrag 60
   a. Genehmigungsbedürftiger Antrag bei Scheidung der Eltern ... 60
      aa. Ohne Kindeswohlüberprüfung 61

		bb. Mit Kindeswohlüberprüfung 61

        b. Genehmigungsbedürftiger Antrag unverheirateter Eltern.............. 61
    3. Würdigung 61
  V. Kindeswohl.. 62
    1. Maxime des Kindeswohls... 62
    2. Zum Begriff des Kindeswohls 62
    3. Würdigung 64
  VI. Wille des Kindes 64
    1. Rechte des Kindes 64
    2. Erscheinungsform von Kinderrechten.. 65
    3. Erfassbarkeit des Kindeswillens 66

Teil 2.   Internationale Abkommen und gemeinsame elterliche Gewalt 68

4. Kapitel. UN-Kinderrechtskonvention und EMRK als Grundlage für die
               gemeinsame elterliche Gewalt... 69
  I. UN-Konvention über die Rechte des Kindes vom 20. November
    1989 69
    1. Geschichte der Konvention 69
    2. Stand der Ratifikationen 70
    3. Überblick zum Inhalt der Konvention.. 71
    4. Direkter oder indirekter Einfluss der UN-
        Kinderrechtskonvention in den Beitrittsstaaten.................................. 73
    5. Bedeutung für die gemeinsame elterliche Gewalt.............................. 74
        a. Grundsatz der gemeinsamen Elternverantwortung 74
        b. Gemeinsame Elternverantwortung auch bei nichtehelichen
           Kindern... 75
              aa. Enge Auslegung von Art. 18 Kinderrechtskonvention 75
              bb. Kritik an enger Auslegung... 76
    6. Konvention der Kinderrechte oder der Elternrechte?........................ 77
    7. Kinderrechtskonvention in Deutschland 78
        a. Vollzugslehre.. 78
        b. Interpretationsvorbehalt der Bundesregierung............................. 78
        c. Kritik am Vorbehalt 79
    8. Anwendbarkeit der Konvention in Frankreich 81
        a. Monistisches System 81
        b. Rechtsprechung zur Kinderrechtskonvention 82
            aa. Untere Gerichtsinstanzen 82
            bb. Kassationshof 83
            cc. Staatsrat 85
        c. Würdigung.. 86
    9. Anwendbarkeit der Konvention in Grossbritannien.......................... 87
        a. Transformationsprinzip.. 87
        b. Völkerrechtskonforme Auslegung 87
    10. Kinderrechtskonvention in der Schweiz... 89
        a. Monistisches System in der schweizerischen Rechtsordnung.... 89
        b. Direkte Anwendbarkeit völkerrechtlicher Normen 90
            aa. Allgemein 90
            bb. Schlussfolgerung für die Kinderrechtskonvention 91
        c. Ratifikation der Kinderrechtskonvention durch die Schweiz.... 92
            aa. Vernehmlassungsverfahren... 92

bb. Botschaft des Bundesrates 93
cc. Vorbehalte 94
dd. Berücksichtigung der Kinderrechtskonvention im
    Rahmen der Revision des Scheidungsrechts 94
d. Würdigung 95
11. Zusammenfassung 96
II. Europäische Menschenrechtskonvention 97
1. EMRK in den nationalen Rechtsordnungen 97
2. Elterliche Gewalt als Teil des Schutzbereichs von Art. 8 und 14
   EMRK 99
   a. Vorliegen von Familienleben 100
      aa. Paula und Alexandra Marckx v. Belgien 100
      bb. Jolie und Lebrun v. Belgien 102
   b. Vorliegen von Familienleben ohne Zusammenleben
      (Berrehab und Koster v. Niederlande) 103
   c. Schlussfolgerung 105
3. Elterliche Gewalt und Art. 2 Zusatzprotokoll Nr. 1 106
4. Staatlicher Eingriff in das Familienleben einer ehelichen Familie 107
5. Staatlicher Eingriff in das Familienleben einer nichtehelichen
   Familie 108
   a. Eingriff oder Unterlassung einer positiven Handlungspflicht 109
   b. Positive Handlungspflichten der Mitgliedstaaten 110
   c. Zusammenfassung 110
6. Gemeinsame Elternverantwortung nach Scheidung 111
   a. Rechtfertigung eines Eingriffs oder Vorliegen einer
      Konventionsverletzung 111
   b. Praxis der Europäischen Kommission für Menschenrechte 111
   c. Entscheidung des niederländischen Hoge Raad von 1984 112
   d. Rechtsprechung des österreichischen Obersten Gerichtshofs
      und des Verfassungsgerichtshofs 113
   e. Zusammenfassende Würdigung 115
7. Gemeinsame Elternverantwortung unverheirateter Eltern 115
   a. Ungleichbehandlung von ehelichen und nichtehelichen
      Kindern 115
   b. B, R und J v. Bundesrepublik Deutschland 116
   c. Johnston u.a. v. Irland 117
   d. Entscheidung des niederländischen Hoge Raad von 1986 118
   e. Entscheidung des Tribunal de Grande Instance de
      Rochefort-sur-Mer von 1992 119
   f. Zusammenfassende Würdigung 120

Teil 3. Gemeinsame elterliche Verantwortung in verschiedenen
Rechtsordnungen 122

5. Kapitel. Gemeinsame elterliche Gewalt bei Zusammenleben der Eltern 123
    I. Ehe 123
   II. Nichteheliche Lebensgemeinschaft mit Kind(ern) 124
       1. Statistische Angaben zu nichtehelichen Familien in der Schweiz 124
       2. Gemeinsame elterliche Sorge nicht verheirateter,
          zusammenlebender Eltern in Deutschland 125
          a. Gesetzliche Regelung 125
          b. Urteil des Bundesverfassungsgerichts vom 24. März 1981 126
          c. Beschluss des Bundesverfassungsgerichts vom 7. Mai 1991 127
       3. Gemeinsame elterliche Gewalt unverheirateter,
          zusammenlebender Eltern in Frankreich 129
       4. Gemeinsame Elternverantwortung unverheirateter Eltern in
          Grossbritannien 131
       5. Gemeinsame elterliche Verantwortung unverheirateter,
          zusammenlebender Eltern in der Schweiz 131
          a. De lege lata 131
          b. Vorentwurf für die Revision des ZGB 133
          c. Eigener Vorschlag de lege ferenda 133

6. Kapitel. Gemeinsame elterliche Gewalt ohne Zusammenleben der Eltern 134
    I. Faktische Trennung 134
       1. Unter Anordnung von Eheschutzmassnahmen 134
       2. Trennung ohne staatliche Mitwirkung 135
   II. Gemeinsame elterliche Gewalt nach Scheidung der Eltern 136
       1. Rechtliche Situation in Deutschland 136
          a. Gesetzliche Regelung 136
          b. Urteil des Bundesverfassungsgerichts vom 3. November
             1982 137
             aa. Kriterien für die Belassung der gemeinsamen elterlichen
                Sorge 137
             bb. Bindung an Elternvorschlag 138
             cc. Gegen den Willen eines Elternteils 139
       2. Gesetzliche Ausgestaltung in Frankreich 140
          a. Elterliche Gewalt und droit de surveillance 140
          b. Rechtliche Situation vor 1987 142
          c. Loi Malhuret vom 22. Juli 1987 143
          d. Reform vom 8. Januar 1993 145
             aa. Gemeinsame elterliche Gewalt als Regelfall 145
             bb. Gegen den Willen eines Elternteils 146
             cc. Prämisse des Kindeswohls 147
             dd. Zulässigkeit der alternierenden Obhut 148
             ee. Erfahrungen mit alternierender Obhut 148
          e. Zusammenfassende Würdigung 149
       3. Gesetzliche Ausgestaltung in Grossbritannien 150
          a. Prinzip des Vorrangs des Kindeswohls 151
          b. Prinzip der Nichtintervention 151
             aa. Keine Zuteilung der elterlichen Gewalt von Amtes
                wegen 152

            bb. Gerichtliche Anordnungen nach Sec. 8 CA 1989 152
         c. Grenzen der Privatisierung der Familie 154
      4. Regelung in der Schweiz de lege lata... 155
         a. Kindeswohl als massgebliches Kriterium der
            Kinderzuteilung... 155
         b. Gemeinsame elterliche Gewalt geschiedener Eltern nach
            geltendem Recht?... 157
            aa. Kantonale Rechtsprechung vor 1991 157
            bb. Rechtsprechung des Bundesgerichts...................................... 160
            cc. Kantonale Rechtsprechung nach 1991 161
         c. Kritische Würdigung der geltenden Rechtslage 162
      5. Im Vorentwurf für die Revision des ZGB vorgesehene
         Regelung 164
         a. Gemeinsame elterliche Gewalt geschiedener Eltern..................... 164
         b. Ergebnisse des Vernehmlassungsverfahrens 165
      6. Eigene Vorschläge zur gemeinsamen Elternverantwortung nach
         Scheidung de lege ferenda... 166
         a. Gemeinsame Elternverantwortung ist gesetzlich vorzusehen 166
         b. Antrag der Eltern im Rahmen des Scheidungsprozesses............... 166
         c. Zur Überprüfung des Kindeswohls.. 167
         d. Gemeinsame Elternverantwortung gegen den Willen eines
            Elternteils... 168
         e. Beendigung der gemeinsamen elterlichen Gewalt........................ 170
         f. Fazit 171
   III. Unverheiratete Eltern, die nicht - oder nicht mehr - zusammenleben......... 172
      1. Rechtliche Situation in Deutschland 172
         a. Nach geltendem Recht... 172
         b. Reform des Kindschaftsrechts... 173
            aa. Reformvorschläge der Literatur und Juristischer
                Vereinigungen... 173
            bb. Umsetzung der Vorschläge durch den Gesetzgeber 174
      2. Gesetzliche Regelung in Frankreich.. 175
         a. Gemeinsame Elternverantwortung ohne Zusammenleben
            gemäss der loi Malhuret vom 22. Juli 1987 175
         b. Keine Änderung durch Reform vom 8. Januar 1993 für
            unverheiratete, nicht zusammenlebende Eltern 176
      3. Regelung in Grossbritannien 177
         a. Family Law Reform Act 1987... 177
         b. Children Act 1989 178
            aa. Parental responsibility order 179
            bb. Parental responsibility agreement 180
            cc. Ernennung des Vaters zum Vormund des Kindes 181
            dd. Residence Order 181
            ee. Ausübung der gemeinsamen Elternverantwortung 182
      4. Zwischenbemerkung zu den ausländischen Regelungen 183
      5. Rechtliche Situation in der Schweiz de lege lata 183
      6. Im Vorentwurf für die Revision des ZGB vorgesehene
         Regelung 183
         a. Gemeinsame elterliche Gewalt unverheirateter Eltern nicht
            vorgesehen... 183
         b. Ergebnisse des Vernehmlassungsverfahrens 184

		aa. Positive Vernehmlassungen	184
		bb. Kritische Vernehmlassungen	185
	c.	Würdigung der vorgesehenen Regelung	186
7.	Eigene Vorschläge zur gemeinsamen Elternverantwortung Unverheirateter de lege ferenda		187
	a.	Gemeinsame Elternverantwortung ist gesetzlich vorzusehen	187
	b.	Reines Antragsmodell	188
	c.	Zusammenleben stellt keine Voraussetzung dar	188
	d.	Keine Kindeswohlüberprüfung	189
	e.	Gemeinsame Elternverantwortung gegen den Willen eines Elternteils	189
	f.	Beendigung der gemeinsamen Elternverantwortung	191

Thesen ... 192
  I. Gemeinsame Elternverantwortung nach Scheidung ... 192
  II. Gemeinsame Elternverantwortung unverheirateter Eltern ... 193

Schlussbetrachtung ... 194

LITERATURVERZEICHNIS

ALDER, Claudius, Zum Vorrang von EG- und EWR-Recht vor schweizerischem Recht, EuR 1992, 345 ff.

AMATO, Paul R., Children's Adjustment to Divorce: Theories, Hypotheses, and Empirical Support, Journ.Marr. & Fam. 55 (Feb. 1993) 23 ff.

AMATO, Paul R./KEITH, Bruce, Parental Divorce and the Well-Being of Children: A Meta-Analysis, Psychological Bulletin 110 (1991) 1: 26 ff.

BADURA, Peter, Staatsrecht: systematische Erläuterungen des Grundgesetzes für die Bundesrepublik Deutschland, München 1986.

BAER, Ingrid, Neue Lösungen im Kindschaftsrecht, Rechtsvergleichende Betrachtungen und Anregungen zu einer Reform, ZRP 1989, 344 ff.

- Übereinkommen der Vereinten Nationen über die Rechte des Kindes, NJW 1993, 2209 ff.

BAHR-JENDGES, Jutta, Die Selbstbestimmung der Frau kann nicht so weit gehen, dass sie allein entscheidet, oder: ein Kind ohne Vater ist kein Mensch, Streit 1988, 99 ff.

- Gemeinsames Sorgerecht nach Scheidung und Trennung, Streit 1983, 15 ff.

BAINHAM, Andrew, The Privatisation of the Public Interest in Children, M.L.R. 53 (1990) 206 ff.

- The Children Act 1989, Welfare and Non-Interventionism, Fam.Law 20 (1990) 143 ff.

BALLOFF, Rainer/WALTER, Eginhard, Konzeptionelle Gedanken zur Trennungs- und Scheidungsintervention, FuR 1991, 63 ff.

BALSCHEIT, Peter, Gesetzgebung und Rechtsprechung zur gemeinsamen elterlichen Gewalt, AJP 1993, 1204 ff.

- Gemeinsame Elternverantwortung auch nach der Scheidung?, SJZ 84 (1988) 25 ff.

BARDE, Edouard, Le procès en divorce, ZSR 74 NF (1955) 453 ff.

BARDENHEUER, Christiane, Das Personensorgerecht für den Vater eines nichtehelichen Kindes als Teilaspekt eines neuen Kindschaftsrechtes unter Berücksichtigung der schwedischen Rechtslage, Regensburg 1990. [zit: Personensorgerecht für den Vater eines nichtehelichen Kindes].

BARTELS, Torsten, Die vollständigen und unvollständigen Familien im Kindschaftsrecht, Eine vergleichende Betrachtung der familienrechtlichen Regelungen in der Bundesrepublik Deutschland, der DDR, Österreich und der Schweiz, Frankfurt a.M./Bern/New York 1986.

BASTIEN-RABNER, Françoise, Le charme discret de la loi Malhuret, Droit de l'enfance et de la famille 1992/2, 221 ff.

BATTES, Robert/MEIXNER, Frank, Namensrecht - nichteheliche Kinder - Familiengericht, FuR 1993, 219 ff.

BAWIN-LEGROS, Bernadette, La fonction paternelle: son histoire, sa sociologie, Rev.trim.dr.fam. 1989, 5 ff.

BEDDARD, Ralph, Human Rights and Europe, 3. Aufl., Cambridge 1993.

BEITZKE, Günther/LÜDERITZ, Alexander, Familienrecht, Ein Studienbuch, 26. Aufl., München 1992.

BENABENT, Alain, Droit civil, La famille, 5. Aufl., Paris 1993.

BERICHT des Bundesrates über seine Geschäftsführung im Jahre 1983, Bern 1984.

BERICHT MIT VORENTWURF für eine Revision des Zivilgesetzbuches (Eheschliessung und Scheidung, Personenstand, Verwandtenunterstützungspflicht, Vormundschaft, Heimstätten und Ehevermittlung), Bern 1992 . [zit: Bericht mit VE].

BERICHT über das Vernehmlassungsverfahren zum Beitritt der Schweiz zum UNO-Übereinkommen über die Rechte des Kindes vom 20. November 1989 (Kinderkonvention), Bern, 5. Mai 1993. [zit: Bericht Kinderkonvention].

BERNHARDT, Rudolf, The Convention and Domestic Law, in: Macdonald/Matscher/Petzold (Hrsg.), The European System for the Protection of Human Rights, Dordrecht/Boston/London 1993, S. 25 ff. [zit: The Convention and Domestic Law].

BLACK, James C./CANTOR, Donald J., Child Custody, New York 1989.

BLACKSTONE, William, Commentaries on the Laws of England, Volume I Of the Rights of Persons, London 1765, A Facsimile of the First Edition, Chicago, London 1979.

BÖHM, Reglindis, Gedanken zu einer Neuregelung des Kindschaftsrechts, ZRP 1992, 334 ff.

BONILINI, Giovanni, Nozioni di diritto di famiglia, 2. Aufl., Torino 1992.

BÖRGERS, Michael, Die Europäische Menschenrechtskonvention als Rechtsquelle des deutschen Familienrechts, FuR 1990, 141 ff.

BOSCH, Friedrich, Wilhelm, Zur Rechtsstellung der mit beiden Eltern zusammenlebenden nichtehelichen Kinder, Bemerkungen aus Anlass des Beschlusses des Bundesverfassungsgerichts vom 7.5.1991, FamRZ 1991, 1121 ff.

BOWLBY, John, Attachment and Loss, Bd. I-III, London 1969-1973.

BRÄM, Verena/HASENBÖHLER, Franz, Zürcher Kommentar, Das Familienrecht, Teilband II 1 c, Die Wirkungen der Ehe im allgemeinen, Erste Lieferung, Art. 159 und Art. 163 - 168 ZGB, 3. Aufl., Zürich 1993 [zit: Zürch.Komm./Bräm/Hasenböhler, Art. 159 ZGB (1993)].

BRAUCHLI, Andreas, Das Kindeswohl als Maxime des Rechts, Diss. Zürich 1982.

BREITENMOSER, Stephan, Der Schutz der Privatsphäre gemäss Art. 8 EMRK, Basel/Frankfurt am Main 1986.

BRETON, André, in: Enc.Dalloz (2. Aufl.), Rép.civ., Bd. IV, Divorce (Conséquences).

BROMLEY, P.M./LOWE, N.V., Bromley's Family Law, 8. Aufl., London 1992.

- Bromley's Family Law, 7. Aufl., London 1987.

BRÖTEL, Achim, Europäische Impulse für das deutsche Nichtehelichenrecht, ZfJ 1992, 241 ff.

- Der Anspruch auf Achtung des Familienlebens, Rechtsgrund und Grenzen staatlicher Einwirkungsmöglichkeiten in familiäre Rechtspositionen nach der Europäischen Konvention zum Schutze der Menschenrechte und Grundfreiheiten, dargestellt an ausgewählten Beispielen des deutschen Familienrechts, Baden-Baden 1991.

- Das alleinige Sorgerecht der Mutter für ihr nichteheliches Kind - ein grundrechtswidriges Dogma?, NJW 1991, 3119 ff.

BUCHS, Gaby, Die unmittelbare Anwendbarkeit völkerrechtlicher Vertragsbestimmungen. Am Beispiel der Rechtsprechung der Gerichte Deutschlands, Österreichs, der Schweiz und der Vereinigten Staaten von Amerika, Baden-Baden 1993.

BUERGENTHAL, Thomas, Self-Executing and Non-Self-Executing Treaties in National and International Law, in: Académie de Droit International, Recueil des Cours, 1992, IV, Dordrecht/Boston/London 1993, S. 303 ff.

CARBONNEAU, Thomas E., A Consideration of Alternatives to Divorce Litigation, 1986 U. Ill. L. Rev. 1119 ff.

CARBONNIER, Irène, in: Juris Classeur Civil, IV, Art. 371 - 387, Autorité parentale, Paris 1988.

CARBONNIER, Jean, Droit civil, 2/ La famille, Les incapacités, 11. Aufl., Paris 1979.

CARBONNIER, Jean, Droit civil, Bd. 2 / La famille, 14. Aufl., Paris 1991.

COESTER, Michael, Entwicklungslinien im europäischen Nichtehelichenrecht, ZEuP 1993, 536 ff.

- Das Kindeswohl als Rechtsbegriff, Frankfurt am Main 1983.

COESTER, Michael/HANSEN, Kirsten-Pia, Das UN-Übereinkommen über die Rechte des Kindes und das KJHG: Impulse zur Kindeswohlverwirklichung, in: Steindorff (Hrsg.), Vom Kindeswohl zu den Kindesrechten, Neuwied 1994, S. 21 ff. [zit: UN-Übereinkommen über die Rechte des Kindes].

COHEN-JONATHAN, Gérard, Respect for Private and Family Life, in: Macdonald/Matscher/Petzold (Hrsg.), The European System for the Protection of Human Rights, Dordrecht/Boston/London 1993, S. 405 ff.

COMMENT, Albert, Problèmes juridiques dérivant de conventions relatives aux enfants de parents divorcés et aux enfants illégitimes, in: Probleme und Ziele der vormundschaftlichen Fürsorge, Festschrift zum 50-jährigen Bestehen der Vereinigung schweizerischer Amtsvormünder, Zürich 1963, S. 73 ff.

CONSTANTINESCO, Vlad/JACQUE, Jean-Paul, L'application du droit international et communautaire au regard de la Constitution Française, in: Koenig/Rüfner, Die Kontrolle der Verfassungsmäßigkeit in Frankreich und in der Bundesrepublik Deutschland, Annales Universitatis Saraviensis 115, Köln/Berlin/Bonn/München 1985, S. 175 ff.

CRETNEY, Stephen M., Elements of Family Law, 2. Aufl., London 1992.

- Privatising the Family: The Reform of Child Law, (1989) Denning L.J. 15 ff.

CRETNEY, Stephen M./MASSON, Judith M., Principles of Family Law, 5. Auflage, London 1992.

DEGOUMOIS, Valy, Pensions alimentaires, Aide au recouvrement et avances, Application des art. 290 & 293 al. 2 CCS, Genève 1982.

DERLEDER, Peter, Familienzusammenhang und Familienrecht, - Zugleich eine Besprechung von Furstenberg/Cherlin, Geteilte Familien, anläßlich des 10. Deutschen Familiengerichtstags -, FuR 1993, 271 ff.

DESCHENAUX, Henri/TERCIER, Pierre, Le mariage et le divorce, 3. Aufl., Bern 1985.

DEWAR, John, Law and the Family, 2. Aufl., London 1992.

DRZEMCZEWSKI, Andrew Z., European Human Rights Convention in Domestic Law, A Comparative Study, Oxford 1983.

DUSS-VON WERDT, Josef, Für die standesamtliche Scheidung, AJP 1992, 291 ff.

DUSS-VON WERDT, Josef, Scheidung in der Schweiz: eine Dokumentation im Auftrage des Bundesamtes für Justiz vom Institut für Ehe und Familie durchgeführte Untersuchungen, Zürich 1980.

EBERT, Kurt, Zur Konfiguration (Konfrontation) von innerstaatlichem Recht und Völkerrecht in der aktuellen deutschen Familienrechtslage, FamRZ 1994, 273 ff.

EEKELAAR, John, The Importance of Thinking that Children Have Rights, Int.J.Law & Fam. 6 (1992) 221 ff.

- Are Parents Morally Obliged to Care for their Children?, O.J.L.S. 11 (1991) 340 ff.

- The Emergence of Children's Rights, O.J.L.S. 6 (1986) 161 ff.

- The Interests of the Child and the Child's Wishes: The Role of Dynamic Self-Determinism, Int.J.Law & Fam. 8 (1994) 42 ff.

ELL, Ernst, Väter-Väter-Väter, ZfJ 1988, 436 ff.

- Benachteiligungen der nichtehelichen Kinder, ZfJ 1985, 97-100.

- Wie ist das mit der "Hauptbezugsperson"?, ZBlJugR 1982, 76 ff.

ERMACORA, Felix, Grundriss der Menschenrechte in Österreich, Wien 1988.

FAHRENHORST, Irene, Sorge- und Umgangsrecht nach der Ehescheidung und die Europäische Konvention zum Schutze der Menschenrechte und Grundfreiheiten, FamRZ 1988, 238 ff.

- Fortpflanzungstechnologien und Europäische Menschenrechtskonvention, EuGRZ 1988, 125 ff.

FARNER-SCHMIDHAUSER, Doris, Juristische Auswirkungen des neuen Eherechts im Kanton Zürich, in: Juristische Auswirkungen des neuen Eherechts, Bericht der Eidgenössischen Kommission für Frauenfragen, Bern 1991, S. 3 ff.

FAWCETT, James Edmund Sandford, The Application of the European Convention on Human Rights, 3. Aufl., Oxford 1987.

FELDER, Wilhelm, Kinderpsychiatrische Aspekte der Scheidung, Habilitationsschrift Bern 1990, unveröff.

- Kinderpsychiatrische Aspekte der Kindszuteilung, SJZ 85 (1989) 185 ff.

FERRAND, Frédérique, Die Entwicklung des französischen Kindschaftsrechts, in: Schwab/Henrich (Hrsg.), Entwicklungen des europäischen Kindschaftsrechts, Beiträge zum europäischen Familienrecht Bd. 1, Bielefeld 1994, S. 41 ff.

FIGDOR, Helmuth, Kinder aus geschiedenen Ehen: Zwischen Trauma und Hoffnung, Eine psychoanalytische Studie, Mainz 1991.

FINGER, Peter, Das Übereinkommen über die Rechte des Kindes (UN-Kinderrechtskonvention) und sein Einfluss auf das deutsche Kindschafts- und Familienrecht, JR 1992, 177 ff.

FLEISCH, Hans, Die verfassungsrechtliche Stellung des leiblichen Vaters, Baden-Baden 1987.

FLÜGGE, Sibylla, Ambivalenzen im Kampf um das Sorgerecht, Streit 1991, 4 ff.

FORDER, Caroline, Constitutional Principle and the Establishment of the Legal Relationship Between the Child and the Non-marital Father: A Study of Germany, the Netherlands and England, Int.J.Law & Fam. 7 (1993) 40 ff. [zit: Constitutional Principle of the Legal Relationship Between the Child and the Non-marital Father].

FRANK, Richard, Grenzbereiche der elterlichen Gewalt, in: Riemer/Walder/Weimar (Hrsg.), Festschrift für Cyril Hegnauer zum 65. Geburtstag, Bern 1986.

FREEMAN, Michael D. A., England: The Child's Welfare and Parental Rights, U.L.Journ.Fam.Law 31 (1992-93) 319 ff.

- The Welfare of Children in England and New Zealand, in: Faculté de Droit et des Sciences économiques de l'Université de Neuchâtel (Hrsg.), Mélanges en l'Honneur de Jacques-Michel Grossen, Basel/Frankfurt a. M. 1993, S. 131 ff.

- Taking Children's Rights More Seriously, Int.J.Law & Fam. 6 (1992) 52 ff.

FREIVOGEL, Elisabeth, Auswirkungen des neuen Eherechts in den Kantonen Basel-Stadt und Basel-Landschaft, in: Juristische Auswirkungen des neuen Eherechts, Bern 1991, S. 111 ff.

FREIVOGEL, Elisabeth/von FELTEN, Rolf, Das Sorgerecht als Zankapfel (Streitgespräch), plädoyer 6/1992, 11 ff.

FTHENAKIS, Wassilios E., Väter, Bd. I und II, München, Wien, Baltimore 1985.

- Wassilios E., Zum Stellenwert der Bindungen des Kindes als sorgerechtsrelevantes Kriterium gemäss § 1671 BGB, FamRZ 1985, 662 ff. [zit: Stellenwert der Bindungen].

- Kindeswohl - gesetzlicher Anspruch und Wirklichkeit - , in: Brühler Schriften zum Familienrecht, 3. Bd., Bielefeld 1984, S. 33 ff.

FTHENAKIS, Wassilios E./NIESEL, Renate/KUNZE, Hans-Rainer, Ehescheidung, München, Wien, Baltimore 1982.

FULCHIRON, Hugues, Une nouvelle réforme de l'autorité parentale, Commentaire de la loi n. 93-22 du 8 janvier 1993 à la lumière de la loi "Malhuret", D. 1993. Chron. 117.

- Les relations parents-enfants dans le nouveau droit français de l'autorité parentale, Rev. trim. dr. fam. 1988, 403 ff.

- in: Enc. Dalloz, Rép. civ., Bd. II, Autorité parentale, (2. Aufl.) Paris 1991.

- (sous la direction de Jacqueline Rubellin-Devichi), Autorité parentale et parents désunis, Paris 1985.

FURKEL, Françoise, Die wichtigsten Änderungen im französischen Familienrecht durch das Gesetz vom 8. Januar 1993, FamRZ 1994, 1084 ff.

FURSTENBERG, Frank F./CHERLIN, Andrew J., Geteilte Familien, Stuttgart 1993.

GEE, Irene, The Mediation Process, Fam. Law 1992,91 f.

GEHRING, Thomas M., Zur Revision des Scheidungsrechtes: Plädoyer für eine psychosoziale Sichtweise, AJP 1992, 937 ff.

- Vermittlung statt Streit zum Wohl der Kinder (Interview), plädoyer 6/1991, 6 ff.

GEIGER, Rudolf, Grundgesetz und Völkerrecht: die Bezüge des Staatsrechts zum Völkerrecht und Europarecht, München 1985.

GERNHUBER, Joachim, Lehrbuch des Familienrechts, 3. Aufl., München 1980.

GERNHUBER, Joachim/COESTER-WALTJEN, Dagmar, Lehrbuch des Familienrechts, 4. Aufl., München 1994.

GOLDSTEIN, Joseph/FREUD, Anna/SOLNIT, Albert J., Beyond the Best Interests of the Child, 2. Aufl., New York 1979.

GROSLIERE, Josette, La possession d'état pivot du droit de la filiation ou le danger d'une vérité sociologique, D.1991.Chron.149.

GROSSMANN, Klaus E., Bindungen zwischen Kind und Eltern: Verhaltensbiologische Aspekte der Kindesentwicklung, in: Kraus (Hrsg.), Die Scheidungswaisen: Verpflichtung, Recht und Chancen im Spannungsfeld divergierender Interessen. Referate gehalten auf dem Symposium der Joachim-Jungius-Gesellschaft der Wissenschaften Hamburg am 18. - 19. Oktober 1991, Göttingen 1993, S. 49 ff.

HAEFLIGER, Arthur, Die Europäische Menschenrechtskonvention und die Schweiz, Die Bedeutung der Konvention für die schweizerische Rechtspraxis, Bern 1993.

HAHNE, Meo-Micaela, Überlegungen zur Verbesserung der Rechtsstellung des nichtehelichen Kindes, FamRZ 1990, 928 ff.

HANSEN, Kirsten-Pia, Das Recht der elterlichen Sorge nach Trennung und Scheidung, Neuwied 1993.

HARTY, Mary/WOOD, James, From Shared Care to Shared Residence, Perspectives on Section II of the Children Act 1989, Fam.Law 21 (1991) 430 ff.

HAUSER, Jean/HUET-WEILLER, Danièle, Traité de Droit Civil, La Famille II, Dissolution de la Famille, Paris 1991.

- Traité de Droit civil, La Famille I, Fondation et vie de la famille, 2. Aufl., Paris 1993.

HAUSHEER, Heinz, Die Zuteilung der elterliche Gewalt im Scheidungsverfahren nach der neueren Rechtsprechung des Bundesgerichts, ZVW 1983, 121 ff.

HEER, Marianne, Von der Verhandlungs- zur Kooperationsmaxime - eine neue Herausforderung für den Richter, in: Festgabe Luzerner Obergericht, ZBJV 127 bis (1991) 153 ff.

HEGNAUER, Cyril, Grundriss des Kindesrechts und des übrigen Verwandtschaftsrechts, 4., überarbeitete Aufl., Bern 1994.

- Die Reform des schweizerischen Scheidungsrechts, FamRZ 1994, 729 ff.

- Das schweizerische Kindesrecht, in: Schwab/Henrich (Hrsg.), Entwicklungen des europäischen Kindschaftsrechts, Beiträge zum europäischen Kindschaftsrechts Bd. 1, S. 119 ff.

- Soll der Ausdruck "elterliche Gewalt" ersetzt werden?, ZVW 1993, 63 ff.

- Gemeinsame elterliche Gewalt nach der Scheidung?, SJZ 86 (1990) 369 ff.

- Zur elterlichen Gewalt der ledigen Mutter, Art. 298 ZGB, ZVW 1990, 99 ff.

HEGNAUER, Cyril/BREITSCHMID, Peter, Grundriss des Eherechts, 3. Auflage, Bern 1993.

HEIL, Renate Isabel, Das Personensorgerecht der Eltern nichtehelicher Kinder, Ein Beitrag zur Reform des Personensorgerechts unter Heranziehung der englischen Rechtslage, Regensburg 1993.

HEINKE, Sabine, Frauen vertreten Frauen - für eine offen(siv)e Parteilichkeit, in: Fabricius-Brand (Hrsg.), Wenn aus Ehen Akten werden, Scheidungsprotokolle, Frankfurt, New York 1989, S. 77 ff.

HENKEL, Helmut, Die elterliche Gewalt, in: Berner Tage für die juristische Praxis 1977, Das neue Kindesrecht, Bern 1978.

HENRICH, Dieter, Reformen im englischen Kindschaftsrecht, in: Schwab/Henrich (Hrsg.), Entwicklungen des europäischen Kindschaftsrechts, Beiträge zum europäischen Familienrecht Bd. 1, Bielefeld 1994, S. 33 ff.

- Familienrecht, 4., neubearbeitete Aufl., Berlin/New York 1991.

- Familienrechtsreform durch die Verfassungsgerichte?, ZfRV 1990, 241 ff.

HERDEGEN, Matthias, Die Aufnahme besonderer Rechte des Kindes in die Verfassung, FamRZ 1993, 374 ff.

HOFMANN, Rainer, Das dänische Gesetz vom 29. April 1992 zur innerstaatlichen Anwendbarkeit der EMRK, EuGRZ 1992, 253 ff.

HOGGETT, Brenda, The Children Bill: The Aim, Fam.Law 19 (1989) 217 ff.

- Parents and Children: The Law of Parental Responsibility, 3. Aufl., London 1987.

HOGGETT, Brenda/WHITE, Richard/CARR, Paul/LOWE, Nigel, Clarke Hall and Morrison, Tenth Edition, Law Relating to Children and Young Persons, Special Bulletin, A Guide to the Children Act 1989, London 1990.

HORSTMANN, Martin, Zum Problem der personensorgerechtlichen Beziehungen im ausserehelichen Eltern-Kind Verhältnis: der Zusammenhang zwischen Institution der Familie und der elterlichen Gewalt, Bielefeld 1967.

HUBER, Eugen, System und Geschichte des Schweizerischen Privatrechts, Bd. IV, Basel 1893.

HUET-WEILLER, Danièle, De la puissance paternelle à la responsabilité parentale, in: Roland Ganghofer (Hrsg.), Le droit de la famille en Europe, Son évolution depuis l'antiquité jusqu'à nos jours, Strasbourg 1992, S. 405 ff.

JACOT-GUILLARMOD, Olivier, L'application directe des traités internationaux en Suisse: histoire d'un détour inutile, SJR 45 (1989) 129 ff.

- Les liens familiaux dans la Jurisprudence de Strasbourg, in: Wessner (Hrsg.), Problèmes de droit de la famille, Neuchâtel 1987, S. 79 ff.

JAHRESBERICHT des Basler Frauenvereins am Heuberg, Basel 1993.

JAMES, T. E., Child Law, London 1962.

JAYME, Erik, Die Entwicklung des europäischen Familienrechts, FamRZ 1981, 221 ff.

JAYME, Erik, Europäische Menschenrechtskonvention und deutsches Nichtehelichenrecht, NJW 1979, 2425 ff.

JHERING, Rudolph von, Geist des römischen Rechts auf den verschiedenen Stufen seiner Entwicklung, Erster Teil, 6. Aufl., Leipzig 1907.

JOHNSTON, Janet R./KLINE, Marsha/TSCHANN, Jeanne, Ongoing Postdivorce Conflict: Effects on Children of Joint Custody and Frequent Access, Amer.J.Orthopsychiat. 59 (1989) 4: 567 ff.

JOPT, Uwe-Jörg, Im Namen des Kindes, Plädoyer für die Abschaffung des alleinigen Sorgerechts, Hamburg 1992.

JORIO, Tino, Der Inhaber der elterlichen Gewalt nach dem neuen Kindesrecht, Freiburg 1977.

KÄLIN, Walter, Menschenrechtsverträge als Gewährleistung einer objektiven Ordnung, in: Kälin et al. (Hrsg.), Aktuelle Probleme des Menschenrechtsschutzes, Heidelberg 1994, S. 9 ff.

- Die Europäische Menschenrechtskonvention als Faktor der europäischen Integration, in: Haller/Kölz/Müller/Thürer, Im Dienst an der Gemeinschaft, Festschrift Schindler, Basel/Frankfurt a.M. 1989, S. 529 ff.

KARLOWA, Otto, Römische Rechtsgeschichte, Zweiter Bd., Erster Teil, Privatrecht, Leipzig 1901.

KASER, Max, Römisches Privatrecht, Ein Studienbuch, 16., durchgesehene Aufl., München 1992.

- Das Römische Privatrecht, Erster Abschnitt, 2., neubearbeitete Aufl., München 1971.

KING, Valerie, Nonresident Father Involvement and Child Well-Being: Can Dads Make a Difference?, Journal of Family Issues 15 (1994) 1: 78 ff.

KLINE, Marsha/TSCHANN, Jeanne M./JOHNSTON, Janet R./WALLERSTEIN, Judith S., Children's Adjustment in Joint and Sole Physical Custody Families, Developmental Psychology 25 (1989) 430 ff.

KNÖPFEL, Gottfried, Zum gemeinsamen Sorgerecht der Eltern nach Scheidung, NJW 1984, 905 ff.

KOECHEL, Roland, Die Bindungen des Kindes - doch ein sorgerechtsrelevantes Kriterium, Gedanken zum Thema aus psychoanalytischer Sicht, FamRZ 1986, 637 ff.

KOEPPEL, Peter, Die Stellungnahme von "Defense for Children International", Genf, zu der von der Bundesregierung geplanten Vorbehaltserklärung zur UN-Kinderrechtskonvention, ZfJ 1991, 355 ff.

KRABBE, Heiner (Hrsg.), Scheidung ohne Richter, Neue Lösungen für Trennungskonflikte, Hamburg 1991.

KRAMER, Ernst A., Teleologische Reduktion - Plädoyer für einen Akt methodentheoretischer Rezeption, in: Rechtsanwendung in Theorie und Praxis: Symposion zum 70. Geburtstag von Arthur Meier-Hayoz, Basel/Frankfurt a.M. 1993, S. 65 ff.

KRAUSE, Harry, D., Family law in a nutshell, 2. Aufl., St. Paul, Minnesota 1986.

KROPHOLLER, Jan, Übereinstimmender Elternvorschlag und Sorgerecht, NJW 1984, 271 ff.

- Gemeinsame elterliche Sorge nach der Ehescheidung im deutschen und ausländischen Recht, JR 1984, 89 ff.

LA MARNIERRE de, E.S., Exercice en commun de l'autorité parentale sur les enfants dont les parents sont divorcés ou célibataires, Gaz.Pal.1987.2.638.

LANGUIN, Noëlle, Les contacts entre père et enfant à la suite du divorce, Document de travail relatif à quelques résultats d'une enquête récente, Travaux CETEL Nr. 37, Genève 1990. [zit: Contacts].

LEMPP, Reinhard, Was bedeutet die Scheidung der Eltern für das Kind?, in: Kraus (Hrsg.), Die Scheidungswaisen: Verpflichtung, Recht und Chancen im Spannungsfeld divergierender Interessen. Referate gehalten auf dem Symposium der Joachim-Jungius-Gesellschaft der Wissenschaften Hamburg am 18. - 19. Oktober 1991, Göttingen 1993, S. 65 ff.

- Das gemeinsame Sorgerecht aus kinderpsychiatrischer Sicht, ZfJ 1984, 305 ff.

- Die Bindungen des Kindes und ihre Bedeutung für das Wohl des Kindes gemäss § 1671 BGB, FamRZ 1984, 741 ff. [zit: Bindungen des Kindes].

LEUENBERGER, Hans Rudolf, Der Schutz der ehelichen Gemeinschaft nach Art. 169 ff. ZGB, Bern 1944.

LIMBACH, Jutta, Gemeinsame elterliche Sorge geschiedener Eltern in der Rechtspraxis, Eine Rechtstatsachenstudie, Köln 1989.

LOWE, Nigel V., Die Rechtsstellung des Kindes - Reform auf englische Art: Eine Einführung zum Children Act 1989, FuR 1991, 123 ff.

- The Family Law Reform Act 1987 - Useful Reform but an Unhappy Compromise?, Denning L.J. (1988) 77 ff.

LUTHIN, Horst, Gemeinsames Sorgerecht nach der Scheidung, Bielefeld 1987.

- Elterliche Sorge, Umgangsbefugnis und Kindeswohl, Neueres aus Rechtsprechung und Schrifttum, FamRZ 1984, 114 ff.

LYON, Christina M., The Law Relating to Children, London/Dublin/Edinburgh 1993.

MACCOBY, Eleanor E./DEPNER, Charlene E./MNOOKIN, Robert H., Coparenting in the Second Year After Divorce, Journ.Marr. & Fam. 52 (February 1990): 141 ff.

MACCOBY, Eleanor E./MNOOKIN, Robert H., Dividing the Child, Cambridge/Massachusetts 1992.

MACKSCHEIDT, Elisabeth, Loyalitätsproblematik bei Trennung und Scheidung - Überlegungen zum Kindeswohl aus familientherapeutischer Sicht -, FamRZ 1993, 254 ff.

MAGNUS, Ulrich, Sorgerecht und Scheidung, RdJB 1988, 158 ff.

MÄHLER, Gisela/MÄHLER, Hans-Georg, Das Verhältnis von Mediation und richterlicher Entscheidung, Eine rechtliche Standortbestimmung, in: Krabbe (Hrsg.), Scheidung ohne Richter, Neue Lösungen für Trennungskonflikte, Hamburg 1991, S. 148 ff.

MALAURIE, Philippe/AYNES, Laurent, Cours de droit civil, La famille, 3. Aufl., Paris 1992.

MANAÏ, Dominique, Le statut de l'enfant à la lumière du droit aux relations personnelles, ZSR NF 107 (1988) I 309 ff.

MASSON, Judith M./MORRIS Michael, The Children Act Manual, London 1992.

MEIER-SCHATZ, Christian J., Über Entwicklung, Inhalt und Strukturelemente des Kindsrechts, AJP 1993, 1035 ff.

METRAUX, Béatrice, Etude national France, in: Conséquences institutionnelles de l'appartenance aux Communautés européennes, Publications de l'Institut suisse de droit comparé 18, Zürich 1991, S. 223 ff.

MEULDERS, Marie-Thérèse, Vers la co-responsabilité parentale dans la famille européenne, Rev.trim.dr.fam. 1991, 5 ff.

MICHALSKI, Lutz, Gemeinsames Sorgerecht geschiedener Eltern, FamRZ 1992, 128 ff.

MILLER, David J., Joint Custody, 13 Fam.L.Q. (1979/80) 345.

MITCHELS, Barbara, Unmarried Parents and the Children Act 1989, P.C.L.B. 4 (1991) 8, 94 f.

MITTEIS, Heinrich/LIEBERICH, Heinz, Deutsche Rechtsgeschichte, Ein Studienbuch, 19., erweiterte und ergänzte Aufl., München 1992.

MOTTL, Ingeborg, Die Sorge der Eltern für ihre Kinder, Frankfurt am Main 1992.

MÜLLER, Georg, Zum Verhältnis von Verfassung, Familienpolitik und Familienrecht, in: Riemer/Walder/Weimar (Hrsg.), Festschrift für Cyril Hegnauer zum 65. Geburtstag, Bern 1986, S. 231 ff.

MÜLLER, Jörg Paul, Zur sog. subjektiv- und objektivrechtlichen Bedeutung der Grundrechte, Der Staat 29 (1990) 33 ff.

MÜLLER, Markus, Die internationale Zuständigkeit bei grenzüberschreitenden Umweltbeeinträchtigungen, Basel 1994.

MÜLLER, Jörg Paul/WILDHABER, Luzius, Praxis des Völkerrechts, 2. Aufl., Bern 1982.

MÜNCHENER KOMMENTAR zum Bürgerlichen Gesetzbuch, 1. Aufl., München 1978 ff.; 2. Aufl., München 1984 ff.; 3. Aufl., München 1992 ff. [zit: Münch. Komm./Bearbeiter, BGB].

MÜNNING, Matthias, Das Gesetz zu dem UN-Übereinkommen über die Rechte des Kindes, ZfJ 1992, 553 ff.

NAPP-PETERS, Anneke, Ein-Elternteil-Familien: soziale Randgruppe oder neues familiales Selbstverständnis?, 2. Aufl., Weinheim 1987.

NEIRINCK, Claire/MARTIN, Pierre-Marie, Un traité bien maltraité, A propos de l'arrêt Le Jeune, J.C.P.1993.I.3677.

NICOLAS-MAGUIN, Marie-France, Pouvoirs du juge et volonté des parents dans l'exercice en commun de l'autorité parentale prévu par la loi du 22 juillet 1987, D.1988.Chron.307.

NIEMEYER, Gisela, Anmerkung zum Beschluss des BVerfG vom 7.5.1991, FuR 1991, 225 ff.

NORMANN, Sabine, Das neue Recht der elterlichen Sorge in Frankreich im Vergleich mit dem deutschen Recht, FamRZ 1988, 568 ff.

NUBER, Ursula, Scheidung mit Vernunft, Psychologie heute 18(1991)11, S. 40 ff.

O'NEILL, Onora, Children's Rights and Children's Lives, Int.J.Law & Fam. 6 (1992) 24 ff.

OBERLOSKAMP, Helga, Staatliche Rechtsfürsorge, Sorge- und Umgangsrecht beim nichtehelichen Kind, ZfJ 1989, 118 ff.

OELKERS, Harald/KASTEN, Hartwig, Zehn Jahre gemeinsame elterliche Sorge nach der Scheidung, FamRZ 1993, 18 ff.

OELKERS, Harald/KASTEN, Hartwig/OELKERS, Das gemeinsame Sorgerecht nach Scheidung in der Praxis des Amtsgerichts Hamburg - Familiengericht, FamRZ 1994, 1080 ff.

OLSEN, Frances, Das Übereinkommen der Vereinten Nationen über die Rechte des Kindes: eine feministische Perspektive, Streit 3/1993, 86 ff.

OURLIAC, Paul/GAZZANIGA, Jean-Louis, Histoire du droit privé français, Paris 1985.

PAIS, Marta Santos, Comité des droits de l'enfant, La Revue C.I.J., 47/1991, 33 ff.

PALANDT, Otto, Kommentar zum Bürgerlichen Gesetzbuch, 53. Aufl., München 1994. [zit: Palandt/Bearbeiter (53. Aufl. 1994)].

PALANDT, Otto, Kommentar zum Bürgerlichen Gesetzbuch, 52. Aufl., München 1993, [zit: Palandt/Bearbeiter (52. Aufl. 1992)].

PALM-RISSE, Martina, Hilfe für die Wehrlosen, Vereinte Nationen 3/1990, 101 ff.

PAPAUX-OFFNER, Alexandre, La Convention des Nations Unies relative aux droits de l'enfant, plädoyer 1/1993, 45 ff.

PARKER, Stephen, The Best Interests of the Child - Principles and Problems, Int.J.Law & Fam. 8 (1994) 26 ff.

PARKINSON, Lisa, Techniques de la médiation familiale, in: Veröffentlichungen des Schweizerischen Instituts für Rechtsvergleichung Bd. 19, "Mediation" als alternative Konfliktlösungsmöglichkeit?, Zürich 1992, S. 251 ff.

PAWLOWSKI, Hans-Martin/DEICHFUSS, Hermann, Gemeinsames Sorgerecht unverheirateter Eltern, Bemerkungen zum Beschluss des Ersten Senats des BVerfG vom 7. Mai 1991, FuR 1991, 205 ff.

PERRIN, Jean-François, Juristische Auswirkungen des neuen Eherechts in den Kantonen Genf und Waadt, in: Juristische Auswirkungen des neuen Eherechts, Bericht der Eidgenössischen Kommission für Frauenfragen, Bern 1991, S. 61 ff.

- Le juge du divorce peut-il instaurer l'autorité parentale conjointe?, Sem. jud. 1990, 372 ff.

PLANITZ, Hans/ECKHARDT, Karl August, Deutsche Rechtsgeschichte, 4., unveränderte Aufl., Wien 1981.

POLEDNA, Thomas, Praxis zur Europäischen Menschenrechtskonvention (EMRK) aus schweizerischer Sicht, Zürich 1993.

RASSOW, Walter, Ehelicherklärung - überholt und verfassungswidrig?, FamRZ 1986, 322 ff.

RAYMOND, Guy, La Convention des Nations Unies sur les droits de l'enfant et le droit français de l'enfance, J.C.P.1990.I.3451.

REMOND-GOUILLOUD, Martine, La possession d'état d'enfant, Rev.trim.dr.civ. 1975, 459 ff.

RENESSE von, Margot, Sorgerecht bei nicht-ehelicher Elternschaft, RdJB 1991, 407 ff.

RESS, Georg, Die Wirkungen der Urteile des Europäischen Gerichtshofes für Menschenrechte im innerstaatlichen Recht und vor innerstaatlichen Gerichten, in: Maier (Hrsg.), Europäischer Menschenrechtsschutz, 1982, S. 227 ff.

REUSSER, Ruth, Die aus kindes- und vormundschaftsrechtlicher Sicht relevanten Neuerungen, ZVW 1993, 47 ff.

REUTER, Dieter, Elterliche Sorge und Verfassungsrecht AcP 192 (1992), 108 ff.

RIEMER, Michael Hans, Umfang und Schranken richterlicher Gebotsberichtigung, dargestellt anhand aktueller Beispiele aus dem Familienrecht, recht 1993, 127 ff.

ROELLI, Bruno, Materiell- und prozessrechtliche Gesichtspunkte der Kinderzuteilung, in: Heinz Hausheer (Hrsg.), Festgabe Luzerner Obergericht, Bern 1991, S. 225 ff.

RONDEAU-RIVIER, Marie-Claire, La Convention des Nations unies sur les droits de l'enfant devant la Cour de cassation: un traité mis hors jeu, D.1993.Chron.203 ff.

ROS, Mirko, Die unmittelbare Anwendbarkeit der EMRK. Ein Beitrag zur Lehre der self-executing treaties, Zürich 1984.

RUBELLIN-DEVICHI, Jacqueline, The best Interests Principle in French Law and Practice, Int.J.Law & Fam. 8 (1994) 259 ff.

- Le principe de l'interêt de l'enfant dans la loi et la jurisprudence française, J.C.P.1994.I.3739.

- Une importante réforme en droit de la famille: la loi n. 93-22 du 8 janvier 1993, J.C.P.1993.I.3659.

RÜFNER, Wolfgang, Zum Elternbegriff des Grundgesetzes, FamRZ 1963, 153 ff.

RUSS, George H., Through the Eyes of a Child, "Gregory K.": A Child's Right to be Heard, 27 Fam.L.Q. (1993) 365 ff.

SACHS, Christina, The Unmarried Father, Fam.Law 21 (1991) 538 ff.

SALADIN, Peter, Grundrechte der Familie, Grundrechte in der Familie, in: Schnyder (Hrsg.), Familie-Herausforderung der Zukunft, Symposium an der Universität Freiburg Schweiz, Freiburg 1982, S. 141 ff.

SALADIN, Peter, Rechtsbeziehungen zwischen Eltern und Kindern als Gegenstand des Verfassungsrechts, in: Frank Vischer u. a. (Hrsg.), Familienrecht im Wandel, Festschrift für Hans Hinderling, Basel 1976, S.175 ff.

SALGO, Ludwig, Der Anwalt des Kindes, Vertretung von Kindern in zivilrechtlichen Kindesschutzverfahren, - eine vergleichende Studie, Köln 1993.

SANDOZ, Suzette, Les autorités de tutelle face à un jugement de divorce attribuant l'autorité parentale aux deux parents, en violation de la loi, ZVW 1993, 65 ff.

- Attribution conjointe de l'autorité parentale aux parents divorcés?, in: Sturm (Hrsg.), Mélanges Paul Piotet, Bern 1990, S. 107 ff.

SCHLEIFFER, Roland, Elternverluste, Eine explorative Datenanalyse zur Klinik und Familiendynamik, Berlin, Heidelberg 1988.

SCHMID, Bernhard, Rang und Geltung der Europäischen Konvention zum Schutze der Menschenrechte und Grundfreiheiten vom 3. November 1950 in den Vertragsstaaten, Basel/Frankfurt a.M. 1984.

SCHMIDT-RÄNTSCH, Günther, Gemeinsame Sorge geschiedener Eltern - keine gesetzgeberischen Massnahmen, FamRZ 1983, 17 ff.

SCHNEIDER, Bernard, Elterliche Gewalt - Kindesschutz - Kindesvermögen, in: SJK 334, Das Kindesrecht VI, Wirkungen IV, Genève 1982.

- L'attribution des enfants lors du divorce des parents, in: Mélanges Jacques-Michel Grossen, Basel/Frankfurt a.M. 1992, 205 ff.

SCHWAB, Dieter, Familienrecht, 7. Aufl., München 1993.

- Entwurf eines Übereinkommens über die Rechte des Kindes, FamRZ 1989, 1041 f.

SCHWENZER, Ingeborg, Die UN-Kinderrechtskonvention und das schweizerische Kindesrecht, AJP 1994, 817 ff.

- Gemeinsame elterliche Sorge nach Scheidung - Der Weg zu einem europäischen Familienrecht ist noch weit - ZEuP, erscheint demnächst.

- Elterliche Sorge für nichteheliche Kinder im Lichte internationaler Konventionen, ZEuP, erscheint demnächst.

- Familienrecht im Umbruch, ZBJV 129 (1993) 257 ff.

- Empfiehlt es sich, das Kindschaftsrecht neu zu regeln?, Gutachten A zum 59. Deutschen Juristentag, München 1992. [zit: Gutachten zum 59. DJT (1992)].

- Die Rechtsstellung des nichtehelichen Kindes, FamRZ 1992, 121 ff.

- Vom Status zur Realbeziehung, Familienrecht im Wandel, Baden-Baden 1987.

- "...Vater sein dagegen sehr!", Kritische Anmerkungen zur elterlichen Sorge für nichteheliche Kinder, FamRZ 1985, 1202 ff.

SIEHR, Kurt, Grundrechte und Privatrecht, Einschränkung privatrechtlichen Handelns durch Grundrechte?, in: Habscheid, Hoffmann-Nowotny, Linder, Meier-Hayoz (Hrsg.), Freiheit und Zwang, Festschrift zum 60. Geburtstag von Hans Giger, Bern 1989, S. 627 ff.

SILBERNAGEL, Alfred/WÄBER, Paul, Berner Kommentar, Bd. II: Das Familienrecht, 2. Abteilung: Die Verwandtschaft, Art. 252 - 359 ZGB, Bern 1921.[zit: Bern. Komm./Silbernagel/Wäber, Art. 252 ZGB (1921)].

SPELLENBERG, Ulrich, Die Possession d'état im französischen Kindschaftsrecht, FamRZ 1984, 117 ff., 239 ff.

SPITZ, René Arpad, Genèse des premières relations objectales, Revue française de psychoanalyse, Paris 1954, dt: Die Entstehung der ersten Objektbeziehungen, 3. Aufl., Stuttgart 1973.

SPÜHLER, Karl/FREI-MAURER, Sylvia, Berner Kommentar, Band II: Das Familienrecht, 1. Abteilung: Das Eherecht, 1. Teilbd., 2. Hälfte: Die Ehescheidung, Art. 137-158 ZGB, Bern 1991.[zit: Bern.Komm./Spühler/Frei-Maurer, Art. 137 ZGB (1991)].

STATISTISCHES Jahrbuch der Schweiz 1994, Zürich 1993.

STEIN-HILBERS, Marlene, Biologie und Gefühl - Geschlechterbeziehungen im neuen Kindschaftsrecht, ZRP 1993, 256 ff.

- Männer und Kinder, Reale, ideologische und rechtliche Umstrukturierungen von Geschlechter- und Elternbeziehungen, FuR 1991, 198 ff.

STEINDORFF, Caroline, Familienrechtsreform in Frankreich - Das Gesetz vom 8. Januar 1993, FuR 1993, 319 ff.

- Die UN-Kinderrechtskonvention als Legitimationsgrundlage für Elternrechte?, FuR 1991, 214 ff.

STETTLER, Martin, Schweizerisches Privatrecht III/2, Das Kindesrecht, Basel, Frankfurt am Main 1992.[zit: SPR III/2 (1992)].

STÖCKER, Hans A., Die UNO-Kinderkonvention und das deutsche Familienrecht, FamRZ 1992, 245 ff.

- Auslegung der Kinderkonvention, Recht der Jugend und des Bildungswesens 1991, 75 ff.

- Verstärkung der Kinderrechte im Jahr des Kindes, Vereinte Nationen 3/1979, 90 ff.

- Abschaffung der Nichtehelichkeit - notwendige Revision einer Reform, ZRP 1975, 32 ff.

STRUCK, Jutta, Die UN-Konvention über die Rechte des Kindes - Impulse für eine Erneuerung unseres Kindschafts- und Jugendrechts - , ZfJ 1990, 613 ff.

TENBIEG, Jochen, Gemeinsames elterliches Sorgerecht für nicht - und nicht mehr - miteinander verheiratete Eltern. Entwicklungen in den Niederlanden, Anregungen für das deutsche Recht, Diss. Bonn 1991.

THE LAW COMMISSION, Working Paper No. 96, Family Law, Review of Child Law: Custody (1986).

THOMPSON, Linda/WALKER, Alex J., Gender in Families: Women and Men in Marriage, Work, and Parenthood, Journ. Marr. & Fam. 51 (November 1989): 845 ff. [zit: Gender in Families].

TRIBE, Laurence H., American Constitutional Law, 2. Aufl., Mineola/New York 1988.

TSCHÜMPERLIN, Urs, Die elterliche Gewalt in bezug auf die Person des Kindes (Art. 301 bis 303 ZGB), Freiburg 1989.

VAN BUEREN, Geraldine, The United Nations Convention on the Rights of the Child, The Necessity of Incorporation into United Kingdom Law, Fam.Law 9 (1992), S. 373 ff.

VAN DIJK, P./VAN HOOF, G.J.H., Theory and Practice of the European Convention on Human Rights, 2. Aufl., Deventer 1990.

VAUVILLE, Premier regard sur la loi Malhuret, D.1989.Jur.123.

VERWALTUNGSPRAXIS der Bundesbehörden, VPB 53 (1989) IV N. 54, S. 393 ff.

VILLIGER, Mark E., Praktische Probleme der Einreichung und Behandlung von Individualbeschwerden bei der Europäischen Kommission für Menschenrechte, AJP 1994, 13 ff.

- Handbuch der Europäischen Menschenrechtskonvention (EMRK), Zürich 1993.

VOGT, Nedim, Peter, Kinder im gemeinsamen Haushalt, in: Frank et al. (Hrsg.), Die eheähnliche Gemeinschaft (Konkubinat) im schweizerischen Recht, Zürich 1984, S. 97 ff.

WACKE, Andreas, "Elterliche Sorge" im Wandel der Jahrtausende - Zum Sorgerecht der geschiedenen Mutter nach römischem Recht, FamRZ 1980, 205 ff.

WALLERSTEIN, Judith/BLAKESLEE, Sandra, Gewinner und Verlierer, Frauen, Männer, Kinder nach der Scheidung, Eine Langzeitstudie, München 1989.

WILDHABER, Luzius, Right to Education and Parental Rights, in: Macdonald/Matscher/Petzold (Hrsg.), The European System for the Protection of Human Rights, Dordrecht/Boston/London 1993, S. 531 ff.

- Conclusion and Implementation of Treaties in Switzerland, in: Swiss Reports Presented at the XIIIth International Congress of Comparative Law, Veröffentlichungen des Schweizerischen Instituts für Rechtsvergleichung, Bd. 12, Zürich 1990, S. 173 ff.

WILHELM, Christophe, Introduction et force obligatoire des traités internationaux dans l'ordre juridique suisse, Diss. Lausanne 1992.

WINGEN, Max, Scheidungswaisen im Spiegel der amtlichen Statistik. Befunde zur Lebenslage der Scheidungswaisen aus sozialwissenschaftlich-statistischer Sicht mit einigen familienpolitischen Schlussfolgerungen, in: Kraus (Hrsg.), Die Scheidungswaisen: Verpflichtung, Recht und Chancen im Spannungsfeld divergierender Interessen. Referate gehalten auf dem Symposium der Joachim-Jungius-Gesellschaft der Wissenschaften Hamburg am 18. - 19. Oktober 1991, Göttingen 1993, S.17 ff.

WOLF, Joachim, Ratifizierung unter Vorbehalten: Einstieg oder Ausstieg der Bundesrepublik Deutschland aus der UN-Konvention über die Rechte des Kindes, ZRP 1991, 374 ff.

WOLFRUM, Rüdiger, Der Schutz des Kindes im Völkerrecht, Schriften der Hermann-Ehlers-Akademie (16), 1985.

ZELLWEGER, Valentin, Völkerrecht und Bundesstaat, Mittel des Völkerrechts zur Vereinbarung von Staatsvertrags- und Bundesstaatsrecht, Schriften zum Völkerrecht, Band 98, Berlin 1992.

ZUSAMMENSTELLUNG DER VERNEHMLASSUNGEN zum Vorentwurf für eine Revision des Zivilgesetzbuches (Eheschliessung und Scheidung, Personenstand, Kindesrecht, Verwandtenunterstützungspflicht, Vormundschaft, Heimstätten und Ehevermittlung), Bern 1993. [zit: Vernehmlassungen zum VE].

ABKÜRZUNGSVERZEICHNIS

A.C.	Appeal Cases
a.F.	alte Fassung
AcP	Archiv für die civilistische Praxis
AJP	Aktuelle Juristische Praxis
All E.R.	All England Law Reports
Amer.J.Orthopsychiat.	American Journal of Orthopsychiatry
Amtl.Bull.NR	Amtliches Bulletin des Nationalrats
AmtsG	Amtsgericht
App.	Court of Appeal
Ark.	Arkansas
AS	Amtliche Sammlung
Aufl.	Auflage
BayObLG	Bayerisches Oberstes Landesgericht
BBl	Bundesblatt
Bd.	Band
Bern.Komm.	Berner Kommentar
BezirksG	Bezirksgericht
BG	Bezirksgericht
BGB	Bürgerliches Gesetzbuch
BGBl.	Bundesgesetzblatt
BTJP	Berner Tage für die juristische Praxis
bull.lég.	Bulletin législatif
BVerfG	Bundesverfassungsgericht
BVerfGE	Entscheidungen des Bundesverfassungsgerichts
BW	Burgerlijk Wetboek
CA 1989	Children Act 1989
CA	Cour d'appel
CA	Court of Appeal
Cc	Code civil
Cc	Codice civile

CD	Collection of Decisions (ab 1975 DR)
Ch.C.	Chancery Court
Ch.D.	Chancery Division
Chron.	Chronique
Cir.Ct.	Circuit Court
Ct.	Court
DDR	Deutsche Demokratische Republik
Denning L.J.	Denning Law Journal
ders.	derselbe
DFGT	Deutscher Familiengerichtstag
DHSS	Department of Health and Social Security
dies.	dieselbe
DJB	Deutscher Juristinnenbund
DJT	Deutscher Juristentag
DR	Decisions and Reports
E.	Erwägung
ECHR	European Convention on Human Rights
EGMR	Europäischer Gerichtshof für Menschenrechte
EKMR	Europäische Kommission für Menschenrechte
EMRK	Europäische Konvention zum Schutze der Menschenrechte und Grundfreiheiten
Enc.Dalloz.Rép.civ.	Encyclopédie Dalloz Répertoire de droit civil
Eng.Rep.	English Reports
et al.	et altera
EuGRZ	Europäische Grundrechte Zeitschrift
EuR	Europarecht
F.L.R.	Family Law Reports
Fam. Law	Family Law
Fam.L.Q.	Family Law Quarterly
Fam.L.Rep.	Family Law Reports
FamRZ	Zeitschrift für das gesamte Familienrecht

Fla.	Florida
Fla.L.Weekly	Florida Law Weekly
FLRA 1987	Family Law Reform Act 1987
FS	Festschrift
GG	Grundgesetz
GleichberechtigungsG	Gleichberechtigungsgesetz
HL	House of Lords
Hrsg.	Herausgeber
i.d.F.	in der Fassung
I.R.	Informations Rapides
i.V.m.	in Verbindung mit
insbes.	insbesondere
Int.J.Law & Fam.	International Journal of Law and the Family
J.C.P.	Juris-Classeur Périodique (La Semaine Juridique)
J.O.	Journal Officiel
Journ.Marr. & Fam.	Journal of Marriage and the Family
JR	Juristische Rundschau
Jur.Class.Civ.	Juris Classeur Civil
KantonsG	Kantonsgericht
KG	Kammergericht (Berlin)
KindschaftsRÄG	Kindschaftsrechtsänderungsgesetz
Ky.	Kentucky
L.Ed.	Lawyer's Edition, United States Supreme Court Reports
La Revue C.I.J.	La Revue Commission Internationale des Juristes
lat.	lateinisch
Law Com.	Law Commission
m. Anm.	mit Anmerkung
m.E.	meines Erachtens
M.L.R.	Modern Law Review
m.w.H.	mit weiteren Hinweisen

Mich.	Michigan
N	Nummer
n.	numéro
NF	Neue Folge
N.W.	North West
N.Y.	New York
NJ	Nederlandse Jurisprudentie
NJB	Nederlands Juristen Blad
Nr.	Nummer
O.J.L.S.	Oxford Journal of Legal Studies
ÖA	Der Österreichische Amtsvormund
OGH	Oberster Gerichtshof
OberG	Obergericht
OLG	Oberlandesgericht
P.C.L.B.	Practicioners' Child Law Bulletin
para.	Paragraph
RdJB	Recht der Jugend und des Bildungswesens
S.	Satz
S.	Seite
S.Ct.	Supreme Court
S.W.	South West
Sem.jud.	La Semaine judiciaire
SGGP	St.Gallische Gerichtspraxis
SI	Statutory Instruments published by authority
SJK	Schweizerische Juristische Kartothek
SJR	Schweizerisches Jahrbuch für internationales Recht
Somm.ann.	Sommaire annuaire
SorgeRG	Sorgerechtsgesetz
SPR	Schweizerisches Privatrecht
Sup.Ct.	Supreme Court
T	Tabelle

Term Rep.	Term Reports
Tex.L.Rev.	Texas Law Review
TGI	Tribunal de Grande Instance
U.L.Journ.Fam.Law	University of Louisville Journal of Family Law
U.S.	United States Supreme Court Reports
UNO	United Nations Organisation
unveröff.	unveröffentlicht
v.	versus
VE	Bericht mit Vorentwurf für eine Revision des Zivilgesetzbuches (Eheschliessung und Scheidung, Personenstand, Verwandtenunterstützungspflicht, Vormundschaft, Heimstätten und Ehevermittlung) vom Mai 1992
VfSlg	Sammlung der Erkenntnisse und wichtigsten Beschlüsse des Verfassungsgerichtshofes
W.L.R	The Weekly Law Reports
ZGB	Schweizerisches Zivilgesetzbuch
zit.	zitiert
ZP	Zusatzprotokoll Nr. 1 zur EMRK
ZR	Blätter für Zürcherische Rechtsprechung
ZRP	Zeitschrift für Rechtspolitik
ZSR	Zeitschrift für Schweizerisches Recht
ZStV	Verordnung über das Zivilstandswesen
ZVW	Zeitschrift für Vormundschaftswesen
ZZW	Zeitschrift für Zivilstandswesen

Einleitung

Die aktuelle Scheidungsrate in der Schweiz liegt gemäss Bundesamt für Statistik bei 38%. In den Städten wird bereits jede zweite Ehe geschieden. Im vergangenen Jahr waren 12'692 unmündige Kinder durch eine Scheidung betroffen. Angesichts dieser Zahlen wird deutlich, dass sich weitgehende Veränderungen in der Struktur der Gesellschaft vollziehen. Das Familienrecht ist ein kurzlebiges Rechtsgebiet, das sich wechselnden Anforderungen zu stellen hat, und dessen Aufgaben sich mit der Gesellschaft verändern. Bei der Lösung dieser Aufgaben zählt in Anbetracht der Nähe von Recht und emotionalen Beziehungen nicht allein die juristische Perspektive. Die Rechtsprechung und der Gesetzgeber sind für die Weiterentwicklung des Rechts auf die Anregungen und Erkenntnisse der psychologischen und soziologischen Forschung und anderer Humanwissenschaften angewiesen.

So geht es heute nicht mehr darum, einen der Ehepartner für das Scheitern der Beziehung verantwortlich zu machen und zu bestrafen. Die Zielsetzung muss vielmehr sein, den verschiedenen Familienmitgliedern einen Wiederaufbau des Lebens nach der Scheidung zu ermöglichen. Besondere Aufmerksamkeit gilt dabei den Kindern, die infolge ihrer Abhängigkeit in stärkstem Masse belastet sind. Durch die Scheidung der Eltern soll nicht die ganze Familie zerstört werden. Das Familienrecht muss unter dem Druck des rapiden Ansteigens der Scheidungsrate so gestaltet werden, dass es den betroffenen Eltern und Kindern helfen kann, mit den Erfahrungen der Scheidung fertig zu werden, ohne die Familienbeziehungen abreissen zu lassen. Im Rahmen dieser Arbeit wird untersucht, ob die fortdauernde gemeinsame elterliche Gewalt die Folgen der Scheidung für das Kind erträglicher machen kann, und wie sie ausgestaltet werden könnte.

Die Vielfalt von Familienformen stellt einen weiteren Ausdruck der gesellschaftlichen Veränderungen dar. Neue Formen der Familie, die zur Zeit der Schaffung des Zivilgesetzbuches nicht bestanden, setzen sich heute vermehrt durch. Der historische Gesetzgeber hat andere Varianten von Familien neben der Ehe lediglich als Randerscheinungen zur Kenntnis genommen. Damit hat er unverheiratete Eltern und ihre Kinder von der rechtlichen Privilegierung, die er der Ehe zukommen liess, ausgeschlossen. Die Folgen der rechtlichen Schlechterstellung haben in besonderem Masse die Kinder zu tragen, die ihrerseits jedoch keinen Einfluss auf die von ihren Eltern gewählte Lebensform haben. Das Familienrecht zeigt hier eine negative Folgeerscheinung, die sich dem Blickwinkel des historischen Gesetzgebers entzogen hat. Die Gesetzschaffenden der heutigen Zeit hingegen können die Frage der rechtlichen Beziehungen zwischen nichtehelichen Kindern und ihren Eltern nicht länger umgehen. Mit den gesellschaftlichen Änderungen ist sie zur rechtspolitischen Notwendigkeit geworden. Somit bildet die Frage der gemeinsamen Elternverantwortung unverheirateter Eltern ebenfalls Gegenstand der vorliegenden Arbeit. Es wird untersucht, wie ein novelliertes Kindesrecht den Bedürfnissen des Kindes und seinen Eltern gerecht werden könnte.

Die ausführliche Berücksichtigung der Rechtslage anderer Länder ist von grosser Bedeutung für die Untersuchung der Thematik der gemeinsamen Elternverantwortung. Sie eröffnet den Blick für verschiedene Lösungsansätze und kann wertvolle Impulse für die Rechtsentwicklung in der Schweiz liefern.

Teil 1. Grundlagen

Als Einführung des ersten Teils wird die Geschichte der elterlichen Gewalt in den verschiedenen Rechtsordnungen im Überblick dargestellt. Im zweiten Kapitel werden das Institut der gemeinsamen Elternverantwortung und Ausgestaltungsformen und die Ziele der gemeinsamen elterlichen Verantwortung generell vorgestellt. Das abschliessende Kapitel des ersten Teils behandelt mögliche Anknüpfungskriterien für die gemeinsame elterliche Gewalt.

1. Kapitel. Elterliche Gewalt allgemein

I. Terminologie

1. Elterliche Gewalt

Das Rechtsverhältnis zwischen Eltern und Kindern wird in den verschiedenen Rechtsordnungen unterschiedlich bezeichnet. Im französischen Kindschaftsrecht wird der Begriff der autorité parentale verwendet, der allerdings umstritten ist[1]. In Deutschland wurde auf die Bezeichnung der elterlichen Gewalt 1979 verzichtet, und der Begriff wurde durch die elterliche Sorge ersetzt. Doch heute wird in Deutschland der Begriff der Elternverantwortung vorgeschlagen[2]. In Österreich wurde im Zuge der Kindschaftsrechtsrevision von 1989 die elterliche Gewalt in Obsorge umbenannt[3]. Grossbritannien kennt seit 1989 die Rechtsfigur der elterlichen Verantwortung, während die Schweiz bis heute am Begriff der elterlichen Gewalt festhält.

Ausgehend von der Entwicklung der väterlichen Gewalt hin zur elterlichen Gewalt (in Anlehnung an den französischen Code civil von der puissance paternelle zur autorité parentale), wurde im schweizerischen Recht schon anlässlich der Revision des Kindesrechts von 1978 die Frage der Terminologie überdacht[4]. Dabei wurden unter anderem die elterliche Leitung als neue Wortschöpfung, die elterliche Sorge des deutschen BGB[5] und das Erziehungsrecht aus dem Familiengesetzbuch der ehemaligen DDR als neu zu

---

[1] Vgl. Huet-Weiller, De la puissance paternelle à la responsabilité parentale, in: Ganghofer (Hrsg.), Le droit de la famille en Europe (1992), S. 405, 412; Fulchiron, Les relations parents-enfants dans le nouveau droit français de l'autorité parentale, Rev.trim.dr.fam. 1988, 403 ff.

[2] Vgl. Willutzki, Verhandlungen des 59. DJT (1992), M 45.

[3] Vgl. KindschaftsRÄG vom 15.3.1989; Mottl, Die Sorge der Eltern für ihre Kinder (1992), S. 84 ff.

[4] BBl 1974 II 69, 70.

[5] Im Rahmen der anstehenden Reform des Kindschaftsrechts wird dieser Begriff allerdings kritisiert und stattdessen die Einführung der elterlichen Verantwortung vorgeschlagen, vgl. Thesen des Deutschen Familiengerichtstags zur Reform des Kindschaftsrechts (DFGT), I.1., FamRZ 1993, 1164.

Besonderer Wert wird auch heute noch darauf gelegt, dass in der Bezeichnung sowohl die Elemente der Rechte wie auch der Pflichten zum Ausdruck kommen. Aus diesem Grund sind damals die Vorschläge des elterlichen Erziehungsrechts und der elterlichen Sorge verworfen worden, da ihnen das wesentliche Element der Pflicht gefehlt habe[6]. Zudem muss als zusätzliche Bedingung der Eignung eine befriedigende Übersetzung in allen drei Gesetzessprachen möglich sein, die bei der elterlichen Sorge fehle[7]. Der Begriff der Leitung sei im Sprachgebrauch bereits mit verschiedensten Bedeutungen verbunden und könne sich als Bezeichnung eines genau bestimmten Rechtsinstitutes kaum durchsetzen.

Ob der Begriff der elterlichen Gewalt tatsächlich die beiden Elemente des Rechts und der Pflicht zum Ausdruck bringt, kann bezweifelt werden. Zwar wurde in der Botschaft und auch in der Literatur darauf hingewiesen, dass diese Gewalt keinesfalls eine unbeschränkte, sondern im Gegenteil eine in vielerlei Hinsicht begrenzte sei[8]. Doch gerade das Familienrecht ist ein Rechtsgebiet, mit welchem nicht nur Juristinnen und Juristen in Berührung kommen. Und aus diesem Grund sollte die Bezeichnung dieses Eltern-Kind-Verhältnisses den Ansprüchen des allgemeinen Sprachgebrauchs genügen[9]. Der Begriff muss sowohl juristisch genau wie auch in der Alltagssprache gebräuchlich und aus sich selbst heraus verständlich sein. Ein Begriff, der diesen Ansprüchen genügt und der europäischen Rechtslandschaft nicht neu ist, soll im folgenden vorgestellt werden. Im Rahmen der laufenden Revision des Zivilgesetzbuches wäre es möglich, auf den Begriff der elterlichen Ge-

---

Kindschaftsrechts (DFGT), I.1., FamRZ 1993, 1164.

[6] Vgl. BBl 1974 II 69.

[7] Vgl. BBl 1974 II 69.

[8] Vgl. als Auswahl statt vieler Hegnauer, Grundriss des Kindesrechts (4. Aufl. 1994), N 25.05.; Schneider, Elterliche Gewalt - Kindesschutz - Kindesvermögen, SJK 334 (Stand 1982), S. 2.; Saladin, Rechtsbeziehungen zwischen Eltern und Kindern als Gegenstand des Verfassungsrechts, in: Frank Vischer u. a. (Hrsg.), Festschrift für Hans Hinderling (1976), S. 175 ff.

[9] Erklärtes Anliegen von Eugen Huber, dem "Vater" des Zivilgesetzbuches, vgl. Huber, Erläuterungen zum Vorentwurf eines schweizerischen Zivilgesetzbuches, Erster Band (2. Aufl. 1914), S. 14. Vgl. auch die fast einstimmige Kritik an der Beibehaltung des Begriffs der elterlichen Gewalt im Rahmen des Vernehmlassungsverfahren zum neuen Scheidungsrecht. Zusammenstellung der Vernehmlassungen (1993), S. 792 ff.

walt zu verzichten und ihn durch die Bezeichnung der elterlichen Verantwortung zu ersetzen, die den verschiedenen Elementen der Beziehung zwischen Eltern und Kindern besser gerecht wird.

2. Elterliche Verantwortung

Der englische Gesetzgeber hat mit dem Children Act 1989 das Kind und seine Interessen in den Mittelpunkt gesetzt. Damit ist er einem Weg gefolgt, den die englische Rechtsprechung schon vorher eingeschlagen hatte. Die Gerichte sahen die elterlichen Rechte als von den elterlichen Pflichten abgeleitet, die nur solange gelten sollten, wie sie für den Schutz der Person und des Vermögens des Kindes nötig seien[10]. In einer Entscheidung fasste Lord Aylmerton zusammen, dass es keine Rolle spiele, ob ein Elternrecht durch das Gesetz zugesprochen werde oder ob ein Anspruch darauf aus dem Naturrecht oder dem allgemeinen Verständnis folge:

> "(...) - it is perfectly clear that any "right" vested in him or her must yield to the dictates of the welfare of the child."[11]

Als Ausdruck dieser Überzeugung kann die Verwendung des Begriffs der parental responsibility statt der parental rights gesehen werden. Der Children Act 1989 definiert die elterliche Verantwortung als

> "(...) all the rights, duties, powers, responsibility and authority which by law a parent of a child has in relation to the child and his property."[12]

Im Jahre 1984 hat das Ministerkomitee des Europarates eine Empfehlung zu Grundzügen der Beziehungen zwischen Eltern und Kindern angenommen[13] und hat den Mitgliedstaaten dabei den Begriff der parental responsibility oder responsabilité parentale nahegelegt.

Als neue Wortschöpfung wird stattdessen in der schweizerischen Literatur in jüngster Zeit der Begriff der elterlichen Entscheidungsbefugnis vorge-

---

[10] Gillick v. West Norfolk and Wisbech Area Health Authority, [1986] 1 A.C. 112, 184.
[11] In re K. D. (a minor), [1988] 2 W.L.R. 398, 414.
[12] Children Act 1989, Sec. 3 (1).
[13] R (84) 4 vom 28. Februar 1984.

stellt[14]. Es vermag allerdings nicht zu überzeugen, dass der schweizerische Gesetzgeber der Empfehlung des Europarates nicht folgen, sondern im Alleingang einen neuen, etwas schwerfälligen und altertümlich anmutenden Ausdruck wählen sollte. Auch unter Berücksichtigung der Tatsache, dass in der französischen und italienischen Übersetzung weiterhin die Bezeichnung der Autorität verwendet würde[15], ist dieser Begriff abzulehnen. Denn dadurch würden unerwünschte Unterschiede zwischen den sprachlich verschiedenen Gesetzestexten entstehen.

Die Verbindung der elterlichen Gewalt mit einem überkommenen Gewaltverhältnis zwischen Eltern und Kindern könnte mit dem Begriff der elterlichen Verantwortung[16] vermieden werden. Verantwortung zu übernehmen beinhaltet sowohl das Recht zur Entscheidung wie auch die Pflicht, eine den Umständen angemessene Entscheidung im Interesse des davon Betroffenen zu treffen. Keine Probleme schafft die Übersetzung der elterlichen Verantwortung in die verschiedenen schweizerischen Amtssprachen[17]. Die im Gesetz enthaltenen Bestimmungen über den Inhalt und die Grenzen der elterlichen Verantwortung dienen so der Konkretisierung eines aus sich selbst heraus verständlichen Begriffs und wirken nicht als Richtigstellung einer Bezeichnung, die nach dem allgemeinen Sprachgebrauch in diesem Zusammenhang ungewöhnlich erscheint und nicht den tatsächlichen Gegebenheiten entspricht[18].

---

14 Vgl. Hegnauer, Die Reform des schweizerischen Scheidungsrechts, FamRZ 1994, 729, 733, Fn. 43; ders., Das schweizerische Kindesrecht, in: Schwab/Henrich (Hrsg.), Entwicklungen des europäischen Kindschaftsrechts (1994), S. 119, 135; ders., Soll der Ausdruck "elterliche Gewalt" ersetzt werden?, ZVW 1993, 63 ff.

15 Gemäss Vorschlag von Hegnauer: Autorité parentale, autorità dei genitori.

16 Vgl. auch Balscheit, Gemeinsame Elternverantwortung auch nach der Scheidung? SJZ 84 (1988) 25.

17 Responsabilité parentale, responsabilità parentale.

18 Obwohl auch im Vorentwurf zur Revision des Scheidungsrechts keine Änderung der Terminologie vorgesehen ist, wird die vorgeschlagene Bezeichnung der elterlichen Verantwortung oder Elternverantwortung als Alternative zur elterlichen Gewalt in der vorliegenden Arbeit verwendet; Ähnlich Balscheit, Gesetzgebung und Rechtsprechung zur gemeinsamen elterlichen Gewalt, AJP 1993, 1204, der heute dem Begriff der Erziehungsverantwortung den Vorzug gibt.

II. Geschichtlicher Überblick

1. Patria potestas im römischen Recht

Die familia im römischen Sinn umfasste alle Gegenstände und Personen, die unter der privatrechtlichen Herrschaft eines römischen Bürgers vereint waren. Zur familia gehörten der paterfamilias als Oberhaupt und die seiner Gewalt unterstehenden Personen, die uxor in manu, filii und filiae und deren Nachkommen[19]. Wichtigstes Herrschaftsrecht des paterfamilias im Familienverband war die patria potestas. In sehr alter Zeit verfügte der Gewalthaber durch sie über nahezu unbeschränkte Herrschaft über seine Haustöchter und Haussöhne (filiae, filii familias). Er hatte das Recht über Leben und Tod (ius vitae necisque) des Hauskindes, das er in seinem eigenen Interesse ausüben konnte. Dieses Recht wurde jedoch lange vor der klassischen Zeit durch die Sitte eingeschränkt.

Sein Herrschaftsrecht dauerte über die Volljährigkeit des Hauskindes hinaus an. Solange das Kind im Familienverband lebte, blieb die patria potestas bis zum Tod des Gewalthabers bestehen[20]

a. Eheliche Kinder

Regelmässig wurde die patria potestas durch eheliche Abstammung begründet. Damit das Kind ehelich war, musste die Ehe der Eltern gültig und das Kind während dieser Ehe gezeugt worden sein[21]. Das Institut der Ehe war bis zu der Ehegesetzgebung des Augustus[22] von ausserjuristischem Charakter geprägt. Die Eingehung und auch die Auflösung der Ehe wurden nicht als Rechtsgeschäft behandelt, sondern als ein faktisches Verhältnis des sozialen Lebens verstanden[23]. Die Ehe stellte sich als eine verwirklichte Le-

---

[19] Karlowa, Römische Rechtsgeschichte, Zweiter Band (1901), S. 73.

[20] Bern.Komm./Silbernagel/Wäber, Art. 273 N 1 ZGB (1921); Kaser, Römisches Privatrecht, Ein Studienbuch (16. Aufl. 1992), § 60 I. 1.

[21] Kaser, Das Römische Privatrecht, 1. Abschnitt (2. Aufl. 1971), § 83 I. I.

[22] Lex Iulia de maritandis ordinibus von 18 v. Chr.; Lex Papia Poppaea von 9 n. Chr.; seit der Klassik werden sie als Einheit genannt, bei Justinian C. 6, 40, 2 f.

[23] Jhering bezeichnet die Ehe im römischen Recht als ein "völlig profanes und hinsichtlich ihrer Dauer ganz in das Belieben der Gatten gestelltes Verhältnis". Jhering,

Elterliche Gewalt allgemein

bensgemeinschaft dar. Das während der Ehe gezeugte Kind unterstand der patria potestas des Hausvaters[24], wenn dieser es als sein eheliches anerkannte. Es stand dem Ehemann der Mutter frei, das Kind anzuerkennen oder zu verstossen. Der Wille des Vaters, das Kind nicht auszusetzen, wurde nach römischem Brauch, dem tollere liberos, durch Aufheben des neugeborenen Kindes symbolisiert. Damit bestätigte der Mann die Vatersgewalt, die schon als mit der Geburt erworben galt. Einmal anerkannt, blieb das Kind unwiderruflich sein eheliches und konnte nicht mehr ohne Sakralvergehen ausgesetzt werden.

An der Ehelichkeit und der Zugehörigkeit dieses Kindes zum Familienverband und der patria potestas des Hausvaters änderte auch eine spätere Auflösung der Ehe der Eltern nichts, die ebenfalls nicht als Rechtsgeschäft, sondern als tatsächlicher Vorgang betrachtet wurde und von der Regelung der Gewaltverhältnisse zu trennen ist[25].

Im römischen Recht nicht vorgesehen war die Möglichkeit der Ausübung dieser Herrschaftsgewalt durch die Mutter, die ihrerseits der Hausgewalt des paterfamilias, der sogenannten manus, unterworfen war. Nur in den Fällen, in denen sich Eltern nach Scheidung (vollzogen ohne Richter) um ihre Kinder vor dem Richter stritten, ist überliefert, dass die Mutter - zumindest bis zur Pubertät der Kinder, und solange die Mutter nicht wieder heiratete - durch den Richter die Obhutsberechtigung zugesprochen erhielt. Dieses Recht deckte aber nur einen Teil der patria potestas ab und schränkte die Entscheidungsbefugnis des Vaters nicht ein[26].

b. Nichteheliche Kinder

Nichteheliche Kinder (spurii, vulgo quaesiti) waren sui iuris. Sie galten mit

---

Geist des römischen Rechts auf den verschiedenen Stufen seiner Entwicklung, Erster Teil (6. Aufl. 1907), S. 196.

24 Kaser, Das Römische Privatrecht, 1. Abschnitt (2. Aufl. 1971), § 15 I., § 83 I. I.; so der Satz: pater is est, quem nuptiae demonstrant (Paul. D. 2, 4, 5).

25 Vgl. Kaser, Das Römische Privatrecht, 1. Abschnitt (2. Aufl. 1971), § 77 I.; Kaser, Römisches Privatrecht, Ein Studienbuch (16. Aufl. 1992), § 58 VII.

26 Vgl. dazu Wacke, "Elterliche Sorge" im Wandel der Jahrtausende - Zum Sorgerecht der geschiedenen Mutter nach römischem Recht, FamRZ 1980, 205.

ihrem Vater weder als agnatisch noch als kognatisch verwandt[27]. Mit ihrer Mutter waren sie kognatisch verwandt. Doch die Frau konnte weder selbst Familiengewalt haben, noch konnte sie die eigene familia fortsetzen. Folglich hatte sie keine Möglichkeit, einen rechtlichen Zusammenhang zwischen ihren Nachkommen und ihrer familia zu vermitteln[28].

Gesondert zu betrachten sind Kinder, die in einem Konkubinat geboren wurden. Der concubinatus im römischen Recht war eine nicht als Ehe anerkannte, dauernde Lebens- und Geschlechtsgemeinschaft zwischen Frau und Mann. Sie war rechtlich nicht geregelt und gewann erst in der Zeit des Prinzipats unter den Eheverboten des Augustus an Bedeutung[29]. Die Kinder waren als Folge der mangelnden Ehewirkung des concubinatus nichtehelich. Erst in der nachklassischen Zeit wurde unter bestimmten Voraussetzungen eine Art "Ehe minderen Rechts" anerkannt (inaequale coniugium). Die aus dieser Verbindung hervorgegangenen Kinder hiessen liberi naturales und konnten durch Legitimation die Stellung ehelicher erlangen[30].

c. Zusammenfassende Wertung

Zusammenfassend lässt sich sagen, dass auch in der klassischen Zeit die Machtfülle des paterfamilias noch sehr gross war und dass es weitgehend in seiner Hand lag zu entscheiden, wer unter seine patria potestas trat. Das Institut der elterlichen Gewalt, die von beiden Elternteilen gemeinsam ausgeübt wird, war dem römischen Recht fremd. Ebenso fern lag es dem römischen Rechtsverständnis im Gegensatz zu heute, den Staat bei der Auflösung der Ehe eingreifen zu lassen und ihm die Neuordnung der Verhältnisse zwischen Eltern und Kindern durch ausschliessliche Zuteilung der elterlichen Gewalt an einen Elternteil zu überlassen.

---

[27] Agnatische Verwandtschaft richtet sich nach der Zugehörigkeit zu Familienverbänden, kognatische Verwandtschaft ist Blutsverwandtschaft.

[28] Vgl. Karlowa, Römische Rechtsgeschichte, Zweiter Band (1901), S. 74; Kaser, Das Römische Privatrecht, 1. Abschnitt (2. Aufl. 1971), § 84 II.; Kaser, Römische Rechtgeschichte, Ein Studienbuch (16. Aufl. 1992), § 61 II. 1.

[29] Kaser, Das Römische Privatrecht, 1. Abschnitt (2. Aufl. 1971), § 78; Kaser, Römisches Privatrecht, Ein Studienbuch (16. Aufl. 1992), § 58 VIII. 1.

[30] Kaser, Römisches Privatrecht, Ein Studienbuch (16. Aufl. 1992), § 58 VIII. 2., § 61 II. 2.

Elterliche Gewalt allgemein

2. Custody in Grossbritannien

Grossbritannien war vom römischen Recht weniger beeinflusst als die kontinentalen Rechtsordnungen. Das common law entwickelte sich unabhängig von einer Rezeption des römischen Rechts.

a. Eheliche Kinder

In England hatte die verheiratete Mutter unter dem common law nicht an der elterlichen Gewalt teil. Sie konnte sich auch nicht gegen den Vater für die Kinder vor einer Behörde zur Wehr setzen, denn sie wurde vom Gesetz zusammen mit ihrem Ehemann als eine Person behandelt[31]. Die Rechte des Vaters waren hingegen sehr weitgehend, wie der berühmte Entscheid Re v. De Manneville[32] zeigt. Hier konnte der Vater von der Mutter die Herausgabe des gemeinsamen Kindes (im Säuglingsalter) verlangen, seine Rechte am Kind waren umfassend im Gegensatz zu denen der Mutter. Mit dem Custody of Infants Act 1839 wurden erstmals der verheirateten Mutter subsidiäre Obhuts- und Erziehungsrechte an ihren Kindern zuerkannt[33]. Doch noch 1883 hielt Lord Justice Cotton im Entscheid Re Agar-Ellis v. Lascelles am natürlichen Vorrang des Vaters fest:

> "(...) this Court holds this principle - that when, by birth, a child is subject to a father, it is for the general interest of families, and for the general interest of children, and really for the interest of the particular infant, that the Court should not, except in very extreme cases, interfere with the discretion of the father, but leave to him the responsibility of exercising that power which nature has given him by the birth of the child."[34]

Erst in einem weiteren Schritt wurde das durch das Chancery Court unter dem Einfluss der equity entwickelte Prinzip[35], dass bei Fragen zur elterli-

---

[31] Hoggett, Parents and Children: The Law of Parental Responsibility (3. Aufl. 1987), S. 4.

[32] Re v. De Manneville, [1804] 5 East 221, 102 Eng. Rep. 1054.

[33] Gegen den Willen des Ehemannes konnte die Mutter Obhutsrechte erst unter dem Guardianship of Infants Act 1886, s. 5, durch ein Gericht zugesprochen erhalten.

[34] Re Agar-Ellis v. Lascelles, [1883] 24 Ch.D. 317. Das Gericht hat sich geweigert, in die Rechte des Vaters einzugreifen, der seiner 16-jährigen Tochter untersagt hatte, die Ferien mit ihrer Mutter zu verbringen.

[35] Ausführlich dazu Bromley/Lowe, Bromley's Family Law (7. Aufl. 1987), S. 257.

chen Gewalt das Wohl des Kindes zu berücksichtigen sei, ins statute law aufgenommen[36].

b. Nichteheliche Kinder

Das ausserhalb der Ehe geborene Kind war nach common law ein filius nullius ohne Erbrecht. Bei einem filius nullius hatte der Vater keinen Anspruch auf Herausgabe und kein Obhutsrecht[37]. Doch auch die Mutter war nicht Inhaberin der elterlichen Gewalt. Das Kind stand vielmehr unter der Vormundschaft des Staates, im weitesten Sinne unter der Obhut des Königs, des parentis patriae[38].

Die wegweisende Änderung zeigte sich erstmals im Fall Barnardo v. Mc Hugh[39], indem die Richter zum Schluss kamen, die ledige Mutter habe ein natürliches Recht auf die elterliche Gewalt. 1971 wurde die elterliche Gewalt der unverheirateten Mutter im Guardianship of Minors Act erstmals gesetzlich geregelt[40].

3. Puissance paternelle in Frankreich

a. Eheliche Kinder

Für das frühe französische Recht gilt es zu unterscheiden zwischen den Gebieten mit geschriebenen Rechtsordnungen und denjenigen mit Gewohnheitsrecht. Wurde in den ersteren die römische Regelung der patria potestas übernommen, so galt in den anderen die mainbournie[41], ein Schutzrecht, das

---

[36] Guardianship of Infants Act, 1925, Sec. 1; vgl. James, Child Law, London 1962, S. 17.
[37] R v. Moses Soper, [1793] 5 Term Rep. 278, 101 Eng.Rep. 156.
[38] Vgl. dazu Blackstone, Commentaries on the Laws of England I (1765), S. 442.
[39] Barnardo v. Mc Hugh, [1891] A.C. 388, 394.
[40] In Sub-Sec. 1 zu Sec. 14 wird darauf hingewiesen, dass es zweifelhaft sei, ob vor dem Legitimacy Act 1959, der durch Guardianship of Minors Act 1971 Sec. 14 ersetzt wird, die unverheiratete Mutter ein Recht auf Zuteilung der elterlichen Gewalt gehabt habe. Vgl. dazu Re C. T. (an infant), Re J. T. (an infant), [1957] 1 Ch.D. 48, 60. Judge Roxburgh vertritt in dieser Entscheidung die Meinung, dass der Guardianship of Infants Act 1886 nicht die illegitimen Kinder ausschliessen wollte.
[41] Abgeleitet von mundium, einer Form der Vormundschaft aus dem germanischen

Elterliche Gewalt allgemein 13

dem Vater unter Mitwirkung der Mutter zustand und im Interesse des Kindes auszuüben war. Der Mutter stand dieses Recht allerdings nur zu bei Abwesenheit des Vaters oder nach seinem Gutdünken. Mit der Volljährigkeit erlosch dieses Elternrecht[42]. Die königlichen Erlasse verstärkten später den Machtgehalt der väterlichen Gewalt. So konnte ein Vater im 17. Jahrhundert sein Kind in eine Züchtigungsanstalt schicken und einsperren lassen (sog. lettre de cachet)[43]. Das Recht der französischen Revolution hat einige Reformen durchgesetzt wie beispielsweise die Aufhebung der elterlichen Gewalt über volljährige Kinder und das Verbot der vollständigen Enterbung. Im Code civil von 1804 wurden zum Teil wieder alte Vorstellungen eingebracht. Gemäss Art. 373 waren während der Ehe zwar beide Eltern grundsätzlich Inhaber der elterlichen Gewalt, deren Ausübung stand jedoch nur dem Vater zu[44]. Mit dem Gesetz vom 4. Juni 1970[45] wurde die puissance paternelle durch die autorité parentale ersetzt. Diese Änderung bedeutete mehr als einen blosser Wechsel des Begriffs. Vermehrt setzte das Gesetz Grenzen der elterlichen Autorität fest und hob die Pflichten der Inhaber der elterlichen Gewalt hervor. Und im Gegensatz zur puissance paternelle gründete die autorité parentale auf dem Prinzip der Gleichberechtigung der Eltern.

Nach der Scheidung wurden die Kinder entsprechend dem Gesetz vom 20.-25. September 1792 nach Geschlecht einem Elternteil zugewiesen. Mädchen und Jungen unter 7 Jahren kamen zur Mutter, Jungen über 7 Jahren zum Vater[46]. Diese Regelung wurde durch einen anderen, aus heutiger Sicht ebenso unglücklich gewählten Grundsatz ersetzt. Bis zur Reform von 1975 sollten die Kinder dem "unschuldigen" Elternteil zugesprochen werden. Denn durch sein Verhalten habe der an der Scheidung schuldige Ehepartner gleichzeitig seine Unfähigkeit in bezug auf die Erziehung der Kinder doku-

---

Recht.
42 Ourliac/Gazzaniga, Histoire du droit privé français, Paris 1985, S. 272 ff.
43 Malaurie/Aynès, Cours de droit civil, La famille, (3. Aufl. 1992-1993), N 760, note 5: "Déclaration royale de 1639: "Considérant que la révérance naturelle des enfants envers leurs parents est le lien de la légitime obéissance des sujets envers leurs souverains.""
44 Vgl. Rubellin-Devichi, Le principe de l'interêt de l'enfant dans la loi et la jurisprudence françaises, J.C.P.1994.I.3739, S. 89.
45 Gesetz n. 70-459 vom 4. Juni 1970.
46 Carbonnier, Droit civil, 2, La famille (14. Aufl. 1991), N 189.

mentiert. Doch die Rechtsprechung stellte schon vor der Reform fest, dass als einziges Kriterium das Interesse des Kindes gelten sollte, und kam von dieser starren Regelung ab[47].

b. Nichteheliche Kinder

Unter dem Code civil von Napoléon kann eine puissance paternelle für nichteheliche Kinder überhaupt bezweifelt werden. In der Literatur zu jener Zeit war umstritten, ob die Regelung der elterlichen Gewalt auch auf enfants naturels anzuwenden sei[48]. Das Gesetz vom 2.-4. Juli 1907 schaffte Klarheit zugunsten der enfants naturels und hielt in Art. 383 fest, dass demjenigen Elternteil die puissance paternelle zustehen sollte, der das Kind zuerst anerkannt hatte[49]. Bei gleichzeitiger Anerkennung erhielt der Vater den Vorzug, wenn nicht das Gericht etwas anderes entschied. In der Revision der Regelung der autorité parentale vom 4. Juli 1970, die die puissance paternelle ersetzte, wurde dieses Vorrecht des Vaters abgeschafft. Zusätzlich wurde die Möglichkeit geschaffen, dass nicht verheiratete Eltern, die mit dem Kind als Familie zusammen wohnten, sich durch gerichtliches Urteil die elterliche Gewalt gemeinsam zuteilen lassen konnten[50].

4. Väterliche Gewalt in Deutschland und in der Schweiz

a. Germanischer Ursprung

Nach altem germanischen Recht war die Gesellschaft auf Gemeinschaften,

---

[47] Bénabent, Droit civil, La famille (5. Aufl. 1993), N 332; Hauser/Huet-Weiller, Droit civil, La famille, II (1991), N 93; vgl. zum Ganzen Fulchiron, Autorité parentale et parents désunis (1985).

[48] Fulchiron, in: Enc. Dalloz (2. Aufl. 1991), Rép. civ., tome II, Autorité parentale, N 266.

[49] Im französischen Recht gilt der Grundsatz mater semper certa est, nicht. Vielmehr gibt es die Möglichkeit der maternité secrète, die im französischen Recht noch immer dazu führt, dass zwischen Mutter und Kind nicht schon allein aufgrund der Geburt ein Kindesverhältnis entsteht, sondern erst durch die Anerkennung des Kindes durch die Mutter. Vgl. dazu Malaurie/Aynès, Cours de droit civil, La famille, (3. Aufl. 1992-1993), N 590.

[50] Art. 374-2Cc i.d.F. von 1970; weitere Ausführungen bei Hauser/Huet-Weiller, Traité de droit civil, La famille I (1989), N 1139.

Elterliche Gewalt allgemein

den Sippen, aufgebaut. Den Familienverband im kleineren Rahmen bildete das Haus des einzelnen Hausvaters mit den seiner Munt[51] unterstehenden Familienmitgliedern. Dazu gehörten die Ehefrau, die gemeinsamen Kinder (die vom Vater aufgenommen worden waren) und das freie Gesinde[52]. Die Munt des Vaters über seine Kinder war ein Gewaltverhältnis, das der Vater jedoch nicht willkürlich ausüben konnte, denn als Mitglied der Sippe war er einer gewissen Kontrolle unterworfen[53].

aa. Eheliche Kinder

Wurde ein Kind von einer muntunterworfenen Ehefrau geboren, so wurde damit ein eheliches Kindschaftsverhältnis begründet. Das Kind stand unter der Munt des Vaters, der allein die Erziehungsgewalt über das Kind innehatte. Die Mutter hatte keine Erziehungsgewalt, da sie selbst unter der Munt ihres Ehemannes stand. Doch sie hatte eine "mütterliche Autorität", so dass die Kinder ihr Gehorsam schuldeten[54]. Auch nach dem Tod des Vaters fiel der Mutter keine Muntgewalt über die Kinder zu, sondern diese wurde einem Vormund übertragen. Bei Erziehungsfragen hatte die Mutter allerdings das Recht, angehört zu werden[55].

Die Munt konnte für Söhne unter zwei Voraussetzungen beendigt werden. Nach der Pubertät konnte der Sohn durch den Vater in einer feierlichen öffentlichen Handlung für mündig erklärt werden. Der Sohn hatte nun die Möglichkeit, aus dem Elternhaus auszuziehen, und trat damit aus der Munt seines Vaters aus. Blieb er in dessen Haus wohnen, so war er seiner Gewalt weiterhin unterstellt[56]. Für die Tochter hatte diese Regelung keine Bedeutung, denn sie trat aus der Muntgewalt des Vaters nur aus, um sich unter

---

51 Vgl. lat. manus.
52 Mitteis/Lieberich, Deutsche Rechtsgeschichte, Ein Studienbuch (19. Aufl. 1992), S. 23 f.
53 Vgl. Huber, System und Geschichte des Schweizerischen Privatrechtes, Bd. IV (1893), S. 479, 488; Tschümperlin, Die elterliche Gewalt in bezug auf die Person des Kindes (1989), S. 7.
54 Planitz/Eckhardt, Deutsche Rechtsgeschichte (4. Aufl. 1981), S. 56.
55 Huber, System und Geschichte des Schweizerischen Privatrechtes, Bd. IV (1893), S. 486.
56 Huber, System und Geschichte des Schweizerischen Privatrechtes, Bd. IV (1893), S. 482.

diejenige ihres Mannes zu begeben. Der Gedanke des Mündigkeitsalters als Eintritt in die rechtliche Selbständigkeit war erst in Ansätzen verwirklicht.

bb. Nichteheliche Kinder

Nach altgermanischem Recht verpflichtete die Sitte den Vater, sich um nichteheliche Kinder zu kümmern. In mittelalterlicher Zeit hingegen bestanden nicht einmal eine rechtliche Beziehungen zwischen nichtehelichen Kindern und ihren Eltern. Die Kinder hatten weder zur Mutter noch zum Vater verwandtschaftliche Verbindungen[57]. Erst zur Zeit der Reformation entstand ein Rechtsverhältnis, das auch die elterliche Gewalt mitumfasste, zwischen dem Kind und seiner Mutter und der mütterlichen Verwandtschaft[58].

b. Ende 19. und 20. Jahrhundert

Haben sich das deutsche und das schweizerische Recht in früherer Zeit gleichlaufend entwickelt, so ändert sich dies im 19. Jahrhundert. Ende des 19. Jahrhunderts, zur Zeit der nationalen Kodifikationen, setzt eine voneinander unabhängige Entwicklung der beiden Rechtsordnungen ein. Eine separate Betrachtung der Ausgestaltung der elterlichen Gewalt in den beiden Rechtsordnungen bietet sich daher ab diesem Zeitpunkt an.

In der Zeit vor der Vereinheitlichung des Zivilrechts in der Schweiz wurde die väterliche Gewalt in den kantonnalen Kodifikationen geregelt, soweit kodifiziertes Privatrecht überhaupt vorhanden war. Die Kodifikationen konnten grundsätzlich in drei Kreise unterteilt werden, die Genfer, die Berner und die Zürcher Gruppe. Die Gruppe der französischen Schweiz war weitgehend beeinflusst durch den französischen Code civil, der Berner Kreis durch das österreichische Allgemeine Bürgerliche Gesetzbuch. Allein die Zürcher Gruppe hatte weitgehend unabhängiges Recht geschaffen[59].

aa. Eheliche Kinder

Unterschiedliches galt für das schweizerische Recht vor dessen Vereinheit-

---

[57] Vgl. Planitz/Eckhardt, Deutsche Rechtsgeschichte (4. Aufl. 1984), S. 56, 202.
[58] Vgl. Bern.Komm./Silbernagel/Wäber, Vorbemerkungen Art. 302 ff. N 8 ff. ZGB (1921).
[59] Huber, System und Geschichte des Schweizerischen Privatrechtes, Bd. I (1886), S. 50 ff.

Elterliche Gewalt allgemein

lichung, wobei je nach Rechtsgruppe die Terminologie verschieden war. Die väterliche Gewalt oder die väterliche Vormundschaft stand zwar gemäss einigen kantonalen Kodifikationen beiden Elternteilen zu, wurde aber regelmässig während der Ehe nur vom Vater ausgeübt[60]. In einigen Kantonen ging die väterliche Gewalt nach dem Tod des Ehemannes direkt auf die Ehefrau über[61]. In anderen Kantonen war die Mutter in der Ausübung der elterlichen Gewalt sodann entweder auf die Mitwirkung eines Beistandes angewiesen[62], oder sie wurde überhaupt nur unter bestimmten Voraussetzungen als Vormund über ihre Kinder eingesetzt.

Mit Inkrafttreten des schweizerischen Zivilgesetzbuches im Jahre 1912 wurden die kantonalen Kodifikationen zu einer einheitlichen Regelung des Bundes zusammengefasst. Im Bereich der ehelichen Kindschaft brachte das ZGB neben der Stärkung der Rechte der Mutter in der Gemeinschaft von Eltern und Kindern nicht viele Neuerungen[63]. Die Unterteilung in väterliche Vormundschaft und väterliche Gewalt wurde zugunsten der elterlichen Gewalt fallengelassen, die gemäss Art. 274 Abs. 1 aZGB von beiden Elternteilen unter Vorbehalt des Stichentscheids des Vaters bei Uneinigkeit ausgeübt wurde.

Deutliche Veränderungen auch für das eheliche Kindschaftsverhältnis brachte das am 1. Januar 1978 in Kraft getretene, revidierte schweizerische Kindesrecht[64]. Die Unterhaltspflicht der Eltern wurde in wichtigen Punkten erstmals geregelt[65] und die Stellung der Mutter durch Abschaffung des Stichentscheids derjenigen des Vaters gleichgestellt. Das Wohl des Kindes und die Achtung seiner Persönlichkeit wurden als Ziele und Grenzen der elterlichen Gewalt ausdrücklich genannt[66]. Dadurch wurde eine Entwicklung eingeleitet, die vermehrt das Kind in den Mittelpunkt stellen will und

---

[60] So z.B. Waadt, Wallis, Neuenburg, Tessin, Bern, Solothurn und Aargau.
[61] Bspw. in den Kantonen Freiburg, Solothurn und Thurgau.
[62] U.a. in Bern, Glarus, Basel-Stadt, St. Gallen.
[63] Vgl. Bern.Komm./Hegnauer, Einleitung vor Art. 252 N 47 ZGB (1984).
[64] AS 1977 237 264; BBl 1974 II 1.
[65] Bspw. Unterhaltspflicht für mündige Kinder in Art. 277 Abs. 2 ZGB und Unterhaltsklage in Art. 279 f. ZGB.
[66] Art. 301-303 ZGB; vgl. Bern.Komm./Hegnauer, Einleitung vor Art. 252 N 67 ZGB (1984).

neben den Rechten der Eltern auch Rechte des Kindes formuliert.

Nach einer Scheidung hatte schon gemäss der alten Fassung des ZGB derjenige Elternteil die alleinige elterliche Gewalt, dem die Kinder zugewiesen wurden. Mutter und Vater wurden gleichbehandelt, und die Mutter war nicht nur mit der Ausübung der Personensorge über die ihr zugeteilten Kinder betraut[67]. Die Rechtsprechung entwickelte unterschiedliche Zuteilungskriterien. Im Vordergrund stand dabei das Kindeswohl[68], doch wurde auch das Scheidungsverschulden der Eltern berücksichtigt[69]. Lange Zeit hatte die Mutter absoluten Vorrang bei der Zuteilung kleiner Kinder[70]. Dieser Mutterprimat wurde durch das Bundesgericht in jüngerer Zeit relativiert[71], doch spiegeln statistische Daten eine Wirklichkeit wider, in der in gut 88 % aller Fälle die Kinder der Mutter zugeteilt werden[72].

Das deutsche Bürgerliche Gesetzbuch vom 18.8.1896, das am 1.1.1900 in Kraft getreten ist, ging von der elterlichen Gewalt über eheliche Kinder aus, die in der Hand des Vaters lag. Die Mutter konnte die Personensorge als Betreuungsaufgabe ausüben und war nur in zweiter Linie Inhaberin der elterlichen Gewalt, soweit der Ehemann in der Ausübung verhindert war. Das oberste Entscheidungsrecht lag immer in seinen Händen[73]. Bei einer Scheidung wurde zu dieser Zeit die elterliche Gewalt über die Kinder dem an der Scheidung "unschuldigen" Elternteil zugesprochen[74].

Im deutschen Familienrecht wurde eine Vielzahl von Reformen durchgeführt. Von Bedeutung für die elterliche Sorge über eheliche Kinder waren in

---

[67] Art. 274 Abs. 3 aZGB; vgl. Zürch.Komm./Egger, Art. 274 N 7 ZGB (1943).
[68] BGE 93 II 158; 85 II 228; 79 II 241 und schon BGE 38 II 14.
[69] Vgl. nur BGE 62 II 10; zum ganzen Hausheer, Die Zuteilung der elterlichen Gewalt im Scheidungsverfahren nach der neueren Rechtsprechung des Bundesgerichts, ZVW 38 (1983) 121 ff.; Roelli, Materiell- und prozessrechtliche Gesichtspunkte der Kinderzuteilung, in: Hausheer (Hrsg.), Festgabe Luzerner Obergericht, Bern 1991, S. 225 ff.
[70] Statt aller BGE 109 II 193; 108 II 369.
[71] BGE 114 II 202; 111 II 225.
[72] Statistisches Jahrbuch der Schweiz 1994 (1993), T.1.14, S.43.
[73] Vgl. Beitzke/Lüderitz, Familienrecht (26. Aufl. 1992), S. 288.
[74] Vgl. Henrich, Familienrecht (4. Aufl. 1991), S. 233.

Elterliche Gewalt allgemein 19

erster Linie das Gleichberechtigungsgesetz vom 18.6.1957[75] und das Gesetz zur Neuregelung der elterlichen Sorge vom 18.7.1979[76] sowie das Kinder- und Jugendhilfegesetz vom 26.6.1990[77]. Von einer rechtlichen Ordnung, die primär die Macht des Ehemannes und Vaters festhielt, hatte sich das Familienrecht zu einem partnerschaftlich orientierten Rechtsbereich entwickelt[78]. Das Kindeswohl wurde zum zentralen Begriff des gesamten Kindesrechts. Rechte des Kindes finden darin immer mehr Berücksichtigung. Mit dem Urteil des Bundesverfassungsgericht vom 29.7.1959[79] wurde der Entscheidungsvorrang des Vaters aufgehoben. Durch das Sorgerechtsgesetz wurde ebenfalls der Begriff der elterlichen Sorge anstelle der elterlichen Gewalt eingesetzt.

Die zunehmende Bedeutung des Kindeswohls spiegelt sich auch in der Entwicklung der Zuteilung der Kinder nach Scheidung wider. So verblieb gemäss BGB von 1900 die Gewalt in jedem Fall beim Vater. Die Personensorge wurde dem an der Scheidung nicht schuldigen Elternteil zugesprochen. Bei beidseitiger Scheidungsschuld wurden die Kinder den Eltern nach Geschlecht zugeteilt, wobei die Mutter auch in diesem Fall nur die Personensorge ausüben konnte. Nach dieser Regel kamen Töchter immer und Söhne bis zum Alter von 6 Jahren zur Mutter[80]. Erst 1957 wurde mit dem Gleichberechtigungsgesetz die Aufteilung in väterliche Gewalt und Personensorge aufgegeben, und die Mutter konnte nach Scheidung auch Inhaberin der umfassenden elterlichen Sorge sein[81]. Die starren Zuteilungsregeln wurden zugunsten von kindeswohlorientierten Überlegungen aufgegeben.

bb. Nichteheliche Kinder

War die rechtliche Stellung von nichtehelichen Kindern in den Kantonen vor 1912 zwar nicht einheitlich, so war sie doch in den meisten Kodifikationen

---

[75] BGBl. I 609.
[76] BGBl. I 1061.
[77] BGBl. I 1163.
[78] Vgl. Palandt/Heinrichs (52. Aufl. 1993), Einleitung N 12.
[79] BVerfGE 10, 59.
[80] §1635 aBGB; Vgl. Beitzke/Lüderitz, Familienrecht (26. Aufl. 1992), S. 323; Schwenzer, Vom Status zur Realbeziehung (1987), S. 102 ff.
[81] Gleichberechtigungsgesetz vom 18. Juni 1957; BGBl. I 609.

grundsätzlich sehr schwach. Ob die Eltern überhaupt Inhaber der elterlichen Gewalt sein konnten, war davon abhängig, ob ein familienrechtliches Verhältnis zwischen dem Kind und seiner Mutter oder seinem Vater möglich war. In einigen Kantonen war dies ausgeschlossen[82]. Das Kind war keiner Familie angehörig und fiel unter die "elterliche Gewalt" der Gemeinde. In der Rechtsgruppe der französischen Schweiz, die nur die freiwillige Anerkennung durch den Vater und keine Vaterschaftsklage kannte, standen die von ihm anerkannten Kinder automatisch unter der väterlichen Vormundschaft. In den Kodifikationen von Graubünden, Solothurn und Freiburg fand sich die heutige Lösung, dass von Gesetzes wegen die Mutter die elterliche Gewalt über ihr Kind innehatte. Ein Vormund war nicht automatisch einzusetzen[83].

Mit der Schaffung des ZGB wurde die Stellung der nichtehelichen Kinder wesentlich verbessert, indem die Vaterschaftsklage und die Unterhaltspflicht des Vaters für sein nichteheliches Kind ausführlich geregelt wurden[84]. Doch waren sie ehelichen Kindern eines Mannes noch lange nicht gleichgestellt. Im Verhältnis zu seiner Mutter war das nichteheliche Kind einem ehelichen weitgehend gleichberechtigt, es war auch ihr und der mütterlichen Verwandtschaft gegenüber erbberechtigt[85]. Das Kind erhielt gemäss Art. 324 Abs. 3 aZGB einen Vormund, und es lag im Ermessen der Vormundschaftsbehörde, ob sie der Mutter die elterliche Gewalt übertragen wollte[86].

III. Voraussetzungen der elterlichen Gewalt nach schweizerischem Recht

Nach den geschichtlichen Ausführungen über die Entwicklung der elterlichen Gewalt sollen kurz die Voraussetzungen der Entstehung der elterlichen

---

[82] So Obwalden, Nidwalden, Luzern und Aargau; vgl. Huber, System und Geschichte des Schweizerischen Privatrechtes (1886), Bd. I, S. 533.

[83] Huber, System und Geschichte des Schweizerischen Privatrechtes (1886), Bd. I, S. 534; vgl. auch Jorio, Der Inhaber der elterlichen Gewalt nach dem neuen Kindesrecht (1977), S. 13 ff.

[84] Art. 307 ff. aZGB.

[85] Art. 324 aZGB; vgl. Bern.Komm./Silbernagel/Wäber, Art. 324 ZGB N 9 (1921).

[86] Vgl. dazu Zürch.Komm/Egger, Art. 324 ZGB N 18 (1943).

Elterliche Gewalt allgemein 21

Gewalt nach geltendem schweizerischen Recht genannt werden.

Nach geltendem Recht ist die elterliche Gewalt abhängig vom Bestehen eines Kindesverhältnisses und steht den mündigen Eltern als Wirkung dieses Verhältnisses zu[87]. Sind die Eltern miteinander verheiratet oder ist das Kindesverhältnis aufgrund der Ehelichkeitsvermutung von Art. 255 ZGB zum Ehemann der Mutter zustande gekommen, so wird gemäss Art. 297 Abs. 1 ZGB die elterliche Gewalt ohne weitere Voraussetzungen gemeinsam ausgeübt. Sind die Eltern nicht miteinander verheiratet, so steht die elterliche Gewalt automatisch der Mutter zu, wenn nicht ein Fall von Art. 298 Abs. 2 ZGB vorliegt[88]. Gemäss Art. 309 ZGB ist auf Ersuchen der Mutter oder nach Kenntnisnahme einer ausserehelichen Geburt durch die Vormundschaftsbehörde dem Kind ein Ausserehelichenbeistand zu bestellen. Dieser hat auf die Feststellung des Kindesverhältnisses zum Vater hinzuarbeiten und muss gegebenenfalls Vaterschaftsklage erheben. Die Beistandschaft wird aufgehoben, wenn das Kindesverhältnis zum Vater festgestellt ist, oder wenn nach zwei Jahren noch keine Vaterschaftsklage erhoben wurde[89]. Für den mit der Mutter des Kindes nicht verheirateten Vater ist gesetzlich keine Teilnahme an der elterlichen Gewalt vorgesehen.

IV. Elemente der elterlichen Gewalt in der Schweiz

1. Zweck der Ausübung der elterlichen Gewalt durch die Eltern

Im Zivilgesetzbuch ist keine abschliessende Definition der elterlichen Gewalt zu finden. Das Gesetz macht in mehreren Bestimmungen die bei der Revision von 1978 verstärkte Auffassung der elterlichen Gewalt als zweckgebundenes Recht der Eltern deutlich, über das die Inhaber nicht frei verfügen, und auf das sie nicht verzichten dürfen[90]. Art. 272 ZGB fordert von

---

[87] Art. 296 ZGB.
[88] Darin werden genannt: Unmündigkeit, Entmündigung, Tod, Entzug der elterlichen Gewalt der Mutter.
[89] Art. 309 Abs. 3 ZGB; Hegnauer, Grundriss des Kindesrechts (4. Aufl. 1994), N 27.29; Stettler, SPR III/2 (1992), S. 506.
[90] Vgl. BBl 1974 II, 1, S. 76; Stettler, SPR III/2 (1992), S. 230; Tschümperlin, Die elterliche Gewalt in bezug auf die Person des Kindes (1989), S. 43.

Kindern und Eltern gleichermassen Respekt. Und in Art. 301 ZGB wird vor der Nennung der einzelnen Elemente der elterlichen Gewalt festgehalten, dass deren Ausübung sich nach dem Wohl des Kindes zu richten habe. Aus derselben Norm ergibt sich auch die unterschiedliche Intensität des elterlichen Entscheidungsrechts, entsprechend dem Alter des Kindes. Die Eltern haben die Aufgabe, ihr heranwachsendes Kind auf die Selbständigkeit vorzubereiten. Je näher das Kind dem Mündigkeitsalter kommt, desto mehr rückt das Entscheidungsrecht der Eltern zugunsten der eigenen Lebensgestaltung des Kindes in den Hintergrund.

2. Erziehung, Vertretung, Verwaltung

In erster Linie beziehen sich die Rechte und Pflichten der Eltern auf die Erziehung und Pflege des Kindes, seine Vertretung gegenüber Dritten und auf die Verwaltung des Kindesvermögens[91].

3. Obhut

a. Allgemein

Wichtige Folge der elterlichen Gewalt ist die Obhut über das Kind. Das Obhutsrecht beinhaltet die Befugnis, über den Aufenthalt des Kindes zu bestimmen[92]. Damit zusammenhängend hat der Inhaber des Obhutsrechts auch die Pflicht, die tägliche Betreuungsarbeit zu leisten und die sich daraus ergebenden Rechte auszuüben. In der Literatur wird darauf hingewiesen, dass die Obhut nur Teilaspekte der elterlichen Gewalt zum Inhalt habe. Der Obhutsberechtigte habe die unmittelbare Verantwortung für das Kind hinsichtlich Pflege, Erziehung, Aufenthaltsort, die aber das Mitentscheidungsrecht des gewalthabenden andern Elternteils in besonders wichtigen Fragen nicht ausschliesse[93]. Dies gilt beispielsweise für die Dauer der vorsorglichen

---

[91] Art. 301-306, 318-320 ZGB; dazu Hegnauer, Grundriss des Kindesrechts (4. Aufl. 1994), N 26.01-26.38; Stettler, SPR III/2 (1992), S. 302 ff.; Jorio, Der Inhaber der elterlichen Gewalt nach dem neuen Kindesrecht (1977), S. 63 ff.; Henkel, Die elterliche Gewalt, in: BTJP 1977 (1978), S. 96 ff.

[92] Hegnauer, Grundriss des Kindesrechts (4. Aufl. 1994), N 26.06.

[93] Art. 145 Abs. 2 ZGB; Bern.Komm./Spühler/Frei-Maurer, Art. 145 N 201 ZGB (1991); Frank, Grenzbereiche der elterlichen Gewalt, in: Festschrift Hegnauer

Massnahmen in einem Trennungs- oder Scheidungsprozess, in welchem der Richter nur die Obhut über die Kinder regelt[94]. Dies bedeutet, dass beide Eltern Inhaber der elterlichen Gewalt bleiben, vorläufig aber nur einer von beiden die Kinder bei sich aufnehmen darf.

Der Begriff der Obhut erfährt vereinzelt besondere Berücksichtigung, indem differenziert wird zwischen dem Obhutsrecht (droit de garde) und der faktischen Obhut (garde de fait). Die faktische Obhut "bedeutet, das zu leisten, was Unmündige zur harmonischen körperlichen, geistigen, und seelischen Entwicklung täglich bedürfen"[95]. Sie sei dann von Bedeutung, wenn ein Elternteil (oder eine dritte Person) zwar die tägliche Fürsorge für das Kind übernimmt, nicht aber Inhaber der elterlichen Gewalt ist, wie beispielsweise die unmündige Mutter[96]. Das Obhutsrecht (droit de garde) umfasst das Aufenthaltsbestimmungsrecht, die Pflicht zur Betreuung und die sich daraus ergebenden Rechte. Der Inhalt des Obhutsrechts (im Sinne der droit de garde) ist von weitaus grösserer Bedeutung und falls im Gesetz die garde de fait gemeint ist, so wird dies aus dem Zusammenhang deutlich[97].

b. Obhut nach Scheidung

Wird der Begriff der Obhut in Zusammenhang mit der Zuteilung der elterlichen Gewalt nach Scheidung genannt, und wird ein Elternteil im Unterschied zum nur Besuchsberechtigten als obhutsberechtigt bezeichnet, so ist damit auch gesagt, welcher Elternteil Inhaber der elterlichen Gewalt ist. Als Nebenfolge der Scheidung ist gemäss Art. 297 Abs. 3 ZGB durch den Richter zu bestimmen, wem die Kinder anvertraut werden. Dieser Elternteil ist von nun an alleiniger Inhaber der elterlichen Gewalt.

Eine Trennung zwischen Obhutsrecht und elterlicher Gewalt nach Scheidung wird gesetzlich nicht ausdrücklich ausgeschlossen. Schon zu Beginn

---

(1986), S. 37; Tschümperlin, Die elterliche Gewalt in bezug auf die Person des Kindes (1989), S. 37.

[94] Art. 145 Abs. 2 ZGB.
[95] Stettler, SPR III/2 (1992), S. 231 ff. m.w.H., insbes. S. 233.
[96] Die unmündige Mutter kann gemäss Art. 296 Abs. 2 ZGB nicht Inhaberin der elterlichen Gewalt sein, doch um ihrer Persönlichkeit willen hat sie Anspruch auf die Obhut des Kindes. Hegnauer, Grundriss des Kindesrechts (4. Aufl. 1994), N 26.07.
[97] Vgl. Art. 145 Abs. 2 ZGB.

der 50'er Jahre jedoch wurde die Zuteilung der elterlichen Gewalt an einen Elternteil und die Zuweisung des Obhutsrechts an den andern Elternteil durch Lehre und Rechtsprechung abgelehnt[98]. In Konventionen wurde teilweise von Scheidungsparteien vereinbart, dass der Vater zwar Inhaber der elterlichen Gewalt sein soll, die Mutter aber die Obhut über die Kinder behalten soll. In einer nicht in der amtlichen Sammlung veröffentlichten Entscheidung vom 10. Dezember 1943[99] hält das Bundesgericht fest, dass die Trennung von elterlicher Gewalt und Obhut nur als äusserste Ausnahme eine Lösung sein könne. Grundsätzlich gelte, dass eine Mutter, die in der Lage ist, ihre Kinder zu erziehen, auch die übrigen Pflichten erfüllen könne, die sich ihr als Inhaberin der elterlichen Gewalt stellten. In der Literatur wurden vorwiegend praktische Gründe gegen die Trennung angeführt. Wer die Kinder bei sich habe, müsse auch sie betreffende Entscheidungen fällen können. Zudem seien solche "hybriden" Vereinbarungen Zeichen der Resignation und würden nur getroffen, um dem letzten Hindernis bei der Regelung der Nebenfolgen der Scheidung aus dem Weg zu gehen[100].

Diese Argumentation kann allerdings nicht herangezogen werden, um die gemeinsame elterliche Gewalt nach Scheidung generell abzulehnen. Bei der gemeinsamen Elternverantwortung nach Scheidung geht es nicht um eine Trennung der tatsächlichen Betreuungsarbeit von der rechtlichen Entscheidungsbefugnis, sondern um ein Zusammenwirken der Eltern. Die rechtlichen Entscheidungen sind wenn nötig gemeinsam zu treffen, und je nach Ausgestaltung der gemeinsamen elterlichen Gewalt wird auch die Betreuungstätigkeit zwischen beiden Elternteilen aufgeteilt, oder die Obhut wird von einem Elternteil allein ausgeübt.

---

[98] Vgl. zuletzt BGE 94 II 1, 2.
[99] Sem. jud. 1944, 337, 343.
[100] Vgl. Barde, Le procès en divorce, ZSR 74 NF (1955) 453, 540 f.; Comment, Problèmes juridiques dérivant de conventions relatives aux enfants de parents divorcés et aux enfants illégitimes, in: Probleme und Ziele der vormundschaftlichen Fürsorge, Festschrift zum 50-jährigen Bestehen der Vereinigung schweizerischer Amtsvormünder (1963), S. 73, 79 f.

2. Kapitel. Gemeinsame elterliche Gewalt nach Trennung oder Scheidung

Im folgenden ist auf die unterschiedlichen Formen und die Ziele der gemeinsamen elterlichen Gewalt nach Trennung oder Scheidung der Eltern einzugehen. Bei der gemeinsamen Elternverantwortung nach Auflösung der Beziehung der Eltern handelt es sich um eine relativ neue Form der Wahrnehmung der elterlichen Rechte und Pflichten, die genauer untersucht werden soll.

Die Frage der gemeinsamen elterlichen Gewalt zusammenlebender unverheirateter Eltern ist im Gegensatz dazu in ihrer tatsächlichen Erscheinung keine Neuigkeit. Sie entspricht der Situation einer verheirateten Familie. Ob auch unverheiratete Eltern gemeinsam die Elternverantwortung übernehmen können, ist in erster Linie eine Frage der Gleichbehandlung von nichtehelichen Kindern und ihren Eltern und ehelichen Familien.

Das Schlagwort der gemeinsamen elterlichen Gewalt hat längst die Grenzen der juristischen und sozialwissenschaftlichen Publikationsbereiche überschritten und ist zu einem in den Massenmedien und der Öffentlichkeit viel diskutierten Thema geworden. Häufig wird das Thema im Zusammenhang mit der Ungleichheit der Chancen von Müttern und Vätern bei der Zuteilung der elterlichen Gewalt nach Scheidung aufgenommen. Geschiedene Ehemänner wollen nicht mehr ohne weiteres auf ihre Vaterrolle verzichten und verlangen immer öfter die Zuteilung der Obhut über die Kinder im Rahmen eines Scheidungsprozesses. Dies kann ein Ausdruck dafür sein, dass das Gefühl des aus der Familie Ausgeschlossenseins für viele der geschiedenen Männer nicht mehr hinnehmbar ist. In Zusammenhang mit der anstehenden Revision des schweizerischen Scheidungsrechts ist es von Bedeutung, die rechtliche und tatsächliche Ausgestaltung der gemeinsamen elterlichen Gewalt zu beleuchten.

I. Formen der gemeinsamen elterlichen Gewalt nach Hauptkriterien

Die Beibehaltung der gemeinsamen elterlichen Gewalt nach Scheidung ist eine aus den USA importierte Alternative zur alleinigen Sorgerechtszuteilung aus den 70er Jahren[101]:

"The essence of joint custody is that both parents share responsibility and authority with respect to the children."[102]

Schon bald wurden die Rechtsprechung und die Familienrechtsgesetze der amerikanischen Bundesstaaten beobachtet und aus europäischer Sicht studiert. Ebenso wurden auch erste psychologische Untersuchungen, die Erfahrungen mit der gemeinsamen elterlichen Gewalt sammelten, mit Interesse verfolgt[103] und bei Gesetzesreformen beigezogen[104].

In verschiedenen europäischen Ländern wird seit vielen Jahren durch das Gesetz[105] oder die Rechtsprechung[106] die Möglichkeit eingeräumt, dass auch nach einer Auflösung der Paarbeziehung der Eltern die Verantwortung für die Kinder gemeinsam wahrgenommen werden kann. Es ist eine Vielzahl

---

[101] Vgl. zur heutigen Rechtsprechung: Chalupa v. Chalupa, 830 S.W.2d 391 (Ky.Ct.App. 1992); Brown v. Brown, 840 P.2d 46 (Okla.Ct.App. 1992); Zimin v. Zimin, 837 P.2d 118 (Alaska 1992); In re Doe, 418 S.E.2d 3 (Ga. 1992).Vgl. zur Entwicklung der joint custody: Childers v. O'Neal, 476 S.W.2d 799 (Ark. 1972); Schilleman v. Schilleman, 232 N.W.2d 737 (Mich.App. 1975); Krois v. Krois, 4 Fam.L.Rep. 2018 f. (N.Y.Sup.Ct. 1977); Koester v. Koester, 5 FLR 2132 (Idaho 1978); Länderübersicht zu den Vereinigten Staaten von Amerika in Coester, Das Kindeswohl als Rechtsbegriff (1983), S. 81 ff.

[102] Miller, Joint Custody, 13 Fam.L.Q. (1979/80) 345 (360), mit Übersicht zur geschichtlichen Entwicklung auf S. 374 ff.

[103] Vgl. Kaltenborn, Das gemeinsame elterliche Sorgerecht nach der Scheidung im Spiegel ausländischer Erfahrungen, FamRZ 1983, 964 ff.; Kropholler, Gemeinsame elterliche Sorge nach der Ehescheidung im deutschen und ausländischen Recht, JR 1984, 89 ff.

[104] Vgl. für Grossbritannien: The Law Commission, Working Paper No. 96, Family Law, Review of Child Law: Custody (1986), para. 4.35 ff.

[105] Nach Scheidung: Frankreich: Art. 287 Cc; Italien: Art. 155 Abs. 2 Cc; Österreich: § 177 i.V.m. § 167 ABGB (jedoch nur bei dauernder häuslicher Gemeinschaft); Grossbritannien: Sec. 1 (5) CA 1989 (Grundsatz der Nichtintervention); ohne Ehe: Frankreich: Art. 374 Abs. 2 Cc; Grossbritannien: S 1 (5) CA 1989; Österreich: § 167 ABGB (nur bei dauernder häuslicher Gemeinschaft); Italien: Art. 317 bis Abs. 2 Cc (mit Ausnahme von wichtigen Entscheidungen nur bei Zusammenleben).

[106] Nach Scheidung: Deutschland: BVerfG, 3.11.1982, BVerfGE 61, 358 = FamRZ 1982, 1179; Österreich: OGH, 10.5.1990, ÖJZ 1991, 444, anders jedoch OGH, 10.6.1992, JBl 1992, 699.

von Lebensformen in unterschiedlicher Ausgestaltung denkbar[107]. Im folgenden sollen einerseits der Aufenthaltsort des Kindes und andererseits die Frage, wem das Entscheidungsrecht und die Betreuung obliegen, im Mittelpunkt stehen.

1. Aufenthaltsort des Kindes

Wird auf den Wohnort des Kindes abgestellt, so lassen sich wiederum zwei Hauptgruppen unterscheiden. Das Kind kann unter Beibehaltung der gemeinsamen elterlichen Gewalt unter ständiger Obhut immer desselben Elternteils bleiben oder aber zwischen den Wohnorten der Eltern hin- und herpendeln. Als dritte Variante ist denkbar, dass das Kind immer in derselben Wohnung lebt, und die Eltern sich als Betreuungspersonen abwechselnd in dieser Wohnung - dem sogenannten bird's nest - aufhalten.

a. Residenzmodell

Von grosser praktischer Bedeutung ist das Residenzmodell (joint legal custody oder Eingliederungsmodell[108]), bei welchem das Kind seinen festen Aufenthaltsort bei einem Elternteil hat, kombiniert mit möglicherweise ausgiebigem Besuchskontakt zum andern Elternteil. Der nicht obhutsberechtigte Elternteil hat einen Anspruch auf Information und das Recht, mit dem andern zusammen wichtige Entscheidungen zu treffen. Entschlüsse von geringerer Tragweite, oder solche die schnell zu fassen sind, erfordern kein Zusammenwirken der Eltern, sondern können vom betreuenden Elternteil selbständig getragen werden.

Nach diesem Modell wird das Kind vorwiegend durch einen Elternteil betreut und es besteht kaum Gefahr, dass es zwischen den Eltern hin- und hergerissen wird.

---

[107] Vgl. als knapper Überblick: Krause, Family law in a nutshell (2. Aufl. 1986), § 18.9.

[108] Vgl. Oelkers/Kasten, Zehn Jahre gemeinsame elterliche Sorge nach der Scheidung, FamRZ 1993, 18, 20.

b. Pendelmodell

Beim Pendelmodell (joint physical custody oder Wechselmodell[109]) hingegen wechselt das Kind zwischen den Wohnorten der Eltern hin und her und wird so durch beide in tatsächlicher Hinsicht betreut. Dieser Wechsel kann in kleinen oder grossen zeitlichen Abständen erfolgen, die die Eltern entweder frei vereinbaren können oder durch den Richter genehmigen lassen müssen.

Durch das Gesetz oder die Rechtsprechung ist die Lösung des Pendelmodells in den hier untersuchten Ländern nicht ausdrücklich vorgesehen. Es ist freilich auch nicht durch die Gerichte verhinderbar, solange die Eltern sich einig sind.

c. Bird's nest

Das sogenannte Vogelnestmodell ist eng verwandt mit dem Pendelmodell. Es will jedoch verhindern, dass das Kind seinen Wohnort ständig wechseln muss. Anstelle des Kindes pendeln bei dieser Variante die Eltern. Dabei bildet eine Wohnung, in der das Kind ständig lebt, den Mittelpunkt der Familie, und Mutter und Vater alternieren als Wohnpartner des Kindes. Aufgrund des überaus grossen finanziellen Aufwands und der Schwierigkeiten bei knappem Wohnraum, kann diese Variante jedoch als nicht praktikabel vernachlässigt werden.

d. Würdigung

Das Pendelmodell wirft verschiedene praktische Probleme auf. Häufige, beispielsweise wöchentliche Wechsel zwischen den Haushalten setzen voraus, dass diese geographisch nicht zu weit auseinanderliegen, so dass die Schule und Freizeitveranstaltungen von beiden Orten aus erreichbar sind. Das Kind muss in zwei Nachbarschaften Freundschaften knüpfen und kann durch seine häufige Abwesenheit Schwierigkeiten haben, jene zu intensivieren. Als finanzielles Problem der Eltern drängt sich die notwendige, teilweise doppelte Ausstattung des Kindes mit Kleidern, Zimmereinrichtung und Spielsachen auf. Findet ein Wechsel zwischen den Wohnorten nur sehr

---

[109] Vgl. Oelkers/Kasten, Zehn Jahre gemeinsame elterliche Sorge nach der Scheidung, FamRZ 1993, 18, 20.

selten statt, was eher bei geographisch weit voneinander entfernt wohnenden Eltern der Fall sein wird, stellt dieser einen grossen Umbruch dar. Das Kind verlässt seine gewohnte Umgebung sowie seinen Freundeskreis, und ein Schulwechsel wird nötig.

2. Entscheidungsberechtigung der Eltern

Aus dieser Perspektive steht das rechtliche Zusammenwirken der Eltern im Zentrum. Zu klären ist, ob sie zusammen Entscheidungen treffen müssen, oder ob jeder Elternteil selbständig handeln kann mit der Vermutung, dass sie dies in gegenseitigem Einverständnis tun.

a. Entscheidungsrecht und Obhutsrecht bei beiden Elternteilen

Bleiben beide Eltern nach der Scheidung Inhaber der elterlichen Gewalt wie während der Ehe, so können sie den Aufenthaltsort des Kindes unter sich vereinbaren. Sie sind frei in der Gestaltung der Lebensverhältnisse ihres Kindes und unabhängig von einer richterlichen Bestimmung über den Aufenthaltsort des Kindes. Für nicht verheiratete Eltern bedeutet dies gemeinsame Elternverantwortung unabhängig vom Zusammenleben.

b. Entscheidungsrecht ist losgelöst von Obhut

Als zweite Variante erscheint die Regelung, dass im Rahmen des Scheidungsurteils entschieden wird, dass zwar beide Eltern Inhaber der elterlichen Gewalt bleiben, das Obhutsrecht jedoch einem Elternteil allein zugeteilt wird. Der nicht betreuende aber besuchsberechtigte Elternteil behält ein Mitentscheidungsrecht. Bei Entscheidungssituationen im Alltag und in dringenden Fällen übernimmt der obhutsberechtigte Elternteil diese Aufgabe, ohne dass er einer Frage- oder Informationspflicht unterliegt[110]. Die Problematik der selbständigen Entscheidungsbefugnis hat besonders die Law Commission in Grossbritannien beschäftigt, welche die Eltern nicht durch eine zu ausgedehnte Informationspflicht handlungsunfähig machen wollte[111].

---

[110] Vgl. Schepard, Taking Children Seriously: Promoting Cooperative Custody After Divorce, Tex.L.Rev. 64:687, 1985 (702).

[111] The Law Commission Reports (Law Com. No. 172), Review of Child Law, Guardianship and Custody (1988), para. 2.10.

c. Entscheidungsrecht ist gebunden an Obhut

Eine Lösung, die der Forderung nach Klarheit nachkommt, wird in der amerikanischen Literatur divided custody[112] genannt. Sie sieht vor, dass bei einem Wechsel des Kindes zwischen den beiden Wohnorten der Eltern jeweils der betreuende Elternteil einziger Inhaber der elterlichen Gewalt ist. Für die Dauer, in der die Obhut ausgeübt wird, trifft dieser Elternteil allein alle Entscheidungen, ohne dass ein Zusammenwirken nötig ist.

3. Zusammenfassende Würdigung

Die Form der gemeinsamen elterlichen Gewalt ausgehend vom Residenzmodell, zielt in dieselbe Richtung wie die alleinige Ausübung der elterlichen Sorge mit einer ausgedehnten Besuchsrechtsregelung. Dies verleitet zur Annahme, dass es gar keinen Unterschied gäbe und die Einführung einer gemeinsamen Verantwortung der Eltern somit hinfällig sei[113].

Tatsächlich ist davon auszugehen, dass in einer Familie, die nach einer Scheidung mit häufigen Besuchskontakten zurecht kommt, die Eltern ebensogut Entscheidungen von grosser Tragweite gemeinsam besprechen können. Doch es besteht ein klarer qualitativer Unterschied zwischen der gemeinsamen und der ausschliesslichen elterlichen Gewalt mit weitgehendem Besuchsrecht[114]. Nur die gemeinsame Verantwortung beinhaltet rechtlich die aktive Beteiligung und Entscheidfindung durch beide Elternteile.

Der nicht obhutsberechtigte Elternteil ist nicht von der freiwilligen Miteinbeziehung durch den andern abhängig, wie es im Entwurf für das neue Scheidungsrecht für nicht verheiratete Eltern vorgeschlagen wird[115].

Es soll nochmals festgehalten werden, dass gemeinsame elterliche Gewalt nicht automatisch joint physical custody (Pendelmodell) bedeutet. In aller Regel dürfte joint legal custody (Residenzmodell) die eher durchführbare Form der gemeinsamen elterlichen Gewalt sein.

---

[112] Vgl. Black/Cantor, Child Custody (1989), S. 21.
[113] Vgl. Hegnauer, Gemeinsame elterliche Gewalt nach der Scheidung?, SJZ 86 (1990) 369 ff.
[114] Ebenso Miller, Joint Custody, 13 Fam.L.Q. (1979/80) 345 (361).
[115] Art. 298a VE.

II. Ziele der gemeinsamen elterlichen Gewalt nach Trennung oder Scheidung

Die Hoffnungen, die an die gemeinsame elterliche Gewalt geknüpft werden, sind vielfältig. Das Scheidungsrecht steckt in einer Sackgasse, indem die gesetzlichen Regelungen nicht mehr den gesellschaftlichen Bedürfnissen entsprechen. Die Scheidungsrate in der Schweiz ist hoch. Im Jahre 1993 lag sie bei 37 % und von 15'053 Scheidungen waren 12'692 unmündige Kinder betroffen[116]. Es darf heute nicht mehr darum gehen, einen der Ehegatten für das Scheitern der Ehe verantwortlich zu machen und ihn im Rahmen der Nebenfolgen der Scheidung dafür zu bestrafen. Ohne Zweifel ist eine Scheidung für die Betroffenen auch heute ein schwerwiegendes Ereignis im Leben mit weitreichenden Folgen und enormen Problemen, die es zu bewältigen gilt.

1. Zukunftsorientierung im Verhältnis zwischen den Eltern

a. Vermeidung von Scheidungsverlierern

Nach dem Scheitern einer Ehe bleiben beide Geschiedenen Eltern ihrer Kinder. Durch die Auflösung der Paarbeziehung zwischen ihnen wird ihre Eltern-Kind-Beziehung nicht aufgelöst. Die Familie als solche besteht auch nach einer Scheidung weiter, allerdings in veränderter Lebensform[117].

Die Erkenntnis, dass die Elternebene von der Paarebene getrennt werden sollte, ist nicht neu. Doch diesen in der Theorie nachvollziehbaren Gedanken umzusetzen, stellt die Scheidenden vor sehr grosse Schwierigkeiten[118]. Besonders aus psychologischer Sicht wird betont, dass in erster Linie auf einen Abbau der Spannungen zwischen den Eltern hingearbeitet werden muss, wenn den Kindern geholfen werden will. Damit der Gefahr der In-

---

116 Vgl. Bundesamt für Statistik, Sektion Bevölkerungsentwicklung, T 502.93.
117 Vgl. dazu Wallerstein/Blakeslee, Gewinner und Verlierer (1989), S. 68 ff.; Duss-von Werdt, Für die standesamtliche Scheidung, AJP 1992, 291, 297; Fthenakis, Kindeswohl - gesetzlicher Anspruch und Wirklichkeit, in: Brühler Schriften zum Familienrecht, 3. Bd. (1983), S. 33, 51.
118 Vgl. Duss-von Werdt, Die Scheidungsfamilie, in: Duss-von Werdt (Hrsg.), Kindeszuteilung (2. Aufl. 1986), S. 113 ff.

strumentalisierung der Kinder im Scheidungsprozess begegnet werden kann, muss vorgängig die Aufmerksamkeit den streitenden Eltern gelten[119]. Auch für die Nachscheidungsfamilie ist die Kooperation zwischen den Eltern von grosser Bedeutung für die Entwicklung der Kinder. Es erstaunt nicht, dass Untersuchungen aus den Vereinigten Staaten[120] ergeben haben, dass Kinder geschiedener Eltern sich sowohl kurzfristig wie auch auf lange Sicht besser entwickeln können, wenn der Streit zwischen den Eltern nicht über die Scheidung hinaus weiter ausgetragen wird.

Die Fähigkeit der Eltern zur Kooperation ist ein wichtiges Ziel, das im Zusammenhang mit der gemeinsamen elterlichen Gewalt erreicht werden soll. An der Alleinzuteilung der Elternverantwortung ist problematisch, dass der obhutsberechtigte Elternteil als Gewinner aus der Scheidung hervortritt, während der nur Besuchsberechtigte die elterliche Gewalt verliert und gleichsam aus der Familie ausgeschlossen wird. Alles, was ihm an Verantwortung bleibt, sind die finanziellen Verpflichtungen gegenüber den Kindern und eventuell gegenüber dem geschiedenen Ehegatten. In dieser Situation ist zusätzliches Engagement verlangt, um die Zusammengehörigkeit zu den Kindern nicht abreissen zu lassen. Doch dieser Einsatz kann oft nicht aufgebracht werden und macht einem Ohnmachtsgefühl Platz, das als Untermauerung des Verlusts der Familie verstanden wird.

Das Scheidungsrecht ist dann sinnvoll gestaltet, wenn es den Betroffenen Wege eröffnet, wie sie die Auflösung ihrer Partnerbeziehung verarbeiten und ein Leben unabhängig von ihrem Ehepartner führen können. Von der Qualität einer Scheidung hängt vieles für die zukünftigen Beziehungen zwischen den ehemaligen Ehepartnern ab. Je mehr das Scheidungsrecht auf Bestrafung verzichten kann und den Parteien keine Rollen als Schuldige und Unschuldige mehr zugesprochen werden müssen, desto besser stehen die Chancen für eine künftige Kooperation zwischen den Geschiedenen. Gerade bei Ehen mit Kindern werden geschiedene Eltern im Interesse ihrer Kinder lernen müssen, miteinander umzugehen.

---

[119] Vgl. Jopt, Im Namen des Kindes (1992), S. 46, 125.
[120] Vgl. Amato/Keith, Parental Divorce and the Well-Being of Children: A Meta-Analysis, Psychological Bulletin 110 (1991) 1: 26 ff.; Furstenberg/Cherlin, Geteilte Familien (1993), S. 113 f.

b. Akzeptanz der Scheidung

Es sollte eine möglichst hohe Akzeptanz der Scheidung mit ihren Nebenfolgen durch die Betroffenen erreicht werden. Auch im Scheidungsrecht sollte die Parteiautonomie eine wichtige Position einnehmen und den Scheidenden ebenso wie in anderen Bereichen des Privatrechts verantwortliches Handeln abverlangen. Durch die geplante Einführung der Konventionalscheidung[121] wird das Bemühen des Gesetzgebers deutlich, im neuen Scheidungsrecht den Bedürfnissen der Gesellschaft nach mehr Eigenverantwortlichkeit im privaten Bereich nachzukommen. Eigenverantwortliches Handeln innerhalb der Familie schliesst die Kinder mit ein. Die Konventionalscheidung stellt hohe Anforderungen an die Parteien, denn sie selbst müssen die Last der Entscheidung tragen und sie wird nicht mehr automatisch vom Richter übernommen. Zwar ist der Richter verpflichtet, eine Konvention zu überprüfen. In der Praxis wird jeoch praktisch jede Konvention genehmigt. Der Richter überprüft die Situation nicht gleich ausführlich, wie wenn er selbst eine Entscheidung treffen würde. Damit ist gleichzeitig erreicht, dass die Parteien selbst über ihre Zukunft entscheiden können. Selbständig getroffene Regelungen versprechen eher eingehalten zu werden als von staatlichen Stellen diktierte Verhaltensweisen.

Diese Überlegung deutet auf die Infragestellung des herkömmlichen Scheidungsverfahrens hin. Alternative Verfahrensmodelle, die vor allem aus dem anglo-amerikanischen Rechtskreis stammen und seit mehreren Jahren in Europa und auch in der Schweiz Bedeutung erlangt haben, bringen Bewegung in das gerichtliche Scheidungsverfahren. Im Vordergrund steht dabei einerseits die Mediation nach dem sogenannten out of court-Modell, das auf Freiwilligkeit beruht und ausserhalb des Gerichtsverfahrens durchgeführt wird[122]. In Begleitung von Mediatorinnen und Mediatoren soll den Schei-

---

[121] Vgl. Art. 115 VE.
[122] Vgl. Schwenzer, Vom Status zur Realbeziehung (1987), S. 132 ff., insbes. S. 146 ff.; Carbonneau, A Consideration of Alternatives to Divorce Litigation, 1986 U. Ill. L. Rev. 1119, 1167 ff.; Vgl. zum Ganzen Mähler/Mähler, Das Verhältnis von Mediation und richterlicher Entscheidung, in: Krabbe (Hrsg.), Scheidung ohne Richter (1991), S. 148 ff.; Parkinson, Techniques de la médiation familiale, in: ISDC (Hrsg.), "Mediation" als alternative Konfliktlösungsmöglichkeit? (1992), S. 251 ff.; Gee, The Mediation Process, Fam.Law 22 (1992) 91 f.; Gehring, Vermittlung statt Streit zum Wohl der Kinder (Interview), plädoyer 6/1991, 6, 11.

dungswilligen ermöglicht werden, sich auf eine Scheidungsvereinbarung zu einigen. Aus der Überzeugung heraus, dass tragfähige Scheidungsregelungen nur unter Einbeziehung beider Parteien getroffen werden können, müssen die Voraussetzungen dafür zwischen den Scheidungsparteien geschaffen werden. Statt dass wie bisher ein auf Gegnerschaft beruhendes Verfahren im Zentrum steht, können die Parteien freiwillig um gemeinsam getragene Entscheidungen ringen. Dieses Ringen will gelernt sein, und es stehen den Parteien dabei in einem Mediationsverfahren Beraterinnen und Berater zur Seite[123]. Es hat sich gezeigt, dass hinter den vordergründigen Konflikten um Unterhalts- oder Besuchsregelung häufig schon während der Ehe geführte Beziehungskonflikte weiter ausgetragen werden[124]. Mit Hilfe einer solchen Vermittlungsberatung kann den Betroffenen die Abstraktion besser gelingen, so dass sie trotz ihres Konflikts eine den Interessen der weiterbestehenden Familie dienende Lösung erarbeiten können.

Im vorliegenden Entwurf für das neue schweizerische Scheidungsrecht soll der Scheidungsvermittlung mehr Gewicht verliehen werden. Die Kantone werden in Art. 151 VE beauftragt, Beratungsstellen einzurichten, in denen speziell ausgebildete Personen die Ehegatten darin unterstützen, eine Vereinbarung über die Scheidungsfolgen auszuarbeiten[125]. Um die Wirksamkeit der Mediation zu sichern, wird das Mediationsverfahren vom Scheidungsverfahren getrennt. In Art. 144 Abs. 3 VE ist vorgesehen, dass an der Vermittlung Beteiligte als Zeugen oder Auskunftspersonen vom Scheidungsprozess ausdrücklich ausgeschlossen sind[126]. Die Vernehmlassung ergab ein mehrheitlich positives Echo auf den geplanten Ausschluss. Es fällt auf, dass einige Kantonsregierungen und politische Parteien eher skeptisch sind und den Verlust von wertvollen Gutachteraussagen befürchten, während die interessierten Organisationen, deren Mitglieder schon über praktische Erfahrungen mit der Mediation verfügen, den Ausschluss nachhaltig begrüssen[127]. Diese Bestimmung ist m.E. wünschenswert und nötig, um das gegenseitige Vertrauen zu unterstützen. Sowohl Schei-

---

[123] Vgl. Krabbe, Einleitung, in: Krabbe (Hrsg.), Scheidung ohne Richter (1991), S. 13; Nuber, Scheidung mit Vernunft, Psychologie heute 18 (1991) 11, S. 40 ff.
[124] Vgl. Jopt, Im Namen des Kindes (1992), S. 45 f., Beispiel S. 358 ff.
[125] Vgl. Bericht zum VE, S. 83 f.
[126] Vgl. Bericht zum VE, S. 78.
[127] Vgl. Vernehmlassungen zum VE, S. 567 ff.

dungswillige als auch Mediatorinnen und Mediatoren müssen sich vor der gerichtlichen Verwendung von in Vermittlungsgesprächen gemachten Äusserungen geschützt wissen.

Neben der Schaffung eines Mediationsverfahrens, das Einigkeit zwischen den Scheidungswilligen fördern kann, wird in der Litaratur auch ein alternatives Verfahren bei vorliegender Einigkeit der scheidenden Ehepartner vorgeschlagen. Dabei soll auf ein gerichtliches Scheidungsverfahren zugunsten eines Administrativverfahrens verzichtet werden. Die Ehe soll durch einen Scheidungsvertrag[128] auf dem Zivilstandsamt beenden werden können. Im Falle einer Familie mit Kindern ist der Scheidungsvertrag durch einen "Familienvertrag geschiedener Eltern" zu ergänzen, der die elterliche Gewalt und das gegenseitige Besuchsrecht regelt. Doch im Rahmen der Scheidungsrechtsrevision wurde dieser Vorschlag nicht berücksichtigt. Im neuen Scheidungsrecht wird auf ein gerichtliches Scheidungsverfahren nicht verzichtet werden.

2. Ein Kind hat Mutter *und* Vater[129]

Die Mutterschaft und das Wachsen des Verhältnisses zwischen Mutter und Kind sind schon seit langem ein vielbeachtetes Thema in der Wissenschaft. Kritisch zu beurteilen sind Tendenzen, welche die Betreuung von Kleinkindern und die Kindererziehung generell zur Frauendomäne erklären. Durch das Herausstreichen der herausragenden und nicht ersetzbaren Rolle der Frau und Mutter als Bezugsperson für das Kind, wird ihre Position innerhalb der Familie und damit ausserhalb der Berufswelt untermauert. Wenn die Mutter das Wichtigste im Leben eines Kleinkindes sein muss, so ist es ihre höchste Pflicht, die Betreuung dieses Kindes zu übernehmen. Werden also nur Teile der Erkenntnisse, die aus der wissenschaftlichen Beschäftigung mit dem Mutter-Kind-Verhältnis gezogen werden in der Folge politisch dazu benutzt, Mütter unter Berufung auf das Wohl ihrer Kinder von der

---

128 Duss-von Werdt, Für die standesamtliche Scheidung, AJP 1992, 291 ff.

129 Vgl. BBl 1974 II 1, 5: "Die Funktion der Eltern erschöpft sich nicht in der physischen Zeugung des Kindes. Es ist während Jahren nach seiner Geburt auf ihre Hilfe angewiesen. Die Eltern haben die Aufgabe, es zu einem selbständigen, eigenverantwortlichen Menschen zu erziehen. Und zwar obliegt diese Aufgabe nicht bloss der Mutter oder nur dem Vater, sondern beiden gemeinsam. Das Kind braucht Vater und Mutter."

Arbeitswelt fernzuhalten, so fordert diese Argumentation Widerspruch.

a. Bindungslehre

Mit dem Einbezug der humanwissenschaftlichen Forschung ist in der juristischen Literatur primär die Bindungslehre bekannt geworden. Eine von *Freud* um die Jahrhundertwende formulierte These wurde von *Spitz* und *Bowlby* experimentell überprüft und weiterentwickelt[130]. Vor allem *Bowlby* hat die psychoanalytische These geprägt, dass die Mutter für die normale Entwicklung des Kindes unverzichtbar sei. Eine bindungsrelevante Beziehung zum Vater ist danach erst in der ödipalen Phase (ungefähr im 4. Lebensjahr) zu erkennen. An dieser These kann heute nicht mehr festgehalten werden, nachdem die lange vernachlässigte Erforschung der Vaterschaft aufgenommen worden ist[131]. Sie hat aufgezeigt, dass nicht nur die Mutter, sondern auch der Vater erste Bezugsperson eines Kindes sein kann, und hat damit die Prämisse, dass während der ersten Lebensjahre die Mutter als primäre Betreuungsperson unersetzbar ist, relativiert[132].

Besonders in der deutschen Literatur ist der Begriff der Bindung, aufgrund seiner Aufnahme in den Gesetzestext mit der Reform durch das Gesetz zur Neuregelung des Rechts der elterlichen Sorge vom 18.7.1979, diskutiert worden[133]. Nach § 1671 Abs. 2 BGB sind bei der Zuteilung der elterlichen Sorge die Bindungen des Kindes zu berücksichtigen. Diese Formulierung

---

[130] Bowlby, Attachment and Loss, Bd. I-III (1969-1973); Spitz, Genèse des premières relations objectales, Revue française de psychanalyse (1954); Vgl. auch Goldstein/Freud/Solnit, Beyond the Best Interests of the Child (2. Aufl. 1979).

[131] Vgl. Darstellung des amerikanischen Forschungsstandes bei Fthenakis, Väter, Bd. I u. II (1985); ders., Kindeswohl - gesetzlicher Anspruch und Wirklichkeit, in: Brühler Schriften zum Familienrecht (1983), S. 33 ff.; Ell, Wie ist das mit der "Hauptbezugsperson"?, ZBlJugR 1982, 76 ff.; ders., Väter-Väter-Väter, ZfJ 1988, 436 ff.; skeptisch gegenüber den "neuen" Vätern Bawin-Legros, La fonction paternelle: son histoire, sa sociologie, Rev.trim.dr.fam. 1989, 5, 13.

[132] Wenig zeitgemäss wirkt vor dem Hintergrund der Vaterforschung die Aussage von Stettler, SPR III/2 (1992), S. 264, dass neuere wissenschaftliche Erkenntnisse zeigen würden, dass der Vorrang der Mutter-Kind-Beziehung zumindest bis zum dritten Lebensjahr kaum bestreitbar sei. Er stützt sich auf die Dissertation von Jorio, Der Inhaber der elterlichen Gewalt nach dem neuen Kindesrecht (1978), der sich wiederum an Publikationen aus den 50er und 60er Jahren anlehnt.

[133] BGBl. I 1061.

hat den Richtern eine Theorie aus der Psychoanalyse in die Hand gegeben, die sie aufgrund ihrer Ausbildung nicht in ihrer wissenschaftlich erarbeiteten Bedeutung erfassen und nutzen können, und die deshalb zu Missverständnissen Anlass geben kann[134]. Unklar war vor der Konkretisierung der mittlerweile auch juristischen Klausel, ob der Bindungsbegriff als sorgerechtsrelevantes Kriterium in seiner umgangssprachlichen Bedeutung (Beziehung, emotionale Nähe) oder als wissenschaftliches Konstrukt zu verstehen sei[135]. Die Rechtsprechung hat die Ansätze von *Lempp* und die Kritik an der Bindungstheorie von *Fthenakis* aufgenommen und sich an die Auffüllung der offenen Definition gemacht[136]. Sie geht vom eher umgangssprachlichen Sinn der Bindung aus und berücksichtigt neben der Ermittlung einer Hauptbezugsperson ein komplexeres Beziehungsgeflecht zwischen Kindern und Eltern und wechselseitige Neigungen im näheren sozialen Umfeld[137]. Wie schon erwähnt, ist die Bindungstheorie, wie sie vor dem Hintergrund der Exklusivität der Mutter-Kind-Beziehung angewendet wurde, heute überwunden[138].

b. Vaterforschung

Wenn heutige Anwender der so relativierten Bindungstheorie nicht mehr am natürlichen Vorrang der Mutter festhalten, sondern neben anderen Elementen mitberücksichtigen, wer bisher an der Kinderbetreuung beteiligt war, werden m.E. dadurch Mutter und Vater grundsätzlich nicht ungleich behan-

---

134 Vgl. Beispiele bei Coester, Das Kindeswohl als Rechtsbegriff (1983), S. 460.
135 Vgl. Koechel, Die Bindungen des Kindes - doch ein sorgerechtsrelevantes Kriterium, FamRZ 1986, 637, 640; Luthin, Elterliche Sorge, Umgangsbefugnis und Kindeswohl, FamRZ 1984, 114, 115.
136 Vgl. Münch. Komm./Hinz, § 1671 N 38 ff. BGB mit zahlreichen Hinweisen auf die Rechtsprechung; Lempp, Das gemeinsame Sorgerecht aus kinderpsychiatrischer Sicht, ZfJ 1984, 305 ff.; ders., Bindungen des Kindes, FamRZ 1984, 471 ff.; Fthenakis, Stellenwert der Bindungen, FamRZ 1985, 662 ff.
137 Vgl. als Auswahl BGH, 11.7.1984, NJW 1985, 1702 = FamRZ 1985, 169; OLG Köln, 10.8.1982, FamRZ 1982, 1232; KG, 26.8.1983, FamRZ 1983, 1159; OLG Karlsruhe, 29.9.1983, FamRZ 1984, 311;
138 Vgl. Felder, Kinderpsychiatrische Aspekte der Kindszuteilung, SJZ 85 (1989) 185, 186; übereinstimmend Lempp, Bindungen des Kindes, FamRZ 1984, 741, 743; und Fthenakis, Kindeswohl - gesetzlicher Anspruch und Wirklichkeit, in: Brühler Schriften zum Familienrecht (1983), S. 33, 50.

delt[139].

Wird bei der Scheidung einer Ehe mit herkömmlicher Rollenteilung das Kind der Mutter zugeteilt, so geschieht dies nicht aufgrund der Tatsache, dass sie Frau und Mutter ist. Sie ist vielmehr deshalb als Betreuungsperson besser geeignet, da sie diese Aufgabe schon in der Vergangenheit wahrgenommen hat und dadurch erste Bezugsperson (primary caretaker) des Kindes geworden ist.

Kritiker der Bindungstheorie hingegen lehnen diese Sichtweise ab. Nicht die Quantität, sondern die Qualität der Beziehung sei massgeblich. Die Bedeutung des Vaters für die Entwicklung des Kindes sei nicht an Betreuungsleistung gebunden. Die Vorbildfunktion des Vaters und sein Einfluss auf das heranwachsende Kind entfalte sich unabhängig von tatsächlicher Erziehungsarbeit[140]. Diese Kritik geht m.E. auf Kosten der Kindesinteressen zu weit und verfolgt in erster Linie väterliche Interessen, die herkömmliche Rollenteilung zu bewahren, ohne damit einen Anspruch auf die Kinder zu verlieren. Die Position der "neuen Väter" gleicht sich darin der feministischen Position, die ebenso starr ist und die die gemeinsame elterliche Sorge als männlichen Angriff auf eine der letzten Bastionen weiblicher Privilegierung sieht[141]. Es wird deutlich, welche Schwierigkeiten darin bestehen, das wirkliche Kindesinteresse ins Zentrum der Überlegungen zu stellen, ohne "Rechte" der Mutter oder des Vaters am Kind gegeneinander abzuwägen. Die bisherige Aufgabenteilung in einer Familie kann nicht unberücksichtigt bleiben. Doch ist es denkbar, dass für die Zukunft eine andere Verteilung von Betreuungsarbeit und Erwerbstätigkeit zwischen den Eltern vereinbart werden kann. Ideal wäre die Situation, dass die Nachscheidungsfamilie an eine schon während der Ehe praktizierte, die Eltern doppelt einbeziehende

---

[139] So auch Lempp, Bindungen des Kindes, FamRZ 1984, 741, 743; Vgl. Grossmann, Bindungen zwischen Kind und Eltern: Verhaltensbiologische Aspekte der Kindesentwicklung, in: Kraus (Hrsg.), Die Scheidungswaisen (1993), S. 49, 50 ff.

[140] Vgl. Fthenakis, Stellenwert der Bindungen, FamRZ 1985, 662, 668; zur Erforschung der Vaterlosigkeit vgl. Schleiffer, Elternverluste (1988), S. 12 ff.

[141] Vgl. dazu Stein-Hilbers, Biologie und Gefühl - Geschlechterbeziehungen im neuen Kindschaftsrecht, ZRP 1993, 256 ff..; Flügge, Ambivalenzen im Kampf um das Sorgerecht, Streit 1991, 4 ff.; Heinke, Frauen vertreten Frauen - für eine offen(siv)e Parteilichkeit, in: Fabricius-Brand (Hrsg.), Wenn aus Ehen Akten werden (1989), S. 77 ff.; Bahr-Jendges, Gemeinsames Sorgerecht nach Trennung und Scheidung, Streit 1983, 15 ff.

Aufgabenteilung anknüpfen könnte.

c. Systemische Sichtweise

Die Gefahr bei der Betrachtung der Erkenntnisse aus der Vaterforschung liegt darin, dass grundsätzlich nur die Identität der traditionellen Hauptbezugsperson durch eine andere ersetzt worden ist, das Augenmerk jedoch weiterhin allein einem Paarverhältnis gelten soll. In neuerer Zeit hat sich die Sozialwissenschaft von einer solchen dyadischen Betrachtungsweise weg und hin zu einer systemischen Sichtweise entwickelt. Dabei soll vermehrt auf die Vernetzung der Beziehungen der Familienmitglieder untereinander Gewicht gelegt werden[142]. Gleichzeitig findet eine Abkehr von der statischen Vorstellung von Bindung zugunsten der Berücksichtigung ihrer Dynamik statt[143].

d. Zusammenfassung

Der Hintergrund aus der Humanwissenschaft zeigt einerseits auf, dass sowohl die Mutter wie auch der Vater als Bezugsperson für ein Kind in Frage kommen[144]. Andererseits ist anzunehmen, dass bereits ein Kleinkind zu mehr als einer Person eine emotionale Beziehung aufbauen kann[145]. Die Gerichte stehen vor dem grossen Problem, dass sie von Gesetzes wegen[146]

---

[142] Vgl. Gehring, Zur Revision des Scheidungsrechtes: Plädoyer für eine psychosoziale Sichtweise, AJP 1992, 937, 940; Fthenakis, Stellenwert der Bindungen, FamRZ 1985, 662, 672; ders., Kindeswohl - gesetzlicher Anspruch und Wirklichkeit, in: Brühler Schriften zum Familienrecht (1983), S. 33, 51; Schwenzer, Vom Status zur Realbeziehung (1987), S. 111.

[143] Vgl. Felder, Kinderpsychiatrische Aspekte der Scheidung (1990), S. 12 f.; Fthenakis, Stellenwert der Bindungen, FamRZ 1985, 662, 667.

[144] Vgl. zusammenfassend Bardenheuer, Das Personensorgerecht für den Vater eines nichtehelichen Kindes als Teilaspekt eines neuen Kindschaftsrechtes unter Berücksichtigung der schwedischen Rechtslage (1990), S. 18 f.

[145] Vgl. Felder, Kinderpsychiatrische Aspekte der Scheidung (1990), S. 12; ders., Kinderpsychiatrische Aspekte der Kindszuteilung, SJZ 85 (1989) 185, 186 m.w.H.

[146] Schweiz: Art. 156 Abs. 1 i.V.m. Art. 297 Abs. 3 ZGB; Österreich: § 177 Abs. 2 ABGB falls keine Einigung über Alleinzuteilung vorliegt; wenn kein Antrag auf Zuteilung der gemeinsamen elterlichen Sorge vorliegt; Deutschland: § 1671 BGB (Abs. 4 S. 1 ist mit Art. 6 Abs. 2 GG unvereinbar und somit nichtig); anders aber Frankreich und

dazu gezwungen sind, die Bindungen zu beiden Elternteilen zu analysieren und einander gegenüberzustellen. Wie aber soll die Bewertung der Eltern-Kind-Verhältnisse durch einen Richter erfolgen, der die Befürchtung von Psychiatern und Psychologen kennt, dass Bindung nicht gemessen und ihre Entwicklung für die Zukunft nicht vorausgesagt werden kann[147]? Dieses Problem zeigt eine grosse Schwierigkeit bei der zwingenden Alleinzuteilung der elterlichen Gewalt bei Scheidung.

e. Kritik an zwingender Alleinzuteilung der elterlichen Gewalt

Das schweizerische ZGB nennt kein Kriterium zur Kindeszuteilung bei Scheidung. Es belässt es bei dem Hinweis, dass ein Kind einem Elternteil allein anzuvertrauen ist[148]. Die massgebenden Kriterien sind sodann durch die Rechtsprechung entwickelt worden. Sie dienen in ihrer Gesamtheit dazu, sicherzustellen, dass entsprechend den Interessen des durch die Scheidung betroffenen Kindes über seine Zuteilung zu einem Elternteil entschieden wird.

Das schweizerische Kindesrecht ist spätestens seit 1978 dem Wohl des Kindes verpflichtet. Damit dieses Anliegen konsequent durchgeführt werden kann, muss auch im Rahmen eines Scheidungsprozesses nach einer Lösung gesucht werden, die den Interessen des Kindes am ehesten entspricht.

Die ausschliessliche Zuteilung des Kindes an einen Elternteil führt dazu, dass das Kind fortan nur noch den obhutsinhabenden Elternteil als direkte Ansprechperson hat. Das Verhältnis zum andern Elternteil ist durch finanzielle Verpflichtungen und - falls das Besuchsrecht überhaupt wahrgenommen wird - von geregelten Besuchszeiten geprägt. Ein Kind, das bisher bei beiden Eltern gelebt hat, kann faktisch einen Elternteil verlieren. Eine grosse Schwierigkeit bei der Zuteilung der elterlichen Verantwortung an einen Elternteil besteht darin, dass Voraussagen für die Zukunft gemacht werden müssen. Ein Scheidungsrichter ist nicht nur gehalten, die für das Kind mo-

---

Grossbritannien.

[147] Vgl. v.a. Fthenakis, Stellenwert der Bindungen, FamRZ 1985, 662, 666; Fthenakis/Niesel/Kunze, Ehescheidung (1982), S. 53; weniger weit gehend Koechel, Die Bindungen des Kindes - doch ein sorgerechtsrelevantes Kriterium, FamRZ 1986, 637, 641 und Lempp, Bindungen des Kindes, FamRZ 1984, 741, 742.

[148] Art. 156 Abs. 1 i.V.m. Art. 297 Abs. 3 ZGB.

mentan bessere Plazierung zu ermitteln. Gleichzeitig muss er entscheiden, welcher Elternteil in den nächsten Jahren für das Kind von grösserer Bedeutung ist, und auf wen das Kind eher wird verzichten können. Diese Entscheidung ist schon lange problematisch und wird noch mehr in Frage gestellt mit zunehmender Anerkennung der systemischen Sichtweise von Familienbeziehungen, die eine Prognose über die Entwicklung von Personen und ihren Beziehungen nur beschränkt zulässt[149]. Im System einer Familie steht jedes Mitglied in Beziehung mit den anderen Mitgliedern. Veränderungen in einem Teil des Systems lösen durch die bestehende Interdependenz Veränderungsprozesse im ganzen System aus, die wiederum von den einzelnen Familienmitgliedern unterschiedlich wahrgenommen werden. Die Entwicklung innerhalb der Familienstruktur ist durch den Abschluss der elterlichen Paarbeziehung nnicht abgeschlossen und soll es auch nicht sein. Es soll den Kindern und den Eltern ermöglicht werden, diese Entwicklung weiterzuführen.

3. Ausrichtung des Eltern-Kind-Verhältnisses in die Zukunft

a. Aufrechterhaltung des Kontakts

aa. Genfer Untersuchung zur Wahrnehmung des Besuchsrechts

Eine Untersuchung aus Genf liefert dazu vielfältige Angaben. Im Jahre 1990 wurde in der Region Genf im Rahmen eines Nationalfondsprojektes eine Untersuchung[150] über Arten der Erziehung bei 13-jährigen Kindern durchgeführt. Dabei wurden auch die Kontakte von Vater und Kind nach einer Scheidung näher beleuchtet[151].

112 Familien, in denen eine geschiedene Frau mit mindestens einem 13-jährigen Kind lebt, wurden in die Untersuchung einbezogen. Es hat sich ge-

---

[149] Zusammenfassung der Grundannahmen bei Fthenakis, Kindeswohl - gesetzlicher Anspruch und Wirklichkeit, in: Brühler Schriften zum Familienrecht (1983), Fn. 65; vgl. auch Gehring, Zur Revision des Scheidungsrechtes: Plädoyer für eine psychosoziale Sichtweise, AJP 1992, 937, 940 m.w.H.

[150] Nationalfondsprojekt Nr. 1.383.0.6., bezüglich geschiedener Familien unter der Leitung der Proff. Kellerhals, Montandon, Keller.

[151] Languin, Les contacts entre père et enfant à la suite du divorce, Document de travail relatif à quelques résultats d'une enquête récente (1990).

zeigt, dass 25% der Kinder ihre Väter überhaupt nie sehen[152]. In der Erforschung der Beziehungen wurde einerseits nach der Häufigkeit der Kontakte und anderseits nach dem Inhalt der gemeinsamen Beschäftigung differenziert. Seltener Kontakt, der nicht häufiger als zweimal im Monat stattfindet, ist in zwei Dritteln der Fälle die Regel. Mindestens einmal die Woche sehen sich Vater und Kind in einem Drittel der untersuchten Familien, in denen noch eine Verbindung besteht[153]. Für den Inhalt und die Art der Interaktion wurde ein Katalog von verschiedenen Lebensbereichen des Kindes aufgestellt[154]. Darin enthalten sind sowohl Hausaufgaben wie auch Ferien, sportliche und kulturelle Aktivitäten, Besprechen von Problemen mit Freunden, Beibringen von guten Manieren sowie acht weitere Komplexe. 59% der Väter nehmen nur in wenig verschiedenen Lebensbereichen an der Erziehung ihres Kindes teil. Breiter involviert sind 30% von ihnen, und nur bei 11% ist die Beziehung so stark gefächert, dass die Väter in 10 oder mehr Bereichen an der Erziehung teilnehmen. Die Hauptbereiche sind Ferien, sportliche und kulturelle Anlässe und Fragen der Berufswahl. Am seltensten sind Väter in den Alltagsbereich einbezogen.

Zusammenfassend wäre zu sagen, dass die Väter mehr zu Kameraden und Beratern werden, als dass sie ihre alte Elternrolle behalten, wobei vorausgesetzt wird, dass ein mit der Mutter verheirateter Vater automatisch eine bestimmte Rolle im Leben des Kindes einnimmt. Es ist zu beobachten, dass Väter mit höherer Ausbildung häufiger und intensiver Kontakt mit ihren Kindern pflegen. In diesem Punkt werden Erfahrungen aus anderen Untersuchungen bestätigt[155]. Je mehr Zeit allerdings seit der Scheidung vergangen ist, desto schwächer ist die Verbindung zwischen Vater und Kind. Dabei darf jedoch nicht ausser Acht gelassen werden, dass schon wenige Jahre für Kinder eine lange Zeit sind. Nimmt der Kontakt nach fünf Jahren stark ab, so ist ein Kind aus dieser Untersuchung schon 18 Jahre alt und ist nicht mehr in demselben Masse auf die emotionelle Nähe zum Vater angewiesen. Zudem ist es in diesem Alter eher in der Lage, den Kontakt von sich aus zu suchen.

---

[152] Vgl. Languin, Contacts (1990), S. 11.
[153] Vgl. Languin, Contacts (1990), S. 2.
[154] Vgl. Languin, Contacts (1990), S. 7 f.
[155] Vgl. Furstenberg/Cherlin, Geteilte Familien (1993), S. 64.

Auffallend ist, dass die gerichtlich festgesetzte Besuchsregelung in nur nahezu 22% aller Fälle Anwendung findet. In fast 79% kommt sie nicht zum Zug, sei es dass gar kein Kontakt stattfindet, sei es dass die Eltern im Einvernehmen eine andere Regelung getroffen haben[156]. Die geringe praktische Bedeutung der richterlichen Besuchsrechtsregelung im Rahmen des Scheidungsprozesses wird so deutlich, dass zu fragen ist, welchen Sinn sie überhaupt in Fällen macht, in denen eine Kommunikation zwischen den Eltern weiterhin möglich ist. Von praktischer Relevanz ist sie nur dort, wo der Vater den Kontakt zum Kind zwar sucht, von der Mutter aber darin nicht unterstützt wird. Folglich wäre sie auf diese Fälle zu beschränken.

Die Autorin der Genfer Untersuchung kommt zum Schluss, dass generell eine deutliche Abnahme der Verantwortung der Väter in ihrer Elternrolle zu verzeichnen ist. Sie betont jedoch ebenso, dass es Kinder gibt, denen die Beziehung zu ihrem Vater, die über das Übliche hinausgeht, zugute kommt[157].

bb. Bedeutung des Kontakts zum Vater für die Entwicklung des Kindes

Die Annahme, dass der Kontakt des Kindes zum nicht obhutsberechtigten Elternteil - in den meisten Fällen zum Vater - der Entwicklung des Kindes förderlich ist, liegt nahe. Auch eine langfristig angelegte Studie aus den 80'er Jahren kam zum Schluss, dass Kinder, die nach der Trennung der Eltern ihren Vater regelmässig sehen, im Leben besser zurechtkommen[158]. Diese Schlussfolgerung, die wohl auch der allgemeinen Überzeugung entspricht, wurde jedoch durch neuere Untersuchungsergebnisse aus den Vereinigten Staaten[159] eingeschränkt.

Diese neueren Forschungsprojekte stellen die formulierte Grundannahme in Frage und kommen zu einem zunächst verwirrendem Ergebnis. Kinder ohne

---

[156] Vgl. Languin, Contacts (1990), S. 10.
[157] Vgl. Languin, Contacts (1990), S. 11.
[158] Vgl. Wallerstein/Blakeslee, Gewinner und Verlierer, S. 332 f.; Vgl. als Übersicht auch Furstenberg/Cherlin, Geteilte Familien (1993), S. 114 f.
[159] Vgl. King, Nonresident Father Involvement and Child Well-Being: Can Dads Make a Difference?, Journal of Family Issues 15 (1994): 1 78 ff.; Emery, Marriage, Divorce, and Children's Adjustment (1988), S. 89 f.

Besuchskontakt zum Vater waren in ihrem Verhalten nicht auffälliger als Kinder mit Besuchskontakt. Dies besagt, dass es für die Entwicklung des Kindes keine Rolle spiele, ob Kontakt zum von der Mutter getrennt lebenden Vater bestehe oder nicht.

Bei näherer Betrachtung wird jedoch deutlich, dass auch diese Aussage relativiert werden muss. So wird beispielsweise ein Kind, das seinen Vater im Laufe des vergangenen Jahres ein einziges Mal gesehen hat, bereits zur Gruppe der Kinder mit Besuchskontakt gezählt[160]. Dass diese einmalige Begegnung keinen weiteren Einfluss auf die Entwicklung des Kindes hat, ist wenig verwunderlich. Gleichzeitig konnte bei den zugrundeliegenden statistischen Angaben nicht unterschieden werden nach Qualität des Kontakts[161], was wenig Rückschlüsse auf die Art der Beziehung zwischen dem Kind und seinem Vater zulässt.

Zusammenfassend ist festzuhalten, dass sowohl die herkömmliche Grundannahme, dass bestehender Kontakt der Entwicklung des Kindes förderlich sei, als auch die neuere Feststellung, dass er keinen Einfluss habe, nicht uneingeschränkte Geltung haben. Selbstverständlich kann die Beziehung zum Vater kaum von positiver Bedeutung für das Kind sein, wenn sie sich nur einmal jährlich manifestiert. Ebenso ist der Kontakt im Gegenteil vielmehr schädlich, wenn das Kind vom Vater misshandelt wird. In der Statistik können sich Fälle mit positiven Auswirkungen auf das Kind mit Fällen mit negativen Folgen gegenseitig aufheben, was den trügerischen Schluss zulässt, der Kontakt zwischen Vater und Kind habe gar keinen Einfluss auf die Entwicklung des Kindes. Der Kontakt zum Vater muss nicht zwingend positive Auswirkungen auf das Kind haben. Er kann sich aber positiv auswirken. Die Qualität der Beziehung zwischen den beiden ist massgebend. Diese Qualität wurde jedoch bisher statistisch nicht erfasst.

---

[160] Vgl. King, Nonresident Father Involvement and Child Well-Being: Can Dads Make a Difference?, Journal of Family Issues 15 (1994): 1 78, 87.

[161] Vgl. King, Nonresident Father Involvement and Child Well-Being: Can Dads Make a Difference?, Journal of Family Issues 15 (1994): 1 78, 92. Aus diesem Grund schliesst auch King die Möglichkeit, dass Besuche des Vaters positiven Einfluss haben, nicht aus.

cc. Kind im Mittelpunkt der bundesgerichtlichen Rechtsprechung

Die bundesgerichtliche Rechtsprechung[162] anerkennt die grosse Bedeutung der Aufrechterhaltung des Kontakts zwischen dem nicht sorgeberechtigten Elternteil und dem Kind, wie sie in der Literatur herausgestrichen wird[163]. So wird bei der Zuteilung der elterlichen Gewalt berücksichtigt, welcher Elternteil eher die Voraussetzungen schaffen kann, dass die Weiterführung einer persönlichen Beziehung zwischen dem Kind und dem anderen Elternteil gefördert und nicht behindert wird. Das Bundesgericht formuliert diese Überzeugung nicht aus der Sicht eines Elternrechtes, das gegenüber dem obhutsberechtigten Elternteil durchgesetzt werden muss, sondern es stellt das Kind ins Zentrum, das ein Interesse daran hat, nicht einen Elternteil durch die Scheidung ganz zu verlieren.

Die Schwierigkeit liegt jedoch häufig nicht darin, dass sich die Inhaberin der elterlichen Gewalt gegen den Besuchskontakt mit dem Vater sträubt, sondern darin, dass die Besuchstermine durch den Vater nicht wahrgenommen werden.

dd. Besuchspflicht statt Besuchsrecht?

Die Feststellung, dass der Besuchskontakt häufig allein aufgrund der passiven Haltung des Besuchsberechtigten nicht zustandekommt, wurde auch in anderen schweizerischen Untersuchungen bestätigt. Der Bericht der Eidgenössischen Kommission für Frauenfragen kommt zum Punkt der Wahrnehmung der Besuchsrechte zu einem ähnlichen Schluss[164]. Es wird darauf

---

[162] BGE 115 II 317, 320 mit Literaturhinweisen.

[163] Vgl. dazu Krabbe/Stoetzer-Schleß/Weißheimer, Hilfen für Kinder bei Trennung und Scheidung in der Beratungsstelle Trialog Münster: Elternvereinbarungen für Kinder und Gruppen für Kinder aus Scheidungsfamilien, ZfJ 1993, 329; Schwenzer, Familienrecht im Umbruch, ZBJV 129 (1993) 257 ff.; Napp-Peters, Ein-Elternteil-Familien (2. Aufl. 1987); Figdor, Kinder aus geschiedenen Ehen (1991), S. 150 f.: "Dagegen verfügen Scheidungskinder mit einer guten Beziehung zum Vater über ein höheres Selbstbewusstsein, während sich Kinder von Vätern, die sich nicht um sie kümmern, unwichtig und gekränkt fühlen und in Selbstbewusstsein und sozialer Reife hinter ihren Altersgenossen zurückbleiben."

[164] Vgl. Freivogel, Auswirkungen des neuen Eherechts in den Kantonen Basel-Stadt und Basel-Landschaft, in: Juristische Auswirkungen des neuen Eherechts, Bericht der Eidgenössischen Kommission für Frauenfragen (1991), S. 140 ff.

hingewiesen, dass sich obhutsberechtigte Mütter bei den Gerichten häufig darüber beklagen, dass die Besuchsrechte durch die Väter nicht oder nicht verlässlich wahrgenommen werden.

Der Anspruch auf persönlichen Verkehr[165] mit dem Kind steht den Eltern als Wirkung des Kindesverhältnisses um ihrer Persönlichkeit willen zu. Das Gesetz formuliert keine Pflicht, das gewährte Besuchsrecht auch tatsächlich auszuüben[166]. Lediglich aus Art. 272 ZGB lässt sich der Charakter eines Pflichtrechts ableiten.

Das Kind seinerseits hat als Gegenstück der aus Art. 272 ZGB abgeleiteten "Pflicht", ein Recht auf persönlichen Verkehr mit seinen Eltern. Dieses Recht ist daneben ausdrücklich in Art. 9 Abs. 3 der UN-Kinderrechtskonvention formuliert, welcher die Schweiz in naher Zukunft beitreten wird[167]. Die Verwirklichung dieses Rechts des Kindes ist daher in der Praxis davon abhängig, dass der Besuchsberechtigte seinen Anspruch auf persönlichen Verkehr tatsächlich wahrnimmt[168].

Um die rechtliche Position des Kindes in bezug auf das Besuchsrecht zu stärken, wäre die Möglichkeit der Schaffung einer Besuchspflicht der Eltern zu prüfen[169]. Allerdings werden grosse Schwierigkeiten bei der Frage der Durchsetzung der Besuchspflicht des nicht obhutsberechtigten Elternteils deutlich. Es ist nur schwer vorstellbar, dass gerichtlich erzwungener Kontakt zu einer dem Kindeswohl fördernden Beziehung führen kann. Es wäre jedoch zu prüfen, ob der Elternteil, der sein Besuchsrecht nicht wahrnimmt, dieses Recht nach einer bestimmten Zeit verlieren soll[170].

---

[165] Art. 273 ZGB; vgl. Hegnauer, Grundriss des Kindesrechts (4. Aufl. 1994) N 19.02.

[166] Vgl. Bern.Komm./Hegnauer, Art. 273 N 57 ZGB (1991); BBl 1974 II 52.

[167] Art. 9 Abs. 3 UN-Kinderrechtskonvention: "Die Vertragsstaaten achten das Recht des Kindes, das von einem oder beiden Elternteilen getrennt ist, regelmässige persönliche Beziehungen und unmittelbare Kontakte zu beiden Elternteilen zu pflegen, soweit dies nicht dem Wohl des Kindes widerspricht". Vgl. ausführlich zur Kinderrechtskonvention unten 4.Kap.I.

[168] Vgl. Bern.Komm./Hegnauer, Art. 273 N 58 ZGB (1991); Manaï, Le statut de l'enfant à la lumière du droit aux relations personnelles, ZSR NF 107 (1988) I 309, 333.

[169] Vgl. auch Hegnauer, Gemeinsame elterliche Gewalt nach der Scheidung?, SJZ 86 (1990) 369, 377.

[170] Vgl. Farner-Schmidhauser, Juristische Auswirkungen des neuen Eherechts im

Gleichzeitig ist es nicht nur das Kind, sondern auch der obhutsberechtigte Elternteil - in der Regel die Mutter - die durch die mangelnde Wahrnehmung des Besuchsrechts im Stich gelassen wird. Denn die Zeit, die das Kind mit dem Vater verbringen würde, stünde der Mutter zur freien Verfügung. Um die Mutter dennoch in den Genuss der freien Zeit kommen zu lassen, könnte der Vater verpflichtet werden, für die Kosten der Fremdbetreuung während der Dauer seiner Besuchszeit aufzukommen[171].

Die Einführung der Besuchspflicht wurde auch im Rahmen der Revision des Scheidungsrechts geprüft[172]. Auf eine zwangsweise Durchsetzung des Besuchskontakts wurde jedoch verzichtet. Stattdessen wird voraussichtlich in Art. 273 Abs. 2 ZGB neu die Ermahnung des säumigen Elternteils durch die Vormundschaftsbehörde und die Erteilung von Weisungen für den Fall geschaffen werden, dass sich die Nichtausübung des persönlichen Verkehrs negativ für das Kind auswirkt.

ee. Aufbau und Aufrechterhaltung einer Beziehung zwischen Vater und Kind

Bei der Frage, was denn nach einer Scheidung die nicht sorgeberechtigten Väter an der Aufrechterhaltung des während der Dauer der ehelichen Familie gepflegten Kontakts zu ihren Kindern hindert, müssen verschiedene Elemente berücksichtigt werden. Neben den Schwierigkeiten in Zusammenhang mit der Auflösung der Paarbeziehung und dem Gefühl der Isolation und Ausschluss aus der Familie, spielt auch die Neuordnung des eigenen Lebens eine grosse Rolle. Der Vater geht beispielsweise neue familiäre Verpflichtungen ein oder zieht an einen andern Ort um.

Ein zusätzliches Element wird vorwiegend in der neueren Literatur genannt[173]: Besonders Väter, die während der Ehe wenig Zeit zuhause ver-

---

Kanton Zürich, in: Juristische Auswirkungen des neuen Eherechts, Bericht der Eidgenössischen Kommission für Frauenfragen (1991), S. 27.

171 Fazit der Eidgenössischen Kommission für Frauenfragen, in: Juristische Auswirkungen des neuen Eherechts, Bericht der Eidgenössischen Kommission für Frauenfragen (1991), S. 195.

172 Vgl. Bericht mit VE (1992), S. 96 f.

173 Furstenberg/Cherlin, Geteilte Familien (1993), S. 59 ff.; Freivogel, Auswirkungen des neuen Eherechts in den Kantonen Basel-Stadt und Basel-Landschaft, in: Juristische Auswirkungen den neuen Eherechts, Bericht der Eidgenössischen Kom-

bracht haben, unterhalten zu ihren Kindern Beziehungsmuster, die über die Mutter vermittelt werden. Nimmt die Mutter nach einer Scheidung diese Brückenfunktion nicht mehr wahr, so verliert das Verhältnis zwischen Vater und Kind sein bisheriges Fundament. Zu den übrigen Problemen kommt nun die Schwierigkeit hinzu, eine eigene, tragende Beziehung zum Kind nicht nur aufrechtzuerhalten, sondern neu aufzubauen.

Ziel der gemeinsamen elterlichen Gewalt ist es auch, Väter mehr in die Verantwortung einzubinden und mit dem Gefühl der Verantwortung für die Kinder auch das Bedürfnis nach Anteilnahme an ihrem Leben zu erhalten. Allzu hoch dürfen die Hoffnungen nicht angesetzt werden[174], doch wenn nicht obhutsberechtigte Mütter oder Väter durch einen rechtlichen Ausschluss aus der Familie nicht zusätzlich abgehalten werden, sondern durch mehr Verantwortung einbezogen bleiben, ist schon etwas erreicht.

b. Erfüllung der finanziellen Verpflichtung

Die Unterhaltsbeiträge des nicht obhutsberechtigten Elternteils werden im Rahmen des Scheidungsprozesses festgesetzt[175], wobei auch eine voraussehbare Fortdauer der Unterhaltspflicht über das Mündigkeitsalter des Kindes hinaus zu berücksichtigen ist[176]. Kommt der verpflichtete Elternteil seiner Unterhaltspflicht nicht nach, so kann der andere Elternteil gemäss Art. 290 ZGB bei der Vollstreckung des Unterhaltsanspruchs Hilfe beanspruchen[177].

Im Kanton Basel-Stadt wird einerseits Inkassohilfe geleistet und andererseits werden unter bestimmten Voraussetzungen Alimente bevorschusst[178].

---

mission für Frauenfragen (1991), S. 140.
[174] Vgl. dazu Wallerstein/Blakeslee, Gewinner und Verlierer (1989), S. 320.
[175] In der Literatur ist die Zuständigkeit des Scheidungsrichters umstritten. Vgl. Bern. Komm./Spühler/Frei-Maurer, Art. 156 N 238; a.M. Hegnauer/Breitschmid, Grundriss des Eherechts (3. Aufl. 1993) N 11.39.
[176] Vgl. Stettler, SPR III/2 (1992), S. 347 ff.
[177] Vgl. dazu ausführlich Degoumois, Pensions alimentaires, aide au recouvrement et avances (1982), für Basel-Stadt insbes. S. 209 ff.
[178] Während bis im Jahre 1989 Alimentenzahlungen nur auf Kreditbasis ausbezahlt worden sind, werden seither auch Zahlungen geleistet, ohne dass deren Erbringbarkeit gewährleistet ist.

Die Vormundschaftsbehörde hat im Jahre 1993 fast 450'000 Schweizer Franken definitiv abschreiben müssen. Dies bedeutet, dass ca. 40% der ausbezahlten Gesamtsumme nicht wiedereinbringbar ist[179]. Leider sind keine Angaben darüber erhältlich, wie hoch der Anteil der geschiedenen Väter, die ihrer finanziellen Verpflichtung nicht nachkommen, insgesamt ist.

In jedem Fall ist die freiwillige Leistung der Unterhaltszahlungen vorzuziehen. Und das Ziel der Erfüllung der finanziellen Verpflichtungen des nicht obhutsberechtigten Elternteils, die durch die gemeinsame elterliche Gewalt mit vermehrter Verantwortung gefördert werden soll, geht einher mit dem Ziel der Aufrechterhaltung des Kontakts zum Kind. Dieser kann sowohl Voraussetzung wie auch Folge der Einhaltung der finanziellen Regelungen zwischen den Eltern sein.

Die Frage, ob Väter, weil sie regelmässig zahlen, ihr Besuchsrecht eher wahrnehmen, oder ob sie aufgrund des gepflegten Kontakts ihren Unterhaltspflichten nachkommen, kann nicht beantwortet werden[180]. Sicher ist jedoch, dass Väter, die in regem Kontakt mit ihren Kindern stehen, auch mehr zu ihrem Unterhalt beitragen[181].

4. Kindererziehung und Rollenverständnis

Eine bestimmte Erscheinungsform der gemeinsamen elterlichen Gewalt war einigen Rechtsordnungen schon vor einiger Zeit bekannt[182]. Damit war gleichzeitig die während vieler Jahre typische Aufgabenteilung verbunden. Bei einer Scheidung wurde so die elterliche Gewalt dem Vater zugesprochen und das Kind (bis zu einem bestimmten Alter) unter die Obhut der Mutter gestellt. Die Mutter war für die tägliche Betreuung des Kindes zuständig, und der Vater hatte die Entscheidungsmacht. Diese Zweiteilung in elterliche Gewalt und Obhutsrecht wird in der Schweiz schon lange abgelehnt[183]. In Deutschland ist auch nach geltendem Sorgerechtsgesetz eine Aufteilung zwischen Personen- und Vermögenssorge unter bestimmten Vor-

---

[179] Vgl. Jahresbericht des Basler Frauenvereins am Heuberg (1993), S. 25.
[180] Vgl. Furstenberg/Cherlin, Geteilte Familien (1993), S. 115.
[181] Vgl. King, Nonresident Father Involvement and Child Well-Being: Can Dads Make a Difference?, Journal of Family Issues 15 (1994): 1 78, 87 f.
[182] Vgl. für Deutschland: § 1635 BGB in der Fassung von 1900.
[183] Vgl. zuletzt BGE 94 II 1, 2.

aussetzungen zulässig[184].

Die heute geführte Diskussion um die gemeinsame elterliche Verantwortung hat einen anderen Ursprung. Grundlage ist nicht mehr, dass den Müttern Entscheidungsfähigkeit abgesprochen wird. Vielmehr steht einerseits die Überzeugung dahinter, dass beide Elternteile sowohl während der Ehe wie auch nach einer Scheidung ihren Kindern gegenüber Rechte und Pflichten haben. Anderseits werden durch die sogenannten neuen Väter, die sich durch die gängige Scheidungspraxis benachteiligt fühlen, vermehrt Entscheidungsrechte geltend gemacht.

Diese Ausgangslage ist stark umstritten. Wie schon ausgeführt, betonen Vertreter der neuen Väter ihre Bedeutung für die Entwicklung der Kinder, auch ohne dass sie an der täglichen Betreuung tatsächlich teilnehmen[185]. Auf der anderen Seite halten Feministinnen die Gefahr der Einmischung des Vaters und die so geschaffene Möglichkeit der Überwachung über seine geschiedene Frau hoch. Sie wehren sich gegen einen Ausbau der Rechte des nicht obhutsberechtigten Vaters, ohne dass er gleichzeitig mehr Pflichten übernehmen muss[186]. Die Gruppierungen der sogenannten neuen Väter und der Feministinnen sind nicht die einzigen, die sich an der Diskussion um die gemeinsame elterliche Verantwortung beteiligen. In ihren Positionen wird jedoch die Tragweite deutlich, die diese Entwicklung über das Scheidungs- und Familienrecht hinaus besitzt.

Kindererziehung und Haushaltführung werden immer weniger als die natürliche Pflicht der Mutter aufgefasst. Bezahlte berufliche Tätigkeit von Ehefrauen wird durch ihre Ehemänner heute anerkannt und wie in Untersuchungen[187] gezeigt, auch durch Mitübernahme von Haushaltspflichten unterstützt. Zumindest wird im Ansatz Unterstützung geleistet, denn es hat sich

---

[184] § 1671 Abs. 4; vgl. zu den Voraussetzungen Münch.Komm./Hinz, § 1671 N 18 ff. BGB (3. Auflage 1992).

[185] Vgl. Fthenakis, Väter, Bd. I (1985), S. 282 ff., 370 f.

[186] Vgl. Smart, Power and the Politics of Child Custody, in: Smart/Sevenhuijsen (Hrsg.), Child Custody and the Politics of Gender (1989), S. 1, 17; Freivogel/von Felten, Das Sorgerecht als Zankapfel (Streitgespräch), plädoyer 6/1992, 11, 12 f.

[187] Vgl. als Übersicht über den Stand der Erforschung des Geschlechtsverhaltens in der Familie Thompson/Walker, Gender in Families: Women and Men in Marriage, Work, and Parenthood, Journ. Marr. & Fam. 51 (1989): 845-871.

bei diesen in den USA gemachten Untersuchungen herausgestellt, dass der tatsächlich durch die Väter übernommene Anteil an Hausarbeit und Kinderbetreuung sowohl von ihnen selbst als auch von den Müttern bedeutend überschätzt wird[188].

5. Zusammenfassung

Oberstes Ziel des Scheidungsrechts muss heute die Schadensbegrenzung sein. Und die gemeinsame elterliche Verantwortung soll helfen, den Schaden für Kinder und Eltern so gering wie möglich zu halten.

Eine allzu grosse Hoffnung sollte nicht auf die gemeinsame elterliche Gewalt gesetzt werden, sie kann die negativen Folgen einer Scheidung für die Kinder nicht ausschalten. Sie kann jedoch den Willen der Eltern zur gemeinsamen Verantwortung unterstützen und bildet im Gegensatz zur alleinigen elterlichen Gewalt mit Besuchsrecht nicht ein zusätzliches Hindernis zu deren Wahrnehmung. Wichtig ist die Ermöglichung der gemeinsamen elterlichen Verantwortung nicht zuletzt aus symbolischen Gründen. Mütter und Väter haben beide Rechte und Pflichten hinsichtlich ihrer Kinder, die ausdrücklich ihre Kinder bleiben[189].

---

[188] Vgl. Thompson/Walker, Gender in Families, Journ.Marr. & Fam. 51(1989): 857 ff.
[189] Vgl. für eine mögliche Signalwirkung die Ergebnisse einer umfangreichen Studie, durchgeführt unter der Leitung von Maccoby/Mnookin, Dividing the Child (1992), S. 289.

3. Kapitel. Mögliche Anknüpfungspunkte für gemeinsame elterliche Gewalt

Die automatische Zuteilung der gemeinsamen elterlichen Gewalt hängt regelmässig von der Lebenssituation der Eltern ab. Teilweise wird auch an eine bestimmte Lebenssituation in Verbindung mit einem Antrag der Eltern angeknüpft. Es sind verschiedene Anknüpfungspunkte möglich, die ausschlaggebend für die Zuteilung der gemeinsamen elterlichen Gewalt sein können. Um eine ausgewogene Lösung anstreben zu können, sind vorerst verschiedene Anknüpfungspunkte zu diskutieren.

I. Ehe

1. Gemeinsame elterliche Gewalt für eheliche Kinder

Der in der historischen Entwicklung und auch heute noch primäre Anknüpfungspunkt für die gemeinsame Ausübung der elterlichen Gewalt ist die Heirat der Eltern. Bringt eine verheiratete Frau ein Kind zur Welt, so entsteht in den meisten Rechtsordnungen[190] aufgrund der Ehelichkeitsvermutung automatisch ein Kindesverhältnis zwischen dem Kind und dem Ehemann der Mutter, ohne dass eine Anerkennung nötig ist. Ebenso knüpft der Grundsatz, dass über eheliche Kinder beide Eltern die elterliche Gewalt ausüben, an eine bestehende Ehe an[191]. Die Vermutung, dass verheiratete Eltern die elterliche Verantwortung zusammen ausüben, entspricht zweifellos den tatsächlichen Umständen am besten und dient den Interessen des Kindes und der Eltern[192].

---

[190] Vgl. nur Schweiz: Art. 252 Abs. 2 und 255 Abs. 1 ZGB; Deutschland: § 1591 BGB; eingeschränkt in Frankreich durch die possession d'état: Art. 313-1 Cc.

[191] Vgl. Schweiz: Art. 296 Abs. 1 ZGB; Deutschland: § 1626 BGB; Frankreich: Art. 372 Abs. 1 Cc; Grossbritannien: Sec. 2 (1) CA 1989.

[192] Es ist jedoch zu berücksichtigen, dass es sich dabei um eine Vermutung handelt, die nicht in jedem Fall zutreffen muss. So sind verheiratete Eltern, die nicht zusammenleben, dennoch beide Inhaber der elterlichen Gewalt.

2. Kritische Betrachtung der Ehe als ausschliesslichen Anknüpfungspunkt

War früher die Ehe die einzige Möglichkeit der Mutter, an der väterlichen Gewalt teilzunehmen, so könnte dies heute fast umgekehrt formuliert werden. Nach schweizerischem Recht besteht die einzige Möglichkeit des Vaters, mit der Mutter zusammen die elterliche Gewalt auszuüben, darin, mit ihr verheiratet zu sein. Alleiniger Inhaber der elterlichen Gewalt kann der Vater sein, wenn ihm nach der Scheidung die Kinder zugeteilt worden sind. Ebenfalls auf ihn übertragen werden kann die elterliche Gewalt, wenn sie der nicht mit ihm verheirateten Mutter entzogen wurde oder diese infolge Unmündigkeit oder Entmündigung nicht in der Lage ist, sie auszuüben[193].

In der heutigen Regelung wird bei Geburt eines nichtehelichen Kindes der Lösung der klaren Zuordnung des Kindes zur Mutter der Vorzug gegeben, ohne dass eine Überprüfung des Einzelfalls stattfindet. Solange die Ehe mit der Mutter des Kindes den einzigen Anknüpfungspunkt für die gemeinsame Ausübung der elterlichen Gewalt darstellt, wird die rechtliche Benachteiligung eines Kindes und seines nicht verheirateten Vaters, der seine Verantwortung dem Kind und der Mutter gegenüber wahrnehmen möchte, in Kauf genommen.

Aus der Sicht des historischen Gesetzgebers ist die durch Ehe verbundene Familie der einzige Ort, an welchem die erforderlichen Voraussetzungen für ein geordnetes und beschütztes Aufwachsen des Kindes gegeben sind. Der Gesetzgeber zur Zeit der Jahrhundertwende ging davon aus, dass der Vater eines ausserehelichen Kindes an dessen Entwicklung nicht interessiert sei. Der historische Gesetzgeber nahm an, dass der Vater, der einen Fehltritt begangen habe, gleichzeitig Oberhaupt einer ehelichen Familie sei. Doch solle durch diesen Fehler der Friede der legitimen Familie nicht gestört werden. Das Ziel war deshalb, so wenig Verbindungen wie möglich zwischen dem Vater und seinem nichtehelichen Kind herzustellen[194]. Dem Gesetzgeber schwebte ein anderes Bild des ausserehelichen Vaters vor, als es heute

---

193 Art. 298 Abs. 2 ZGB.
194 Vgl. Heil, Das Personensorgerecht der Eltern nichtehelicher Kinder (1993), S. 133 ff., 143; Schwenzer, Vom Status zur Realbeziehung (1987), S. 261 ff., 271 ff.; Brötel, Der Anspruch auf Achtung des Familienlebens (1991), S. 258 f.; Mottl, Die Sorge der Eltern für ihre Kinder (1992), S. 197.

immer häufiger zutrifft.[195] Nach der ursprünglichen Vorstellung war ein verantwortungsbewusster Vater gleichzeitig Ehemann der Mutter. Einzig von diesem Bild eines bekennenden Vaters ausgehend, ist es tatsächlich nicht vorstellbar, dass ein ausserehelicher Vater dem Kind mehr sein will als höchstens eine Art Zahlvater. Doch dieses Bild entspricht in seiner Endgültigkeit nicht mehr der Realität[196].

Auch in bezug auf die Mutter ging der Gesetzgeber von einem bestimmten Bild aus. Er nahm an, dass eine ausserehelice Mutter nicht in der Lage sei, die ganze Verantwortung für ihr Kind zu tragen. Um die Interessen eines ausserehelich geborenen Kindes besser zu wahren, wird beispielsweise noch heute der unverheirateten Mutter durch die Vormundschaftsbehörde ein Beistand zur Seite bestellt, ohne dass sie darum ersucht hat[197]. Dass das Gesetz der Realität hinterherhinkt, wird auch deutlich, wenn die Entwicklung des Alters von Müttern nichtehelicher Kinder berücksichtigt wird. Mütter ausserehelicher Kinder sind heute nicht mehr sehr junge, vom Vater des Kindes verlassene und hilflose Frauen, wie sie dem Bild des Gesetzgebers und oft der Realität zu Beginn dieses Jahrhunderts entsprachen. Betrug das Durchschnittsalter unverheirateter Mütter zum Zeitpunkt der Geburt des Kindes im Jahre 1970 noch 23.7 Jahre, so lag es im Jahre 1993 schon bei über bei 28.6 Jahren[198]. Das Alter dieser Mütter deutet darauf hin, dass sie sich ganz bewusst für die Mutterschaft ausserhalb der Ehe entschieden haben[199].

3. Folgen für die gemeinsame elterliche Gewalt nach Scheidung

Die ausschliessliche Anknüpfung der gemeinsamen elterlichen Gewalt an eine bestehende Ehe zwischen den Eltern zieht weitreichende Konsequen-

---

[195] Vgl. dazu Schwenzer, Die Rechtsstellung des nichtehelichen Kindes, FamRZ 1992, 121; und "... Vater sein dagegen sehr!", FamRZ 1985, 1202.

[196] In der Schweiz lebten 1990 24'360 unverheiratete Paare mit Kindern. Sie vertreten 2.8 % aller Familienhaushalte mit Kindern. Vgl. Statistisches Jahrbuch der Schweiz 1994 (1993), N 1.4, S. 33.

[197] Art. 309 ZGB; beachte aber auch Art. 309 Abs. 2 mit der heutigen Praxis, BGE 107 II 312; Hegnauer, Grundriss des Kindesrechts (4. Aufl. 1994), N 27.26 ff.

[198] Vgl. Bundesamt für Statistik, Bevölkerungsentwicklung, T. 504.93.

[199] Vgl. mit weiteren Angaben für Deutschland Schwenzer, Gutachten zum 59. DJT (1992), S. 12.

zen nach sich. Solange der Gesetzgeber die Ehe als einzige Form einer möglichen und im Interesse der Familie liegenden gemeinsamen Ausübung der elterlichen Gewalt durch beide Eltern vor Augen hat, kann er auch keine gemeinsame elterliche Gewalt geschiedener Eltern vorsehen.

Mit einer Scheidung gehen die Stabilität und das Zusammenwirken der Eltern, die durch die Ehe scheinbar gewährt sind, zu Ende. Die Ehe ist aufgelöst, die Eltern sind zerstritten, und die Kinder sind einem Elternteil zugeteilt. Gemäss dieser engen Vorstellung wird im besten Fall eine Besuchsrechtsregelung vereinbart und auch eingehalten, die den Kontakt zum nicht obhutsberechtigten Elternteil nicht abbrechen lässt. Nicht in dieses Bild passt ein geschiedenes Paar, das zwar nicht mehr als Ehepaar miteinander leben kann, sich aber weiterhin als Elternpaar der gemeinsamen Kinder versteht und in Fragen, die die Kinder betreffen, oder in der Kinderbetreuung weiterhin zusammen handeln möchte wie bis anhin.

4. Würdigung

Fraglich ist, ob es gerechtfertigt ist, die Ehe als einzigen Anknüpfungspunkt für gemeinsame elterliche Gewalt gelten zu lassen. Weder zum Zeitpunkt der Eheschliessung, noch bei der Geburt eines Kindes müssen die Partner zeigen, dass sie zur Erziehung von Kindern geeignet sind. Allein die Tatsache, dass sie sich in der Ehe verbinden wollen, macht sie in den Augen des Gesetzgebers zur gemeinsamen Übernahme der elterlichen Gewalt fähig. Zweifellos steht hinter dem Eheentschluss die Absicht, das weitere Leben zu teilen. Doch werden heute, angesichts der hohen Scheidungsrate[200], Ehen tatsächlich nicht mehr für das ganze Leben geschlossen. Um die eheliche Familie als alleinigen Hort der gemeinsamen elterlichen Gewalt zu wahren, müsste daher vielleicht eine Art Eignungsprüfung eingeführt werden, um sicherzugehen, dass es sich im Einzelfall um eine tragfähige Beziehung handelt.

Doch von diesem Vorschlag ist abzusehen, und der Grundsatz der gemeinsamen elterlichen Gewalt über eheliche Kinder soll nicht in Frage gestellt werden. Es würde zu weit führen, die Gründung einer Familie von einer staatlichen Genehmigung abhängig zu machen. Zudem ist es nicht möglich,

---

200 Die Scheidungsziffer in der Schweiz liegt bei 36 %. Vgl. Statistisches Jahrbuch der Schweiz 1994 (1993), T. 1.14, S. 43.

die zukünftige Entwicklung einer Beziehung vorauszusagen. Gleichzeitig liegt es jedoch nahe, an der Exklusivität dieses Anknüpfungspunktes zu zweifeln und neben einer bestehenden Ehe zwischen den Eltern andere Kriterien zu untersuchen.

II. Zusammenleben

1. Zusammenleben der nichtehelichen Familie als Anknüpfungspunkt

Das Zusammenleben kann einen massgeblichen Anknüpfungspunkt für die gemeinsame Ausübung der elterlichen Gewalt darstellen[201]. Eltern können mit ihrem Kind unabhängig von einer Ehe als Familie zusammenwohnen. Das Kind lebt wie in einer ehelichen Familie mit Mutter und Vater und wächst bei beiden auf. Dem Kind stehen zwei Ansprechpartner zur Verfügung, ohne dass es mit einem von ihnen erst einen Besuch vereinbaren oder auf andere Weise Kontakt suchen muss.

2. Besonderes Schutzbedürfnis des nichtehelichen Kindes

Zu prüfen ist, ob ein nichteheliches Kind, das mit seinen Eltern zusammenlebt, ein besonderes Schutzbedürfnis infolge der theoretisch jederzeit möglichen Auflösung der Lebensgemeinschaft seiner Eltern hat. Erwähnt werden soll, dass eine nichteheliche Familie nicht mit der pauschalen Vorstellung einer Zufallsbekanntschaft mit Kind übereinstimmt. Wenn zwei Menschen heiraten und Kinder haben wollen, so steht dahinter in der Regel der Entschluss, auf lange Sicht zusammenbleiben zu wollen. Dies gilt ebenso für ein Paar, das sich Kinder wünscht, jedoch nicht heiratet. Wollen diese beiden gemeinsam ein Familienleben führen, so gehen sie ebenfalls von der Dauerhaftigkeit ihrer Beziehung aus und wollen ihren Kindern ein Leben lang Eltern sein.

Aus der Sicht des Kindes ist das Familienleben dasselbe, unabhängig davon,

---

[201] Vgl. Frankreich: Art. 372 Abs. 2 Cc für die gemeinsame elterliche Gewalt unverheirateter Eltern; Österreich: § 167 ABGB, allerdings nur nach gerichtlicher Kindeswohlüberprüfung.

Mögliche Anknüpfungspunkte für gemeinsame elterliche Gewalt 57

ob die Eltern verheiratet sind oder nicht. Anhand zweier Entscheidungen des deutschen Bundesverfassungsgerichtes[202] kann die Entwicklung des Einwandes der Notwendigkeit einer eindeutigen Zuordnung des nichtehelichen Kindes zu seiner Mutter aufgezeigt werden.

Im Jahre 1981 hat das Gericht die Ungleichbehandlung ehelicher und ausserehelicher Kinder und den Ausschluss des nichtehelichen Vaters von der gemeinsamen elterlichen Sorge noch mit dem Hinweis auf die angeblich geringere Stabilität der Beziehung infolge ihrer jederzeit möglichen Auflösung geschützt. Eine klare sorgerechtliche Regelung sei zum Wohle des Kindes notwendig, um der Gefahr zu entgehen, dass das Kind in den Mittelpunkt eines Streits seiner Eltern geraten könnte[203]. In einer weiteren Entscheidung vom 7.5.1991 ist das deutsche Bundesverfassungsgericht von diesem Standpunkt abgekommen und hat diesen Einwand als Argument gegen die gemeinsame elterliche Sorge selbst bei Zusammenleben nicht verheirateter Eltern nicht mehr genügen lassen[204]. Das Gericht führte aus, dass gerade für den Fall der Trennung der rechtlichen Absicherung der gemeinsamen elterlichen Sorge besondere Bedeutung zukommen könne. Sei es, dass es im Kindesinteresse liege, die Bindungen zu beiden Elternteilen auch nach der Trennung aufrechtzuerhalten und die gemeinsame Ausübung der elterlichen Sorge zu bewahren. Sei es, dass diese Lösung infolge des Streits zwischen den Eltern nicht möglich ist und es das Wohl des Kindes gebietet, eine dem Einzelfall angemessene Entscheidung über die Zuteilung zu treffen. Denn in diesem Fall sei die feste Zuordnung des Kindes zu einem Elternteil nicht geeignet, den Schaden möglichst gering zu halten. Sie könnte sogar eine Lösung ausschliessen, die den Beziehungen und Bindungen des Kindes besser Rechnung tragen würde[205].

3. Würdigung

Die eindeutige Zuordnung des nichtehelichen Kindes zu seiner Mutter über-

---

202 Vgl. BVerfG 24.3.1981, BVerfGE 56, 363 = NJW 1981, 1201 = FamRZ 1981, 429 = EuGRZ 1981, 178; BVerfG 7.5.1991, BVerfGE 84, 168 = FamRZ 1991, 913 = NJW 1991, 1944.
203 Vgl. BVerfGE 56, 363, 384 f.
204 BVerfGe 84, 168; im Gegensatz zu BVerfGE 56, 363.
205 BVerfGE 84, 168, 182 f.

zeugt auf den ersten Blick durch ihre Klarheit, und sie war den tatsächlichen Gegebenheiten anfangs dieses Jahrhunderts wohl angemessen. Heutzutage allerdings sind alternative Lebensformen zur ehelichen Familie äusserst vielfältig und haben an Ausnahmecharakter verloren. Angesichts nichtehelicher Kinder und ihrer Eltern, die als Familie zusammenleben, verliert die ausnahmslose Regelung der alleinigen Zuordnung des Kindes zur Mutter an Berechtigung[206].

Die faktische Situation einer nichtehelichen Familie entspricht derjenigen einer ehelichen Familie. Es erscheint gerechtfertigt, die rechtliche Situation der faktischen anzugleichen. Aus diesem Grund kann m.E. das Zusammenleben nichtverheirateter Eltern durchaus einen geeigneten Anknüpfungspunkt für die gemeinsame Elternverantwortung darstellen. Damit soll jedoch nicht ausgedrückt werden, dass es eine zwingende Voraussetzung darstellt, und dass die gemeinsame elterliche Gewalt ohne Zusammenleben ausgeschlossen sein soll.

III. Soziale Eltern-Kind-Beziehung

Sehr nahe am Kriterium des Zusammenlebens ist der mögliche Anknüpfungspunkt des Vorliegens einer gelebten Eltern-Kind-Beziehung zwischen dem nichtehelichen Kind und seinem Vater zu sehen[207]. Es könnten danach beide Eltern Inhaber der elterlichen Gewalt sein, wenn beide als psychologischer Elternteil ihres Kindes qualifiziert werden können[208]. Diese Lösung könnte Beweisschwierigkeiten mit sich bringen, da es sich dabei nicht um ein äusserlich erkennbares Kriterium handelt. In der Regel wäre bei Zu-

---

[206] Vgl. Schwenzer, "...Vater sein dagegen sehr!", Kritische Anmerkungen zur elterlichen Sorge für nichteheliche Kinder, FamRZ 1985, 1202, 1208, Kindeswohl als Leerformel.

[207] Vgl. dazu die possession d'état des französischen Rechts, die jedoch nicht die elterliche Gewalt direkt betrifft, sondern für die Unanfechtbarkeit oder die Etablierung eines Kindesverhältnisses von Bedeutung ist. Vgl. Cass.civ. 1re, 18.2.1992, Gaz.Pal.1992.Somm.ann.16 = J.C.P.1992.I.280; Bénabent, Droit civil, La famille (5. Aufl. 1993), N 412 ff.; Malaurie/Aynès, Droit civil, La famille (3. Aufl. 1992-1993), N 490 ff.; Groslière, La possession d'état pivot du droit de la filiation ou le danger d'une vérité sociologique, D.1991.Chron.149; Rémond-Gouilloud, La possession d'état d'enfant, Rev.trim.dr.civ. 1975, 459 ff.

[208] Vgl. zum psychologischen Vater Ell, Väter-Väter-Väter, ZfJ 1988, 436, 440, 442.

sammenleben der Familie auf eine bestehende Beziehung zu schliessen, womit wiederum das Zusammenleben anstelle der sozialen Vaterbeziehung das eigentliche Kriterium darstellen würde.

Bei einer Zuteilung der gemeinsamen elterlichen Gewalt aufgrund eines sozialen Kindesverhältnisses zwischen Vater und Kind könnte allerdings nicht einfach auf die miteinander verbrachte Zeitspanne abgestellt werden. Verschiedene Untersuchungen[209] haben ergeben, dass von der Häufigkeit der Kontakte zwischen Elternteil und Kind nicht ohne weiteres auf die Qualität der Beziehung geschlossen werden kann. Quantität bedeutet nicht zwingend Qualität. Die Erforschung und Bewertung einer Beziehung im Einzelfall, die nicht allein auf den Zeitfaktor abstellt, wäre jedoch sehr aufwendig und würde gleichzeitig ein weiteres Problem beinhalten.

Denn der Vater eines Neugeborenen kann nur schwer zeigen, dass eine für das Kind wichtige Beziehung zwischen ihm und dem Kind besteht. Möglicherweise könnte also die gemeinsame elterliche Gewalt nach Massgabe des vorliegenden Kriteriums erst nach einer Probezeit definitiv erteilt werden, wenn nach Ablauf einer Frist der Vater tatsächlich die Möglichkeit gehabt hat, eine Beziehung zu seinem Kind aufzubauen und diese Beziehung den Erfordernissen entspricht. Als ausschliesslicher Anknüpfungspunkt erscheint das Vorliegen einer sozialen Vaterbeziehung deshalb nicht geeignet. Soll jedoch eine Lösung geschaffen werden, die die gemeinsame Elternverantwortung nicht verheirateter Eltern nur unter engen Voraussetzungen gewährt, so kann das vorliegende Kriterium als restriktives Element angewendet werden.

IV. Antrag der Eltern

Im Ergebnis stellt die Erteilung der gemeinsamen elterlichen Gewalt aufgrund eines übereinstimmenden Antrags der Eltern eine grosszügige Regelung dar. Dabei sind verschiedene Formen zu unterscheiden.

---

[209] Vgl. King, Nonresident Father Involvement and Child Well-Being: Can Dads Make a Difference?, Journal of Family Issues 15 (1994) 1: 78 ff.; Amato, Children's Adjustment to Divorce: Theories, Hypotheses, and Empirical Support, Journ.Marr. & Fam. 55 (1993) 23, 26; Johnston/Kline/Tschann, Ongoing Postdivorce Conflict: Effects on Children of Joint Custody and Frequent Access, Amer.J.Orthopsychiat. 59 (1989) 4: 567 ff.

1. Reines Antragsmodell

a. Reines Antragsmodell bei Scheidung der Eltern

Das Besondere an dieser Lösung ist, dass die Zuteilung der elterlichen Gewalt nur auf Antrag einer Partei in das Scheidungsverfahren aufgenommen wird. Stellt keine Scheidungspartei einen Antrag auf Alleinzuteilung der elterlichen Gewalt, so bleiben beide Eltern ohne jede Veränderung Inhaber der Elternverantwortung[210]. Das reine Antragsmodell bei Scheidung der Eltern ist dem Prinzip der Nichtintervention gleichzusetzen[211].

b. Reines Antragsmodell bei gemeinsamer elterlicher Gewalt unverheirateter Eltern

Beim reinen Antragsmodell bei gemeinsamer elterlicher Gewalt unverheirateter Eltern tritt die gemeinsame Elternverantwortung allein als Folge eines übereinstimmenden Antrags der Eltern ein, ohne dass zusätzlich zu diesem Antrag eine Überprüfung des Antrags durch den Richter stattfindet. Die gemeinsame Elternverantwortung ist allein von der Äusserung der Eltern in einer bestimmten Form abhängig[212].

2. Genehmigungsbedürftiger Antrag

a. Genehmigungsbedürftiger Antrag bei Scheidung der Eltern

Bei diesem Modell wird davon ausgegangen, dass die Frage der elterlichen Gewalt der Scheidenden über ihre Kinder immer einen Teil des Scheidungsverfahrens darstellt. Die Eltern können jedoch beantragen, dass sie weiterhin beide Inhaber der Elternverantwortung bleiben.

An dieser Stelle sind wiederum zwei Gruppen voneinander zu trennen, die sich durch die Überprüfungskompetenz des Richters unterscheiden.

---

[210] Vgl. Grossbritannien: Sec. 1 (5) CA 1989.
[211] Vgl. ausführlich zum Prinzip der Nichtintervention unten 6.Kap.II.3.b.
[212] Vgl. Grossbritannien: Sec. 4 (2) CA 1989.

aa. Ohne Kindeswohlüberprüfung

Nach dieser Lösung müssen die Eltern zwar einen Antrag auf gemeinsame Elternverantwortung stellen, doch der Richter darf diesen Antrag nicht inhaltlich überprüfen und er darf insbesondere nicht untersuchen, ob die von den Eltern beantragte Lösung dem Kindeswohl entspricht. Die richterliche Überprüfung entfällt zugunsten der Vermutung, dass einvernehmliches Handeln der Eltern den Interessen des Kindes am besten entspricht und dass dieses Einvernehmen sich im gemeinsamen Antrag widerspiegelt.

bb. Mit Kindeswohlüberprüfung

Hier wird die Genehmigung der Beibehaltung der gemeinsamen elterlichen Gewalt von einer inhaltlichen richterlichen Überprüfung des Antrags der Eltern abhängig gemacht. Nur wenn der Richter zum Schluss kommt, dass die gemeinsame Elternverantwortung tatsächlich dem Wohl des Kindes entspricht, bleiben beide Eltern Inhaber wie während der Ehe[213].

b. Genehmigungsbedürftiger Antrag unverheirateter Eltern

Im Gegensatz zum reinen Antragsmodell ist nicht der geäusserte Wille der Eltern, zusammen die Elternverantwortung ausüben zu wollen, massgebend. Vielmehr ist die gemeinsame elterliche Gewalt im Einzelfall von einer richterlicher Genehmigung abhängig.

Diese Genehmigung wird jedoch zur reinen Formsache, wenn dem Richter die inhaltliche Überprüfung untersagt wird[214].

3. Würdigung

Indem die Eltern den gleichlautenden Antrag auf gemeinsame Elternverantwortung stellen, manifestieren sie beide ihren Willen, Verantwortung für ihr Kind übernehmen zu wollen. Diese Bereitschaft, Verantwortung zu über-

---

213 Vgl. Schweiz: Art. 138 Abs. 3 VE.
214 Vgl. Frankreich: Art. 374 Abs. 2 Cc. Obwohl nach französischem Recht die gemeinsame elterliche Gewalt von nicht zusammenlebenden unverheirateten Eltern von einer Erklärung vor dem Richter abhängig ist, kann die Regelung als reines Antragsmodell bezeichnet werden, denn der Richter ist nicht berechtigt, eine Kindeswohlüberprüfung vorzunehmen. Vgl. Cass.civ. 1re 26.6.1990, D.1991.Jur.315.

nehmen, sollte m.E. das ausschlaggebende Kriterium für die gemeinsame Elternverantwortung darstellen. Denn die gemeinsame Ausübung der elterlichen Gewalt ist nur dann aussichtsreich, wenn bei beiden Eltern der Wille zum Engagement vorhanden ist. Dieser Wille wiederum ist jedoch nicht vom Zusammenleben der Eltern abhängig[215].

V. Kindeswohl

1. Maxime des Kindeswohls

Bei allen Entscheidungen, die im Kindes- oder Scheidungsrecht mit Auswirkungen auf Kinder getroffen werden, hat das Kindeswohl die oberste Richtschnur zu sein[216]. Auf die Bedürfnisse eines Kindes ist in jedem Einzelfall Rücksicht zu nehmen[217].

2. Zum Begriff des Kindeswohls

Die Konkretisierung der Generalklausel des Kindeswohls ist abhängig von verschiedenen, ihr zugrundeliegenden Elementen. So ist nach verschiedenen Umständen zu fragen, die die positive Entwicklung eines Kindes unterstützen. Als abstrakter Begriff ist das Kindeswohl kaum zu erfassen. In Zusammenhang mit der gemeinsamen elterlichen Gewalt kann in erster Linie auf die Konkretisierung des Begriffs des Kindeswohls zurückgegriffen werden, wie sie durch die Rechtsprechung in Zusammenhang mit der Kinderzuteilung nach Scheidung entwickelt worden ist[218]. Die dabei massgebenden Punkte sind im folgenden kurz zu nennen.

Von grosser Bedeutung für die Entwicklung eines Kindes sind die Kontinui-

---

[215] Eine differenziertere Würdigung des Antragsmodells stellen gleichzeitig die eigenen Vorschläge de lege ferenda dar. Vgl. unten 6.Kap.II.3.b. und 6.Kap.III.7.b.

[216] Vgl. Brauchli, Das Kindeswohl als Maxime des Rechts (1982), S. 165 f.; Tschümperlin, Die elterliche Gewalt in bezug auf die Person des Kindes (1989), S. 81 ff.; Hegnauer, Grundriss des Kindesrechts (4. Aufl. 1994), N 26.04 a ff.; Meier-Schatz, Über Entwicklung, Inhalt und Strukturelemente des Kindsrechts, AJP 1993, 1035, 1040.

[217] Vgl. Ziel der Verwirklichung des Kindeswohls in Art. 301 Abs. 1 ZGB.

[218] Vgl. unten 6.Kap.II.4.a.

tät und Stabilität der Erziehungsverhältnisse. Dazu gehören auch generell stabile Verhältnisse in der Umwelt des Kindes, wie beispielsweise in den Bereichen der Schule und der Freizeit[219]. Auch das Kriterium des erklärten Willens des Kindes könnte für eine Veränderung der momentanen Situation sprechen[220]. Nahe mit der Kontinuität der Erziehungsverhältnisse und dem Kindeswillen ist der Gesichtspunkt der inneren Bindungen des Kindes und der positiven Beziehungen zu beiden Eltern verknüpft[221]. Doch - wie schon bei der Erarbeitung der Ziele der gemeinsamen elterlichen Gewalt deutlich geworden ist - sind nicht nur die Beziehungen des Kindes zu jedem Elternteil für sich allein genommen von Bedeutung. Ebenso wichtig ist eine vernetzte Betrachtung aller Beziehungen innerhalb der Familie. Diese systemische Sichtweise einer Familie erfährt immer mehr Gewichtung[222].

Solange die Beziehungen zwischen den Eltern und dem Kind intakt sind, kann von der natürlichen Grundannahme ausgegangen werden, dass die Eltern eines Kindes dessen Interessen am besten zu wahren wissen. Erst wenn die Voraussetzungen dazu nicht mehr gegeben sind, hat der Richter anhand der genannten Kriterien diejenige Entscheidung zu treffen, die dem Wohl des Kindes am weitesten entgegenkommt[223]. Es soll gewährleistet werden, dass der jeweilige richterliche Beschluss dem Einzelfall möglichst entspricht, obwohl bei solchen, durch die Rechtsprechung erarbeiteten Richtlinien, gewisse Wertübernahmen nicht zu verhindern sind[224].

---

219 Vgl. Hausheer, Die Zuteilung der elterliche Gewalt im Scheidungsverfahren nach der neueren Rechtsprechung des Bundesgerichts, ZVW 1983, 121, 126.

220 Vgl. unten 3.Kap.VI.

221 Vgl. Wingen, Scheidungswaisen im Spiegel der amtlichen Statistik, in: Kraus (Hrsg.), Die Scheidungswaisen (1993), S. 17, 40 ff.; Schwenzer, Vom Status zur Realbeziehung (1987), S. 109 ff.; Coester, Das Kindeswohl als Rechtsbegriff (1983), S. 178 ff.

222 Vgl. Mackscheidt, Loyalitätsproblematik bei Trennung und Scheidung - Überlegungen zum Kindeswohl aus familientherapeutischer Sicht -, FamRZ 1993, 254 ff.; Gehring, Zur Revision des Scheidungsrechtes: Plädoyer für eine psychosoziale Sichtweise, AJP 1992, 937 ff.

223 Vgl. "Checkliste" für Praktiker in: Duss-von Werdt (Hrsg.), Kindeszuteilung (2. Aufl. 1986), S. 282 ff.

224 Vgl. Coester, Das Kindeswohl als Rechtsbegriff (1983), S. 406 ff.

3. Würdigung

Der Primat des Kindeswohls steht über allen vorliegenden Rechtsordnungen. Danach sollte jede Lösung als Möglichkeit erachtet werden und auf ihre Kindeswohlverträglichkeit überprüft werden können. Wenn die Verwirklichung des Kindesinteresses oberstes Ziel sein soll, so stellt der generelle Ausschluss der gemeinsamen elterlichen Gewalt geschiedener Eltern, die im einzelnen Fall durchaus dem Wohl des Kindes am besten entsprechen könnte, eine Verletzung dieses Prinzips[225] dar.

Die Tatsache, dass das Kindeswohl bisher vorwiegend in Zusammenhang mit ehelichen Kindern konkretisiert worden ist, darf nicht darüber hinwegtäuschen, dass das Kindeswohl genauso für Kinder nicht verheirateter Eltern massgebend ist. Diese Maxime ist nicht auf die gemeinsame elterliche Gewalt über eheliche Kinder beschränkt. So ist die Grundannahme der idealen Interessenwahrung des Kindes durch die Eltern auch auf nichteheliche Kinder anzuwenden. Das nichteheliche Kind hat ebenso wie ein eheliches Kind ein massgebliches Interesse daran, dass diese Interessenvertretung durch beide Eltern rechtlich abgesichert wird[226].

VI. Wille des Kindes

1. Rechte des Kindes

Ein wichtiger Ansatzpunkt für die gemeinsame elterliche Gewalt ist der Wille des Kindes. Um seinem Willen Nachdruck verleihen zu können, muss sich das Kind auf ihm zustehende Rechte berufen können. Bei Scheidungen wird oft deutlich, dass die Kinder beide Eltern behalten wollen und sich nur sehr schwer "für" einen Elternteil und damit "gegen" den andern entscheiden. Sie wünschen sich vielmehr, dass "alles wieder gut" werde[227].

---

[225] Vgl. Botschaft zur Revision des Kindesrechts, BBl 1974 II 1, 9: "Für das Verhältnis geschiedener Eltern zum Kind ist einzig der Grundsatz sachgerechter, d.h. vom Wohl des Kindes bestimmter Ordnung massgebend. Die Scheidung der Eltern soll das Kind auf keinen Fall rechtlich benachteiligen."

[226] Vgl. auch Lempp, Das gemeinsame Sorgerecht aus kinderpsychiatrischer Sicht, ZfJ 1984, 305, 308.

[227] Vgl. Wallerstein/Blakeslee, S. 343 ; Lempp, Was bedeutet die Scheidung der Eltern

Auch ausserhalb einer Ehe geborene Kinder haben das Bedürfnis nach zwei Eltern. Die gemeinsame Elternverantwortung könnte somit auch aufgrund des Willens und Wunsches des Kindes gefordert sein. Möglicherweise könnte ein Kind sogar die gemeinsame elterliche Gewalt gegen den Willen der Eltern durchsetzen.

Die Formulierung von Kinderrechten und vor allem ihre Durchsetzung sind allerdings heute noch umstritten und in vielen Rechtsordnungen noch nicht realisiert, obschon sich die rechtliche Behandlung von Kindern mit der Zeit stark verändert hat. Wurden Kinder früher kaum als Rechtssubjekte respektiert[228], so stehen sie heute vermehrt im Zentrum der Aufmerksamkeit gesetzgeberischer Tätigkeit. Heute hat das Kindschaftsrecht in den meisten Rechtsordnungen zur Aufgabe, die Interessen und das Wohl der Kinder zu wahren. Die Art und Weise jedoch, wie diese Interessen gewahrt werden sollen, sind sehr unterschiedlich.

2. Erscheinungsform von Kinderrechten

Ausdruck der veränderten Betrachtungsweise des Gesetzgebers ist die ausdrückliche Formulierung von Rechten der Kinder. Die Eltern oder der Staat sollen nicht mehr alle Rechte im mutmasslichen Interesse des Kindes ausüben, ohne dass das Kind darauf Einfluss nehmen kann. In der amerikanischen und englischen Literatur zur Theorie von Kinderrechten werden verschiedene Wege zur Verankerung von Kinderrechten vorgeschlagen. Ein Teil der Autoren[229] möchte sie durch Begründung von Pflichten der Betreuungspersonen verwirklichen, denn Kinder seien aufgrund ihrer Abhängigkeit nicht in der Lage, ihnen gewährte Rechte selbst wahrzunehmen. Wer die Beachtung von Kinderrechten verlange, müsse sich daher nicht an die Kinder selbst richten, sondern an diejenigen, deren Handlungen Auswirkungen auf die Kinder haben. Andere[230] wiederum zweifeln an diesem einseitigen Abhängigkeitsverhältnis. Es wird dabei auf die Tatsache verwiesen, dass

---

für die Kinder?, in: Kraus (Hrsg.), Die Scheidungswaisen (1993), S. 65, 71.

228 Vgl. beispielsweise die Situation nach common law vor dem Einfluss der equity, Bromley/Lowe, Bromley's Family Law (8. Aufl. 1992), S. 290.

229 Vgl. O'Neill, Children's Rights and Children's Lives, Int.J.Law & Fam. 6 (1992) 24 (25, 39).

230 Vgl. Freeman, Taking Children's Rights More Seriously, Int.J.Law & Fam. 6 (1992) 52 (58).

auch Eltern von ihren Kindern abhängig seien. Diese Abhängigkeit der Eltern werde besonders in Scheidungsprozessen deutlich, wenn Kinder nach der bevorzugten Betreuungsperson gefragt würden. Die Kinder fühlten sich verantwortlich und würden sich für denjenigen Elternteil entscheiden, von dem sie denken, dass er ihren Verlust am wenigsten verkraften könnte.

Die Schaffung von Pflichten der Betreuungsperson des Kindes scheint weniger erfolgversprechend als die Statuierung von Kinderrechten zu sein. Denn das Ziel der Wahrung der Kinderrechte wird nur erreicht, wenn jemand tatsächlich über die Einhaltung der geschaffenen Pflichten wacht. Falls sich andererseits Schwierigkeiten bei der Durchsetzung der Rechte von Kindern ergeben, so müssen den Kindern die rechtlichen Mittel, ihre Rechte durchzusetzen, in die Hand gegeben werden, und es muss ihnen ein Beistand zur Seite gestellt werden[231].

3. Erfassbarkeit des Kindeswillens

Bezüglich der Frage der Erfassbarkeit des Kindesinteresses steht die Frage im Vordergrund, ob ein Kind überhaupt in der Lage ist, sich einen eigenen Willen zu bilden, und ob es diesen Willen auch äussern kann. Falls es dies kann, besteht noch keine Garantie dafür, dass die getroffene Entscheidung ausgewogen und in die Zukunft ausgerichtet ist. Denn der momentan geäusserte Wille muss nicht zwingend dem Interesse des Kindes im Sinne des langfristig zu betrachtenden Kindeswohls entsprechen. Es könnten Altersklassen gebildet werden, die den durchschnittlichen Entwicklungsstand eines Kindes berücksichtigen, um den Grad der Willensbildungsfähigkeit rechtlich zu definieren. Allerdings würde eine solche Lösung dem Einzelfall nie gerecht werden und ist somit abzulehnen.

Möglicherweise muss eine andere Person im wirklichen Kindesinteresse entscheiden. Die Grenze zwischen dem Übernehmen von Verantwortung für einen unselbständigen Menschen und erzwungener Fremdbestimmung ist fliessend[232]. Der Grundsatz, dass Dritte entscheiden, welche Lösung dem

---

[231] Vgl. Russ, Through the Eyes of a Child, "Gregory K.": A Child's Right to be Heard, 27 Fam.L.Q. (1993) 365 (374).

[232] Vgl. Parker, The Best Interests of the Child - Priciples and Problems, Int.J.Law & Fam. 8 (1994) 26 ff.; Eekelaar, The Interests of the Child and the Child's Wishes: The Role of Dynamic Self-Determinism, Int.J.Law. & Fam. 8 (1994) 42 ff.

Interesse des Kindes am besten entspricht, ohne dass das Kind selbst sich dazu äussernn kann, vermag nicht ohne weiteres zu befriedigen[233].

> "(...) If someone has the right to determine my welfare, do I have rights in any meaningful sense?"[234]

Ohne dass auf die Theorie der Rechte von Kindern[235] weiter eingegangen werden soll, ist festzuhalten, dass generell die Anhörung des Kindes von grosser Bedeutung ist. Denn nur dann, wenn es Gelegenheit bekommt, seinen Willen zu äussern, kann über den Sinn oder die Ernsthaftigkeit dieses Willens nachgedacht werden[236].

---

[233] Vgl. Art. 156 Abs. 1 ZGB; vgl. auch Reuter, Elterliche Sorge und Verfassungsrecht AcP 192 (1992), 108, 117 ff.

[234] Eekelaar, The Importance of Thinking that Children have Rights, Int.J.Law & Fam. 6 (1992) 221, 223.

[235] Vgl. dazu Eekelaar, The Emergence of Children's Rights, OJLS 6 (1986) 161 ff.; ders., Are Parents Morally Obliged to Care for Their Children?, OJLS 11(1991) 340 ff.; ders., The Importance of Thinking that Children have Rights, Int.J.Law & Fam. 6 (1992) 221 ff.

[236] So auch Russ, Through the Eyes of a Child, "Gregory K.": A Child's Right to be Heard, 27 Fam.L.Q. (1993) 365, 375, der in der Diskussion um die Durchsetzung von Grundrechten durch Kinder dafür plädiert, ein Kind erst anzuhören und dann zu entscheiden, ob es in der Lage ist, die ihm zustehenden Rechte zu erfassen und durchzusetzen.

Teil 2. Internationale Abkommen und gemeinsame elterliche Gewalt

Einen wesentlichen Anknüpfungspunkt für die gemeinsame elterliche Verantwortung stellt die Erfüllung völkerrechtlicher Verpflichtungen dar. Die Schweiz ist als Beitrittsstaat internationaler Abkommen gehalten, die auf zwischenstaatlicher Ebene vereinbarten Regelungen im nationalen Recht durchzusetzen, sowie das nationale Recht gegebenenfalls anzupassen. Von besonderer Bedeutung für die gemeinsame elterliche Gewalt sind das UN-Übereinkommen über die Rechte des Kindes und die Europäische Menschenrechtskonvention.

4. Kapitel. UN-Kinderrechtskonvention und EMRK als Grundlage für die gemeinsame elterliche Gewalt

I. UN-Konvention über die Rechte des Kindes vom 20. November 1989

1. Geschichte der Konvention

Gegen Ende des 19. Jahrhunderts setzte die Kindesschutzbewegung ein, die als Idee bald von vielen Industrienationen aufgegriffen wurde. Nachdem der erste Weltkrieg einen Unterbruch in die Bemühungen gerissen hatte, internationale Verträge zum Schutz von Kindern auszuarbeiten, übernahm der Völkerbund diese Aufgabe und bildete eine beratende Kommission für Kinder- und Jugendschutz[237]. Als Zeichen des guten Willens beschloss der Völkerbund am 26. September 1924 die fünf Punkte umfassende Genfer Erklärung[238]. Diese Deklaration ist jedoch nicht mehr als eine Einladung an die Mitglieder des Völkerbundes, sich in ihren Hilfswerken für Kinderschutz von den in der Erklärung ausgesprochenen Grundsätzen leiten zu lassen[239].

Ein weiterer wichtiger Schritt in der Entwicklung von Kinderrechten wurde nach dem zweiten Weltkrieg mit der Verabschiedung der UN-Erklärung der Rechte des Kindes am 20. November 1959 durch die Generalversammlung unternommen. Diese Deklaration ist zwar etwas konkreter formuliert als die Genfer Erklärung, die ihr als Grundstein gedient hat, dennoch ist sie lediglich als Empfehlung, eine Art moralischer Appell an alle Staaten zu verstehen[240].

---

237 Vgl. zur Geschichte Wolfrum, Der Schutz des Kindes im Völkerrecht (1985), S. 24 ff.; Stöcker, Verstärkung der Kinderrechte im Jahr des Kindes, Vereinte Nationen 3/1979, 90.
238 Wortlaut der Deklaration in BBl 1925 I 86 f.
239 Vgl. BBl 1925 I 33, 86.
240 Vgl. Meier-Schatz, Über Entwicklung, Inhalt und Strukturelemente des Kindsrechts, AJP 1993, 1035, 1042; Münning, Das Gesetz zu dem UN-Übereinkommen

Seit 1979 wirkte eine Arbeitsgruppe der Menschenrechtskommission der Vereinten Nationen auf die Ausarbeitung einer Konvention der Rechte des Kindes hin, mit dem Ziel, dieses Projekt bis zum 30. Jahrestag der Erklärung der Rechte des Kindes abzuschliessen[241]. Zehn Jahre nach dem internationalen Jahr des Kindes, am 20. November 1989, hat die Generalversammlung der Vereinten Nationen erstmals eine Konvention angenommen, die subjektive Rechte des Kindes formuliert und mehr als eine Absichtserklärung der beteiligten Staaten ist. In völkerrechtlich verbindlicher Weise sind dabei in einem umfassenden Katalog konkrete Rechte aus der Sicht des Kindes statuiert worden.

2. Stand der Ratifikationen

Die Konvention über die Rechte des Kindes wurde am 26. Januar 1990 zur Unterzeichnung aufgelegt und sofort von einer grossen Anzahl von Staaten paraphiert. In Kraft getreten ist sie am 2. September 1990, nachdem die erforderliche Anzahl der Ratifikationen durch 20 Staaten erfolgt ist[242]. Bis heute[243] sind fast 150 Staaten dem Abkommen beigetreten. Erstaunen mag die Geschwindigkeit der Ratifikation durch eine grosse Zahl von Entwicklungsländern[244], obwohl sie den in der Konvention beschriebenen Standard bei weitem nicht erfüllen. Dieses Interesse an der Kinderkonvention könnte auf Missverständnissen beruhen. So lädt beispielsweise die grosszügige und pathetische Formulierung von Art. 24 Abs. 4 dazu ein, diese Bestimmung als Hilfsangebot an die Entwicklungsländer zu verstehen. Sie hält fest, dass die Bedürfnisse der Entwicklungsländer bei der internationalen Zusammenarbeit auf dem Gebiet der Gesundheitsfürsorge besonders zu berücksichtigen sind. Dies bedeutet jedoch in Wirklichkeit nichts anderes als einen

---

über die Rechte des Kindes, ZfJ 1992, 553.

[241] Vgl. Palm-Risse, Hilfe für die Wehrlosen, Vereinte Nationen 3/1990, 101; Papaux-Offner, La Convention des Nation Unies relative aux droits de l'enfant, plädoyer 1/1993, 45, 46.

[242] Vgl. Münning, Das Gesetz zu dem UN-Übereinkommen über die Rechte des Kindes, ZfJ 1992, 553.

[243] Vgl. Notifikationsveröffentlichung der Vereinten Nationen zur Kinderrechtskonvention, CRC/C/2/Rev. 2 vom 25. Juli 1993, S. 4.

[244] Anfang September 1991 hatten schon 95 Staaten die Konvention ratifiziert, davon mindestens 75 Staaten aus der sog. Dritten Welt.

Verweis auf internationale Verträge, die erst noch abgeschlossen werden müssen[245].

Zu den beigetretenen Staaten gehören auch Frankreich, Grossbritannien und Deutschland. In der Schweiz steht eine Ratifikation bevor. Am 31. Juli 1992 hat der Bundesrat das Abkommen paraphiert[246] und Ende Oktober 1994 wurde die Botschaft publiziert[247]. In Frankreich wurde die Konvention mit Dekret vom 8. Oktober 1990 publiziert[248] und trat am darauffolgenden Tag in Kraft[249]. Auch Grossbritannien hat das Übereinkommen recht früh, am 16. Dezember 1991, ratifiziert[250]. Der Gesetzgeber der Bundesrepublik Deutschland hat das Abkommen am 17. Februar 1992[251] ratifiziert und am 5. April 1992 ist es in Kraft getreten[252].

3. Überblick zum Inhalt der Konvention

In dem 54 Bestimmungen enthaltenden Vertragswerk sind in drei Teilen die Rechte des Kindes, ein Überprüfungsverfahren für deren Umsetzung und Schlussbestimmungen geregelt[253].

Die Konvention verfolgt das Ziel, durch das Setzen von Massstäben mit universellem Geltungsanspruch[254] die Lage aller Kinder zu verbessern. Kin-

---

245 Stöcker, Die UNO-Kinderkonvention und das deutsche Familienrecht, FamRZ 1992, 245, 247.
246 Vgl. Einleitung des Vernehmlassungsverfahrens in BBl 1992 V 1119.
247 BBl 1994 V 1 ff.
248 J.C.P.1990.III.64242; Einleitung des Verfahrens duurch das Gesetz N. 90-548 vom 2. Juli 1990, das die Ermächtigung zur Ratifikation beinhaltete.
249 Vgl. Neirinck/Martin, Un traité bien maltraité, J.C.P.1993.I.3677.
250 Vgl. Notifikationveröffentlichung der Vereinten Nationen zur Kinderrechtskonvention CRC/C/2/Rev. 2 vom 21. Juli 1993, S. 9, 25 f.
251 BGBl 1992 II 121; vgl. Coester/Hansen, UN-Übereinkommen über die Rechte des Kindes (1994), S. 21, 28.
252 BGBl 1992 II 990 ; vgl. Baer, Übereinkommen der Vereinten Nationen über die Rechte des Kindes, NJW 1993, 2209.
253 Wortlaut der Konvention in AJP 1994, 825 ff.; Hegnauer, Grundriss des Kindesrechts (4. Aufl. 1994), S. 232 ff.; FamRZ 1992, 253 ff.
254 Vgl. Baer, Übereinkommen der Vereinten Nationen über die Rechte des Kindes, NJW 1993, 2209.

der im Sinne des Übereinkommens sind Menschen, die das 18. Lebensjahr noch nicht vollendet haben und bis dahin nicht volljährig geworden sind[255]. Das Besondere an der UN-Kinderrechtskonvention ist die Personalisierung des Kindes. Es soll als eigenständiges Individuum geschützt werden und nicht nur als Teil einer Familie in Abhängigkeit von seinen Eltern mitgedacht werden[256].

Vor der Aufzählung der einzelnen Rechte werden die grundlegenden Prinzipien, wie ein allgemeines Diskriminierungsverbot und die Prämisse des Kindeswohls, genannt[257].

Art. 6, 7 und 8 eröffnen den Katalog von Kinderrechten mit dem Recht auf Leben, Erwerb einer Staatsangehörigkeit, Achtung der Identität und des Namens. Eine weitere Gruppe bilden sodann die Garantien, die die Zugehörigkeit des Kindes zu seiner Familie gewährleisten.

Art. 12 stellt einen wichtigen Punkt der Konvention in Zusammenhang mit der Kindeszuteilung im Rahmen eines Scheidungsprozesses und der gemeinsamen elterlichen Verantwortung dar. Ein urteilsfähiges Kind hat danach den Anspruch, dass in allen das Kind berührenden Angelegenheiten sein Wille, den es frei äussern darf, angemessen berücksichtigt wird. Die Vertragsstaaten sind verpflichtet, sicherzustellen, dass in Gerichts- und Verwaltungsverfahren, die das Kind berühren, eine Anhörung entweder direkt oder durch eine geeignete Stelle im Einklang mit den innerstaatlichen Verfahrensvorschriften stattfinden kann.

Von zentraler Bedeutung für die gemeinsame elterliche Gewalt ist Art. 18 der Konvention, der den Grundsatz der gemeinsamen Verantwortung beider Elternteile für ihr Kind festhält[258].

Vor der Gruppe der Rechte, die den Schutz der Gesundheit des Kindes[259]

---

[255] Art. 1 UN-Konvention über die Rechte des Kindes.
[256] Vgl. Palm-Risse, Hilfe für die Wehrlosen, Vereinte Nationen 3/1990, 101, 102; Meier-Schatz, Über Entwicklung, Inhalt und Strukturelemente des Kindsrechts, AJP 1993, 1035, 1044 f.
[257] Art. 2 - 5 UN-Kinderkonvention; vgl. die Übersicht von Struck, Die UN-Konvention über die Rechte des Kindes, ZfJ 1990, 613 f.
[258] Vgl. dazu genauer unten 4.Kap.I.5.
[259] Art. 31 - 36 UN-Kinderkonvention.

betreffen, werden in den Art. 23-30 die Garantien sozialer Rechte zusammengefasst. Ebenfalls zum ersten Teil der Konvention gehören Garantien im Strafverfahren und die Beachtung humanitären Völkerrechts[260].

Im zweiten Teil ist die Einsetzung eines Ausschusses für die Rechte des Kindes geregelt, der die Umsetzung der in der Konvention formulierten Rechte anhand von Berichten, die ihm von den einzelnen Staaten vorgelegt werden, überwacht. Die Vertragsstaaten sind verpflichtet, in diesen Berichten die getroffenen Massnahmen und Fortschritte bei der Verwirklichung der Kinderrechte aufzuzeigen[261]. Der Ausschuss seinerseits legt der Generalversammlung der Vereinten Nationen einen Tätigkeitsbericht vor[262]. Weitergehende Kontrollfunktionen sind nicht vorgesehen, und es besteht bedauerlicherweise kein Beschwerderecht an den Ausschuss oder an eine gerichtliche Instanz[263]. Durch die regelmässige Berichterstattung der Beitrittsstaaten an den Ausschuss, durch die Koordinationsaufgaben und Hilfestellung, die der Ausschuss übernimmt, sowie durch die Pflicht der Mitgliedstaaten, die Konvention innerhalb ihres Landes publik zu machen, soll der Erfolg des Übereinkommens gewährleistet werden[264].

4. Direkter oder indirekter Einfluss der UN-Kinderrechtskonvention in den Beitrittsstaaten

Angesichts der grossen Hoffnungen, die in der Literatur in Zusammenhang mit dem Ratifikationserfolg der Konvention verbunden werden[265], ist zu klären, welche direkten rechtlichen Auswirkungen das Abkommen in den

---

260 Art. 37 - 40 UN-Kinderkonvention.

261 Art. 44 UN-Kinderkonvention.

262 Art. 44 Abs. 5 UN-Kinderkonvention.

263 Schon früh kritisiert von Palm-Risse, Hilfe für die Wehrlosen, Vereinte Nationen 3/1990, 101, 104. Die Wirksamkeit solcher Tätigkeitsberichte ist jedoch nicht zu unterschätzen. Vgl. zum Staatenberichtsverfahren am Beispiel des Paktes über die bürgerlichen und politischen Rechte: Kälin, Menschenrechtsverträge als Gewährleistung einer objektiven Ordnung, in: Kälin et al. (Hrsg.), Aktuelle Probleme des Menschenrechtsschutzes (1994), S. 9, 29 f.

264 Vgl. Pais, Comité des droits de l'enfant, La Revue C.I.J., 47/1991, 33 ff.

265 Vgl. Palm-Risse, Hilfe für die Wehrlosen, Vereinte Nationen 3/1990, 101, 105; Baer, Übereinkommen der Vereinten Nationen über die Rechte des Kindes, NJW 1993, 2209.

verschiedenen Mitgliedstaaten hat. Daneben trägt die Konvention zweifellos einen wichtigen Geist in sich, der durch seine Signalwirkung indirekt Einfluss auf die rechtliche Situation von Kindern und ihrer Berücksichtigung als Personen nehmen kann.

Wird die Konvention als Zielvorgabe bezeichnet, so ist damit die Frage eines direkten Einflusses des Abkommens auf die nationalen Rechtsordnungen noch nicht vorweggenommen. Zwar fehlen dem Übereinkommen sowohl eine Staaten- wie auch eine Individualbeschwerde, so dass an zentraler Stelle keine Zuwiderhandlungen gegen die Konvention gerügt werden können und eine direkte Kontrolle durch Konventionsorgane nicht vorhanden ist. Doch es ist nicht ausgeschlossen, dass das Übereinkommen durch Anwendbarkeit innerhalb der nationalen Rechtsordnung unmittelbar rechtlichen Einfluss hat.

5. Bedeutung für die gemeinsame elterliche Gewalt

a. Grundsatz der gemeinsamen Elternverantwortung

Für die gemeinsame Elternverantwortung sind besonders Art. 18[266] und Art. 7 Abs. 1[267] i.V.m. Art. 2[268] der Konvention von Bedeutung.

---

[266] Die Bestimmung lautet: "(1) Die Vertragsstaaten bemühen sich nach besten Kräften, die Anerkennung des Grundsatzes sicherzustellen, dass beide Elternteile gemeinsam für die Erziehung und Entwicklung des Kindes verantwortlich sind. Für die Erziehung und Entwicklung des Kindes sind in erster Linie die Eltern oder gegebenenfalls der Vormund verantwortlich. Dabei ist das Wohl des Kindes ihr Grundanliegen.

(2) Zur Gewährleistung und Förderung der in diesem Übereinkommen festgelegten Rechte unterstützen die Vertragsstaaten die Eltern und den Vormund in angemessener Weise bei der Erfüllung ihrer Aufgabe, das Kind zu erziehen, und sorgen für den Ausbau von Institutionen, Einrichtungen und Diensten für die Betreuung von Kindern.

(3) Die Vertragsstaaten treffen alle geeigneten Massnahmen, um sicherzustellen, dass Kinder berufstätiger Eltern das Recht haben, die für sie in Betracht kommenden Kinderbetreuungsdienste und -einrichtungen zu nutzen."

[267] Der Konventionstext lautet: "Das Kind ist unverzüglich nach seiner Geburt in ein Register einzutragen und hat das Recht auf einen Namen von Geburt an, das Recht, eine Staatsangehörigkeit zu erwerben, und soweit möglich das Recht, seine Eltern zu kennen und von ihnen betreut zu werden."

Die Vertragsstaaten anerkennen den Grundsatz, dass beide Elternteile gemeinsam für die Erziehung und Entwicklung des Kindes verantwortlich sind und bemühen sich nach besten Kräften, diesen Grundsatz zu sichern. Damit wird der Standpunkt vertreten, dass ein Kind Mutter und Vater hat, und dass es seinem Wohl dient, wenn es in beider Umgebung aufwachsen kann. Ebenfalls ist dem Wortlaut dieser Bestimmung zu entnehmen, dass beide Elternteile sich wenn möglich an der tatsächlichen Betreuung und Erziehung des Kindes beteiligen sollen. In erster Linie mag wohl die eheliche Familie als Lebensform im Vordergrund gestanden haben. Doch schliesst die Formulierung von Art. 18 weder die geschiedene noch die Familie ohne Ehe der Eltern aus. Und aus dem Diskriminierungsverbot von Art. 2 folgt ausdrücklich, dass die gemeinsame Elternverantwortung unabhängig vom Status des Kindes oder der Eltern gilt[269]. Allein die Berücksichtigung des Kindeswohls im Einzelfall könnte eine Abweichung vom Grundsatz der gemeinsamen Elternverantwortung erfordern[270].

b. Gemeinsame Elternverantwortung auch bei nichtehelichen Kindern

aa. Enge Auslegung von Art. 18 Kinderrechtskonvention

Ein Teil der Literatur[271] und der Rechtsprechung[272] in Deutschland stellt sich auf den Standpunkt, dass es sich bei der Annahme, dass Art. 18 auch

---

[268] Die Bestimmung lautet: "(1) Die Vertragsstaaten achten die in diesem Übereinkommen festgelegten Rechte und gewährleisten sie jedem ihrer Hoheitsgewalt unterstehenden Kind ohne jede Diskriminierung unabhängig von der Rasse, der Hautfarbe, dem Geschlecht, der Sprache, der Religion, der politischen oder sonstigen Anschauung, der nationalen, ethnischen oder sozialen Herkunft, des Vermögens, einer Behinderung, der Geburt oder des sonstigen Status des Kindes, seiner Eltern oder seines Vormunds.

(2) Die Vertragsstaaten treffen alle geeigneten Massnahmen, um sicherzustellen, dass das Kind vor allen Formen der Diskriminierung oder Bestrafung wegen des Status, der Tätigkeiten, der Meinungsäusserungen oder der Weltanschauung seiner Eltern, seines Vormunds oder seiner Familienangehörigen geschützt wird."

[269] Vgl. Schwenzer, Die UN-Kinderrechtskonvention und das schweizerische Kindesrecht, AJP 1994, 817, 822.

[270] Art. 3 Abs. 1 UN-Kinderkonvention.

[271] Vgl. Stöcker, Die UNO-Kinderkonvention und das deutsche Familienrecht, FamRZ 1992, 245, 249; ders., Auslegung der Kinderkonvention, RdJB 1991, 75, 80.

[272] Vgl. LG Essen, 28.1.1993, FamRZ 1994, 399.

auf die nichteheliche und die geschiedene Familie anzuwenden sei, um eine Fehlauslegung handle. Die Tendenz der in dieser Bestimmung enthaltenen Garantie richte sich, wie aus den Verhandlungen bei der Entstehung der Konvention deutlich hervorgehe, gegen patriarchalische Rechtsordnungen, die das Personensorgerecht ganz oder vorwiegend immer noch dem Vater vorbehalten und sie könne deshalb nicht zur Begründung gemeinsamer elterlicher Sorge herangezogen werden.

bb. Kritik an enger Auslegung

Diese Haltung ist äusserst restriktiv, und die enge Auslegung wird von der überwiegenden Literatur abgelehnt[273]. Sie zieht sich hinter die Problematik zurück, dass durch eine grosszügige und diplomatische Ausdrucksweise die Formulierungen einzelner Bestimmungen teilweise sehr unpräzise geworden sind. Dadurch wird eine gewisse Selbstgefälligkeit europäischer Staaten sichtbar, die Bedeutung der UN-Kinderkonvention hauptsächlich auf die Einführung von Kinderrechten in Entwicklungsländern zu beschränken mit dem Gefühl der Sicherheit, dass die eigenen Rechtsordnungen den formulierten Grundsätzen im Wesentlichen genügten[274]. Zudem beschränkt sich diese Auslegung auf die Hervorhebung der anlässlich der Formulierung der Bestimmung innerhalb der Kommission geführten Diskussionen. Dass diese Gewichtung des historischen Auslegungsmoments einseitig ist, zeigen in einem an einer deutschen Fachtagung gehaltenen Vortrag geführte Hinweise[275]. Danach komme der Entstehungsgeschichte einer internationalen Kon-

---

[273] Vgl. dazu Coester/Hansen, UN-Übereinkommen über die Rechte des Kindes (1994), S. 21, 33; Baer, Übereinkommen der Vereinten Nationen über die Rechte des Kindes, NJW 1993, 2209, 2210; Schwenzer, Gutachten zum 59. Deutschen Juristentag (1992), A 17; Steindorff, Die UN-Kinderrechtskonvention als Legitimationsgrundlage für Elternrechte?, FuR 1991, 214; Struck, Die UN-Konvention über die Rechte des Kindes, ZfJ 1990, 613, 618.

[274] Vgl. auch Finger, Das Übereinkommen über die Rechte des Kindes (UN-Kinderrechtskonvention) und sein Einfluss auf das deutsche Kindschafts- und Familienrecht, JR 1992, 177, 180; so auch Ebert, Zur Konfiguration (Konfrontation) von innerstaatlichem Recht und Völkerrecht in der aktuellen deutschen Familienrechtslage, FamRZ 1994, 273, 281.

[275] Vgl. Steindorff, Im Anschluss an eine Fachtagung zum Thema: UN-Konvention über die Rechte des Kindes, ZfJ 1990, 653, 654, die aus dem Vortrag von Wolff, Vom weichen zum harten Recht - Entstehung der Kinderkonvention und Stellenwert im Internationalen Recht, zitiert.

vention für deren Auslegung weniger Bedeutung zu als den Gesetzesmaterialien im innerstaatlichen Recht. Das eigentlich massgebliche Auslegungskriterium sei die einvernehmliche Staatenpraxis nach Inkrafttreten einer Konvention.

6. Konvention der Kinderrechte oder der Elternrechte?

Teilweise wird in der Literatur die Befürchtung geäussert, dass eine einseitige Interpretation der Konvention schaden könnte. Es bestehe die Gefahr, dass das Übereinkommen unter einem falschen Gesichtspunkt betrachtet würde. Aus dieser unrichtigen Perspektive handle es sich bei der Konvention nicht um eine Verstärkung der Position von Kindern, sondern sie würde dadurch zu einer "Magna Charta für Eltern mit Reflexwirkung für Kinder[276]" gemacht. Getarnt als Schutz von Kinderrechten, ginge es gerade im Zusammenhang mit der Forderung nach gemeinsamer elterlicher Sorge nicht oder nicht mehr verheirateter Eltern in Wirklichkeit um eine Absicherung der Elternrechte[277].

Doch die Befürwortung der gemeinsamen Elternverantwortung ist aus der Sicht und im Interesse des Kindes möglich. Werden die Ziele der gemeinsamen elterlichen Gewalt[278], die im Interesse des Kindes verfolgt werden, zugrunde gelegt, so handelt es sich bei dieser Auslegung nicht um eine verschleierte Festigung von Elternrechten, sondern um ein Aufrechterhalten von Familienbanden zum Wohl des Kindes.

Diese grundsätzliche Feststellung entbindet im Einzelfall nicht davon, die tatsächlichen Umstände und die konkreten Interessen des Kindes zu berücksichtigen. Doch es kann davon ausgegangen werden, dass bei Einigkeit der Eltern das Kindeswohl vermutet werden kann, entsprechend der Regelung der elterlichen Sorge verheirateter Eltern. Für den Fall, dass ein Eltern-

---

[276] Steindorff, Die UN-Kinderrechtskonvention als Legitimationsgrundlage für Elternrechte?, FuR 1991, 214, 215; der Aufsatz von Olsen, Das Übereinkommen der Vereinten Nationen über die Rechte des Kindes: eine feministische Perspektive, Streit 3/1993, 86 ff., vermittelt diesen Eindruck aus der Sicht von Mutterrechten.

[277] Vgl. Finger, Das Übereinkommen über die Rechte des Kindes (UN-Kinderrechtskonvention) und sein Einfluss auf das deutsche Kindschafts- und Familienrecht, JR 1992, 177, 178.

[278] Vgl. oben 2.Kap.II.

teil mit dieser Lösung nicht einverstanden ist und sich der gemeinsamen Sorge widersetzt, kann diese Vermutung nicht mehr ohne weiteres gelten, und eine ausführlichere Kindeswohlüberprüfung durch den Richter wird nötig. Angesichts des ausdrücklichen Vorrangs des Kindeswohls in den Bestimmungen der Konvention[279] kann die Forderung nach der gemeinsamen elterlichen Sorge nicht in allen Fällen unterstützt werden. Denn die Annahme, dass die gemeinsame Elternverantwortung - auch gegen den Willen eines Elternteils - immer im Interesse des Kindes liege, führt zu weit[280].

7. Kinderrechtskonvention in Deutschland

a. Vollzugslehre

Deutschland gehört zu denjenigen Staaten, die gemäss dem dualistischen System davon ausgehen, dass Landesrecht und Völkerrecht zwei voneinander gänzlich getrennte Rechtsordnungen sind. Völkerrecht muss gemäss diesem Prinzip durch Transformation zum Vollzug übernommen werden[281], damit es innerhalb der nationalen Rechtsordnung Geltung erlangen kann. Die strenge Transformationslehre verlangt nach einem parallelen nationalen Gesetz, das inhaltlich der völkerrechtlichen Norm entspricht.

Eine weniger strenge Form stellt die deutsche Vollzugslehre dar. Danach bedarf es für den Einbezug völkerrechtlicher Akte jeweils eines besonderen Staatsaktes, der jedoch keine Verdoppelung der Rechtsregel nach sich zieht, sondern in Form eines Zustimmungsgesetzes oder Umsetzungsgesetzes erfolgen kann[282].

b. Interpretationsvorbehalt der Bundesregierung

Auch die Ratifikation des UN-Kinderrechtsabkommens machte in Deutschland ein Umsetzungsgesetz notwendig. Anlässlich der Hinterlegung der Ratifikationsurkunde hat die Bundesregierung einen Interpretationsvorbehalt

---

[279] Vgl. Art. 3 UN-Kinderkonvention.
[280] Vgl. Jopt, Staatliches Wächteramt und Kindeswohl, ZfJ 1990, 285, 293.
[281] Vgl. Müller/Wildhaber, Praxis des Völkerrechts (2. Aufl. 1982), S. 100.
[282] Vgl. Geiger, Grundgesetz und Völkerrecht (1985), S. 183.

UN-Kinderrechtskonvention und EMRK 79

erklärt[283].

Im ersten Abschnitt der Erklärung, die für die Bedeutung der Konvention in Deutschland wichtig ist, hält die Bundesregierung fest, dass

> "..das Übereinkommen innerstaatlich keine unmittelbare Anwendung findet. Es begründet völkerrechtliche Staatenverpflichtungen, die die Bundesrepublik Deutschland nach näherer Bestimmung ihres mit dem Übereinkommen übereinstimmenden innerstaatlichen Rechts erfüllt"[284].

Neben dem Ausschluss der unmittelbaren Anwendbarkeit der Kinderrechtskonvention werden im zweiten Abschnitt weitere Einschränkungen der Bedeutung der Konvention statuiert. Der erste Punkt betrifft eine Auslegungsfrage von Art. 18 Abs. 1 des Übereinkommens. Die Bundesregierung bekräftigt, dass für alle Fälle der gemeinsamen elterlichen Sorge ausserhalb einer bestehenden Elternehe auf eine Berücksichtigung des Kindeswohls im Einzelfall nicht verzichtet werden soll, und schliesst damit die automatische Zuteilung der gemeinsamen Elternverantwortung mit einem übereinstimmenden Elternvorschlag als einziger Voraussetzung aus.

In einem zweiten Punkt werden ganz bestimmte Rechtsbereiche aufgezählt, in denen die Bestimmungen des Übereinkommens die Vorschriften des innerstaatlichen Rechts nicht berühren sollen. Davon umfasst sind Vorschriften über die gesetzliche Vertretung Minderjähriger bei der Wahrnehmung ihrer Rechte, das Sorge- und Umgangsrecht ehelicher Kinder und die familien- und erbrechtlichen Verhältnisse nichtehelicher Kinder[285]. Der deutsche Gesetzgeber soll diese Bereiche weiterhin rechtlich ausgestalten, ohne dass er durch eine völkerrechtliche Verpflichtung gehalten wäre, die Bestimmungen der Konvention zu berücksichtigen.

c. Kritik am Vorbehalt

Die Konsequenzen dieser Erklärung können Zweifel an der Glaubwürdigkeit Deutschlands bezüglich seiner Haltung gegenüber internationalen Abkommen und seines Respekts vor deren Zweck aufkommen lassen[286].

---

283 Vgl. BT-Drs. 12/42, S. 54; BGBl II 1992 990 ff.
284 BT-Drs. 12/1535, S. 4; BGBl II 1992 990 ff.
285 BT-Drs. 12/1535, S. 4.
286 So auch Steindorff, Die UN-Kinderrechtskonvention als Legitimationsgrundlage für

In der Literatur wird die Frage diskutiert, ob diese völkerrechtliche Erklärung überhaupt einen Vorbehalt darstelle[287]. Ebenso ist umstritten, ob dieser Vorbehalt nicht konventionswidrig ist, da er mit dem Zweck der Konvention kaum vereinbar sein dürfte[288]. Unklar ist, ob durch die Erklärung jeglicher Einfluss der Konvention auf die aufgeführten Bereiche ausgeschlossen ist[289] oder ob genügend bestimmten Rechten durchaus unmittelbare Rechtsbindung innerstaatlicher Behörden besonders in Ermessensentscheidungen zukommen kann[290].

Besonders ein Autor[291] bestreitet diese Bindung und führt aus, dass die Frage nach den Wirkungen der Konvention auf das innerstaatliche Recht leicht zu beantworten sei, da es sie gar nicht gäbe. Es sei lediglich eine gewisse Anstosswirkung auf die innerstaatliche Reformgesetzgebung vorstellbar, die aber eher zufälligen Charakter habe, da diese Reform auch ohne Kinderrechtskonvention stattgefunden hätte.

Würde dieses Verständnis in Deutschland vorherrschen, so drängte sich

---

Elternrechte?, FuR 1991, 214, 215.

[287] Zustimmend Baer, Übereinkommen der Vereinten Nationen über die Rechte des Kindes, NJW 1993, 2209, 2210; Herdegen, Die Aufnahme besonderer Rechte des Kindes in die Verfassung, FamRZ 1993, 374, 379 f.; skeptisch Steindorff, Die UN-Kinderrechtskonvention als Legitimationsgrundlage für Elternrechte?, FuR 1991, 214, 215;

[288] Art. 51 Abs. 2 UN-Kinderkonvention; vgl. Wolf, Ratifiizierung unter Vorbehalten: Einstieg oder Ausstieg der Bundesrepublik Deutschland aus der UN-Konvention über die Rechte des Kindes?, ZRP 1991, 374, 378; Ebert, Zur Konfiguration (Konfrontation) von innerstaatlichem Recht und Völkerrecht in der aktuellen deutschen Familienrechtslage, FamRZ 1994, 273, 275, 278; Schwenzer, Die UN-Kinderrechtskonvention und das schweizerische Kindesrecht; AJP 1994, 817, 819; Coester/Hansen, UN-Übereinkommen über die Rechte des Kindes (1994), S. 21, 30.

[289] Vgl. für die Reichweite des Ermessens des nationalen Gesetzgebers im Rahmen der Neuordnung des Rechts der elterlichen Sorge Münning, Das Gesetz zu dem UN-Übereinkommen über die Rechte des Kindes, ZfJ 1992, 553, 555, der diese Passage im zweiten Abschnitt der Interpretationserklärung für einschränkungsbedürftig hält.

[290] Vgl. Wolf, Ratifizierung unter Vorbehalten: Einstieg oder Ausstieg der Bundesrepublik Deutschland aus der UN-Konvention über die Rechte des Kindes?, ZRP 1991, 374, 376.

[291] Vgl. Stöcker, Die UNO-Kinderkonvention und das deutsche Familienrecht, FamRZ 1992, 245, 252.

tatsächlich die Überlegung nach dem Sinn des Beitritts zu diesem Abkommen auf. Diese Haltung zeugt von einem eher gelassenen Verständnis völkerrechtlichen Verpflichtungen gegenüber, die wohl eher eine schöne Hülle darstellen sollen, als Anlass zu einem Überdenken der innerstaatlichen Verankerung einer valablen Rechtsposition von Kindern zu geben[292].

8. Anwendbarkeit der Konvention in Frankreich

a. Monistisches System

Aus französischer Sicht werden die Auswirkungen der Konvention nicht für alle Länder gleich eingeschätzt. So dürften die Hoffnungen bei der Ratifikation durch ein Entwicklungsland, das der Konvention im Bewusstsein beitritt, dass es nicht über genügend Mittel zur konsequenten Durchsetzung der formulierten Rechte verfügt, nicht zu hoch angesetzt werden[293]. Anders zeigt sich die Situation in Industrieländern, deren Gesetze die Kinder und ihre Interessen in der Regel schon weitergehend schützen. In diesen Ländern ist die Gewährung von subjektiven Rechten durch die Konvention von grosser Bedeutung[294].

Frankreich kennt im Verhältnis zwischen Völkerrecht und Landesrecht ebenso wie die Schweiz die monistische Konzeption mit dem Primat des Völkerrechts[295]. Die Ratifikation eines internationalen Abkommens erfolgt kraft eines Gesetzes[296], das erlassen werden kann, sofern das nationale Verfassungsrecht dem Inhalt des Abkommens nicht widerspricht. Über diese Vereinbarkeit hat der Verfassungsrat (Conseil Constitutionnel) zu wachen.

---

[292] Vgl. auch die deutliche Kritik der Organisation Defense for Children International, die mit beratendem Status aktiv am Entwurf der Konvention beteiligt war, bei Koeppel, Die Stellungnahme von "Defense for Children International", Genf, zu der von der Bundesregierung geplanten Vorbehaltserklärung zur UN-Kinderrechtskonvention, ZfJ 1991, 355, 356.

[293] Vgl. Neirinck, Le droit de l'enfance (1993), N 14, m.H. auf Informationsdossier der UNICEF.

[294] Vgl. Neirinck, Le droit de l'enfance (1993), N 15.

[295] Vgl. Métraux, Problèmes constitutionnels posés par l'adhésion à la CEE, in: Conséquences institutionnelles de l'appartenance aux Communautés européennes (1991), S. 223.

[296] Art. 53 der Verfassung i.d.F. von 1958.

Wenn der Verfassungsrat erklärt[297], dass eine völkerrechtliche Bestimmung eine verfassungswidrige Klausel enthält, so kann die Ermächtigung zur Ratifizierung erst nach einer entsprechenden Änderung der Verfassung erfolgen. Zu beachten ist allerdings, dass der Verfassungsrat die Konformität von nationalen Gesetzen und internationalen Abkommen nicht überprüft, und infolgedessen seine Überwachungsfunktion nur beschränkte Wirkung zeigt[298]. Ist ein internationaler Vertrag für das französische Recht gültig in Kraft getreten, so hält Art. 55 der Verfassung fest, dass die Regeln dieses Vertrages den nationalen Gesetzen übergeordnet sind[299].

b. Rechtsprechung zur Kinderrechtskonvention

Neben dieser Vorrangstellung des Völkerrechts muss auch im französischen Recht die Frage der direkten Anwendbarkeit von internationalen Verträgen oder einzelner ihrer Bestimmungen geklärt werden. So setzte sich die französische Literatur schon früh mit der Frage der direkten Anwendbarkeit der Konvention auseinander[300].

aa. Untere Gerichtsinstanzen

In zahlreichen Fällen wurden durch Instanzgerichte[301] einzelne Bestimmungen der Konvention direkt angewendet.

---

[297] Art. 54 der Verfassung i.d.F. von 1958.

[298] Vgl. Rondeau-Rivier, La Convention des Nations Unies sur les droits de l'enfant devant la Cour de cassation: un traité mis hors jeu, D.1993.Chron.203, 206.

[299] Zur Bedingung der Reziprozität vgl. Constantinesco/Jacqué, L'application du droit international et communautaire au regard de la Constitution Française, in: Le contrôle de constitutionnalité en France et en République Fédéral d'Allemagne (1985), S. 175, 202 ff.

[300] Vgl. Bret, La Convention des Nations Unies des droits de l'enfant: un texte applicable et appliqué en France, Gaz.Pal.1991.2.748; Neirinck, Le Droit de l'Enfance après la Convention des Nations Unies (1993).

[301] Vgl. neben der im folgenden ausgeführten Entscheidung Poitiers, Ch.civ. 2e, 11.12.1991, J.C.P.1992.IV.1450 = D.1993.Somm.130 mit Anm. Descamp; Lyon, Ch.civ. 2e, 28.11.1991, J.C.P.1992.II.21801 mit Anm. Matocq; Rennes, 199.6.1991, Gaz.Pal. Nov.1992.1.18; vgl. auch mit weiteren Hinweisen auf instanzgerichtliche Entscheidungen Rubellin-Devichi, The Best Interests Principle in French Law and Practice, Int.J.Law & Fam. 8 (1994) 259, 274 f.

So hat beispielsweise die Cour d'appel de Paris am 27. November 1992[302] Art. 26 der Konvention angewendet, um einer 17 Jahre jungen Frau den Anspruch auf Rückerstattung der Aufwendungen für medizinische Versorgung durch die Krankenversicherung zuzusprechen. Nach französischem Recht war sie zu alt, um ihren Anspruch aus demjenigen der Eltern abzuleiten, und gleichzeitig hatte sie keinen eigenen Anspruch, da sie sich nicht in Ausbildung befand, sondern arbeitslos war, ohne zuvor je eine Anstellung gehabt zu haben. Art. 26 Abs. 1 der Kinderrechtskonvention sieht jedoch vor, dass jedem Kind das Recht auf Leistungen der sozialen Sicherheit einschliesslich der Sozialversicherung zusteht. Die Konvention selbst hält in Art. 2 fest, dass alle Menschen bis zur Vollendung des 18. Lebensjahres durch die aufgeführten Rechte geschützt werden sollen , sofern - was für Frankreich nicht zutrifft - gemäss nationalem Recht die Mündigkeit nicht früher eintritt.

bb. Kassationshof

Im März 1993 hat die Cour de cassation[303] die Kinderrechtskonvention als nicht direkt anwendbar erklärt.

Die Cour de cassation hat es abgelehnt, Art. 12[304] der Konvention auf einen Fall, bei welchem über das Besuchsrecht eines Vaters eines von ihm anerkannten Kindes zu entscheiden war, direkt anzuwenden. Das urteilende Gericht hatte ein psychologisches Gutachten über das knapp 10-jährige Kind in Auftrag gegeben. Das Mädchen hatte jedoch keine Gelegenheit, sich im Prozess persönlich zu äussern. Diese fehlende Anhörung des Kindes wurde vom Vater geltend gemacht. Das Gericht hielt generell fest, dass das Kinderrechtsübereinkommen lediglich völkerrechtliche Verpflichtungen beinhalte, die im internen Recht nicht direkt anwendbar seien.

---

[302] CA Paris, 27.11.1992, D.1994.Somm.36 mit Anm. Wacogne = Gaz.Pal.1993.1.192.

[303] Cass.civ. 1re, 10.3.1993, D.1993.361 mit Anm. Massip = J.C.P.1993.I.3677, S. 227 = Rev.trim.dr.civ.1993, 341.

[304] Art. 12 Abs. 1 (Berücksichtigung des Kindeswillens):" Die Vertragsstaaten sichern dem Kind, das fähig ist, sich eine eigene Meinung zu bilden, das Recht zu, diese Meinung in allen das Kind berührenden Angelegenheiten frei zu äussern, und berücksichtigen die Meinung des Kindes angemessen und entsprechend seinem Alter und seiner Reife."

Diese Entscheidung und drei weitere Bestätigungsurteile innerhalb weniger Monate[305] haben in der Literatur[306] ein grosses Echo hervorgerufen. Von verschiedenen Seiten wurden sie stark kritisiert, da sie die Konvention weitgehend ihrer praktischen Bedeutung berauben würden. Sie fanden andererseits auch Zustimmung, da aus dem Text der Konvention selbst herauszulesen sei, dass sie sich darauf beschränke, die Staaten zu Bemühungen aufzufordern. Ausserdem seien die Bestimmungen in der Regel zu vage formuliert, als dass sie von einem Betroffenen direkt angerufen werden könnten[307]. Die Bedeutung der Konvention liege vor allem in ihrer Funktion als Richtungsweiserin bei Reformen[308].

Die Formulierung der Konvention lässt verschiedene Interpretationen offen. Einerseits spricht gegen eine direkte Anwendbarkeit, dass im Übereinkommen selbst keine organisatorischen Bestimmungen enthalten sind, die Beschwerdemöglichkeiten regeln. Andererseits spricht für eine solche Anwendbarkeit, dass einzelne Artikel sehr klar formuliert sind und ausdrücklich Rechte von Kindern anerkennen[309].

Es ist noch nicht abschliessend geklärt, ob die Cour de cassation in weiteren Entscheidungen, die andere Bestimmungen der Konvention betreffen, von ihrem Standpunkt der generellen Nicht-Anwendbarkeit des Kinderrechtsübereinkommens abkommen würde. Die jüngere Literatur lässt diese Frage noch offen[310]. Besonders die globale Äusserung der Cour de cassation, dass die Konvention als Ganzes nicht direkt anwendbar sei[311], hat Widerspruch

---

[305] Cass.civ. 1re, 2.6.1993, D.1993.I.R.153 = Rev.trim.dr.civ. 1993, 572 = D.1994.Somm.34 mit Anm. Dekeuwer-Défossez; Cass.civ 1re, 15.7.1993, D.1993.I.R.209 = Rev.trim.dr.civ. 1993, 803, 814 mit Anm. Hauser = J.C.P.1994.II.22219 mit Anm. Benhamou; Cass.civ. 1re, 15.7.1993, D.1994.191 mit Anm. Massip.

[306] Vgl. Neirinck/Martin, Un traité bien maltraité, J.C.P.1993.I.3677; Rondeau-Rivier, La Convention des Nations Unies sur les droits de l'enfant devant la Cour de cassation: un traité mis hors jeu, D.1993.Chron.203 ff.

[307] Vgl. Cass.civ. 1re, 10.3.1993, D.1993.361, 362 mit Anm. Massip.

[308] Vgl. Hauser, Jurisprudence française en matière de droit civil, Rev.trim.dr.civ. 1993.325, 341.

[309] Vgl. D.1994.Somm.34 mit Anm. Dekeuwer-Défossez.

[310] Vgl. D.1994.Somm.34 mit Anm. Dekeuwer-Défossez.

[311] Civ. 1re, 10.3.1993, D.1993.361:"...Mais attendu, sur la première branche, que les

hervorgerufen, weil sie gar nicht nötig gewesen wäre. In den vier Fällen, die der Kassationshof bisher entschieden hat, hätten die Rekurse auch mit der Begründung abgewiesen werden können, dass die entsprechende französische Regelung den Forderungen der Kinderrechtskonvention vollkommen genügen würde[312].

cc. Staatsrat

Der Conseil d'État[313] hat im Fall Camara mit seiner Entscheidung vom 30. Juni 1993 eine Beschwerde mit der Begründung abgelehnt, dass die Kinderrechtskonvention nicht verletzt sei. Ein Malier hatte zusätzlich zur Menschenrechtskonvention die Kinderrechtskonvention angerufen, um zu verhindern, dass eine Ausschaffungsverfügung vollstreckt würde, die ihn von seiner Frau und von seinen Kindern trennen würde. Neben der Feststellung, dass die Bestimmungen der EMRK nicht missachtet worden seien, hielt der Staatsrat auch fest, dass keine Verletzung der Art. 9 und 19 der Konvention vorliege.

Die Frage der direkten Anwendbarkeit wurde vom Staatsrat gar nicht erst aufgeworfen[314]. Diese Vorgehensweise des Conseil d'Etat ist zu begrüssen. Zwar kann daraus nicht auf die direkte Anwendbarkeit geschlossen werden. Doch es werden mögliche Wirkungen der Konvention nicht durch eine generelle Erklärung vorschnell ausgeschlossen.

---

disposition de la Convention relative aux droits de l'enfant, signée à New York le 26 janv. 1990, ne peuvent être invoquées devant les tribunaux, cette Convention, qui ne crée des obligations qu'à la charge des États parties, n'étant pas directement applicable en droit interne;..."

312 Vgl. Rubellin-Devichi, Le principe de l'interêt de l'enfant dans la loi et la jurisprudence française, J.C.P.1994.I.3739, S. 93; Neirinck/Martin, Un traité bien maltraité, J.C.P.1993.I.3677, S. 226; Dekeuwer-Défossez, D.1994.Somm.34, 35; Schwenzer, Elterliche Sorge für nichteheliche Kinder im Lichte internationaler Konventionen, ZEuP 1994, erscheint demnächst.

313 Das französische Gerichtssystem kennt drei voneinander unabhängige höchste Gerichte (Cour de cassation, Conseil d'État, Conseil constitutionnel), die zum selben Problem durchaus unterschiedliche Standpunkte einnehmen können.

314 Vgl. Rubellin-Devichi, Droit de la famille, J.C.P.1994.I.3729, S. 17.

c. Würdigung

Schon vor dem Streit um die direkte Anwendbarkeit der Konvention hat ihre Ratifikation in Frankreich bedeutenden Einfluss auf das Kinder betreffende Recht ausgeübt. So wurde im Gegensatz zu Deutschland nicht mit einem Vorbehalt auf vor dem Beitritt bestehende Widersprüche der nationalen Rechtsordnung mit der Kinderrechtskonvention reagiert, sondern der französische Gesetzgeber hat sich bemüht, innerstaatliche Regelungen noch vor einer Ratifikation mit der Konvention in Einklang zu bringen.

In diesem Licht ist besonders die Änderung des code civil durch das Gesetz Nr. 93-22 vom 8. Januar 1993[315] zu sehen, die als zentrale Punkte die Ausgestaltung der Ausübung der elterlichen Gewalt nicht verheirateter und geschiedener Eltern, die Anhörung und Interessenvertretung von Kindern im Zivilprozess und die Schaffung eines Richters in Familiensachen, der mit umfassenden familienrechtlichen Zuständigkeiten ausgestattet ist, beinhaltet. Das französische Zivilrecht wurde im voraus an die Forderungen der Kinderrechtskonvention angepasst[316], so dass eine Anrufung der in der Konvention gewährten Rechte in diesen Bereichen nicht mehr notwendig ist.

Zusammenfassend ist festzuhalten, dass trotz der ablehnenden Haltung der Cour de cassation gegenüber der direkten Anwendbarkeit der Konvention ihr Einfluss in Frankreich bisher wesentlich grösser war als in Deutschland. Das Echo auf die Ratifizierung des Abkommens ist jedoch in beiden Staaten gross und ihre Folgen werden in der neuen Literatur ausgiebig diskutiert, während in Grossbritannien, das ebenso zu den frühen Beitrittsstaaten gehört, die Folgen der Kinderrechtskonvention weniger umstritten sind.

---

315 Vgl. J.C.P.1993.III.65905; Vauzelle, J.C.P.1993.III.66093; Fulchiron, Une nouvelle réforme de l'autorité parentale, D.1993.Chron.117 ff.; Rubellin-Devichi, Une importante réforme en droit de la famille, J.C.P.1993.I.3659; Battes/Meixner, Namensrecht - nichteheliche Kinder - Familiengericht, FuR 1993, 219 ff.; Steindorff, Familienrechtsreform in Frankreich - Das Gesetz vom 8. Januar 1993, FuR 1993, 319 ff.

316 Diese Vorgehensweise wurde von Raymond, La Convention des Nations Unies sur les droits de l'enfant et le droit français de l'enfance, J.C.P.1990.I.3451, schon vorausgesagt:" Il est alors plus vraisemblable que le parlement fera d'abord un toilettage de nos textes pour les mettre en harmonie avec la convention avant que celle-ci ne soit ratifiée."

9. Anwendbarkeit der Konvention in Grossbritannien

a. Transformationsprinzip

Im Verhältnis zwischen Völkerrecht und Landesrecht gilt in Grossbritannien das dualistische System. Gemäss dem Transformationsprinzip ist für die interne Geltung der in einem internationalen Abkommen enthaltenen Bestimmungen die Schaffung eines nationalen Erlasses vorausgesetzt[317]. Die britische Regierung kann ohne Mitwirkung des Parlaments allein über die Ratifikation eines internationalen Vertrages entscheiden[318]. Dieses ratifizierte Übereinkommen bindet sodann den Staat im internationalen Verhältnis, hat aber nicht zwingend zur Folge, dass die Bestimmungen des Abkommens in nationales Recht transformiert werden. Die Mitwirkung der Legislative ist hingegen vorausgesetzt, damit die im Vertrag enthaltenen Regelungen den Status von internem Recht erlangen können. Mit diesem System soll sichergestellt werden, dass durch die Möglichkeit der Exekutive, internationale Verträge abzuschliessen (treaty-making power), die Legislative in ihrer nationalen Gesetzgebungskompetenz nicht eingeschränkt wird.

b. Völkerrechtskonforme Auslegung

Die Frage der direkten Anwendbarkeit erübrigt sich, da grundsätzlich kein Abkommen, dem das Vereinigte Königreich beigetreten ist, unmittelbar angewandt werden kann. Ein nationaler Erlass ist vorausgesetzt, damit intern durchsetzbare Rechte und Pflichten entstehen können[319]. Trotz fehlender Transformation können ratifizierte Übereinkommen Einfluss auf das nationale englische Recht haben, indem bei der Interpretation von internem Recht

---

317 Vgl. Müller/Wildhaber, Praxis des Völkerrechts (2. Aufl. 1982), S. 97 ff.

318 Vgl. Buergenthal, Self-Executing and Non-Self-Executing Treaties in National and International Law, in: Académie de Droit International, Recueil des Cours, 1992, IV (1993), S. 303, 315.

319 Vgl. Tin Council case, MacLaine Watson and Co. v. Dept. of Trade and Industry, House of Lords, [1989] 3 All E.R. 523, 544 f.:"Treaties, as it is sometimes expressed, are not self-executing. Quite simply, a treaty is not part of English law unless and until it has been incorporated into the law by legislation." (Per Lord Oliver); Buergenthal, Self-Executing and Non-Self-Executing Treaties in National and International Law, in: Académie de Droit International, Recueil des Cours, 1992, IV (1993), S. 303, 359.

der Inhalt von internationalen Verträgen berücksichtigt wird. Bedeutendstes Beispiel der begrenzten Einwirkung völkerrechtskonformer Auslegung auf innerstaatliches Recht stellt die EMRK dar, die zwar durch die britische Regierung ratifiziert, jedoch seither nicht in nationales Recht transformiert worden ist[320].

Grossbritannien hat die Kinderrechtskonvention unterzeichnet und die Ratifikationsurkunde am 16. Dezember 1991 hinterlegt[321]. Dabei wurden verschiedene Vorbehalte im Bereich des Ausländerrechts, des Arbeitsrechts für Minderjährige mit abgeschlossener obligatorischer Schulzeit sowie Einschränkungen bei der anwaltschaftlichen Vertretung von Kindern im Prozess vor schottischen Gerichten erklärt[322].

Das engglische Kindschaftsrecht hat im neuen Children Act 1989, der im Oktober 1991 in Kraft getreten ist, einige der Forderungen der Kinderrechtskonvention schon verwirklicht und zeigt so eine Möglichkeit auf, wie sich die Ideen des internationalen Dokuments im nationalen Recht widerspiegeln können[323]. So wird beispielsweise im Zusammenhang der Regelung der gemeinsamen elterlichen Gewalt bei Scheidung auf eine staatliche Intervention verzichtet. Die gemeinsame Elternverantwortung ist unabhängig vom Zusammenleben und dem rechtlichen Status der Eltern möglich. Ebenso gewährt der Children Act dem Kind weitgehende Beteiligung an Prozessen, durch die es betroffen ist. Diese Beteiligung wird ihm ermöglicht durch psychologische Betreuung und eigene anwaltschaftliche Vertretung[324]. Doch auch das geltende englische Recht entspricht noch nicht in allen Punkten der Kinderrechtskonvention mit ihren weitgehenden ökonomischen und kulturellen Rechten. So wird in jenen Fällen, in denen das angerufene Recht gar

---

[320] Vgl. Drzemczewski, European Human Rights Convention in Domestic Law: A Comparative Study (1983), S. 179 ff.

[321] Vgl. Notifikationveröffentlichung der Vereinten Nationen zur Kinderrechtskonvention CRC/C/2/Rev. 2 vom 21. Juli 1993, S. 9.

[322] Vgl. Notifikationveröffentlichung der Vereinten Nationen zur Kinderrechtskonvention CRC/C/2/Rev. 2 vom 21. Juli 1993, S. 25.

[323] Vgl. dazu Walsh, The United Nations Convention on the Rights of the Child: A British View, Int.Journ.Law & Fam. 5 (1991) 170 ff.

[324] Vgl. Sec. 41 f. Children Act 1989; Monro/Forrester, The Guardian ad litem (1991); Salgo, Der Anwalt des Kindes, Die Vertretung von Kindern in zivilrechtlichen Kindesschutzverfahren, - eine vergleichende Studie (1993).

nicht im Children Act 1989 enthalten ist oder die englische Regelung klar genug formuliert ist, der englische Richter nicht auf eine Formulierung aus der Kinderrechtskonvention zurückgreifen[325].

Die Reaktion der englischen Rechtsprechung auf den Inhalt der Kinderrechtskonvention stellt gleichzeitig die Judikatur zum Children Act dar. Die Rechte, wie sie in der Konvention aufgeführt sind, müssen immer im Rahmen des nationalen Kindesrechts angerufen werden, ohne dass ein Rückgriff auf das internationale Übereinkommen notwendig oder möglich ist. Solange die UN-Konvention nicht durch Transformation in die nationale Rechtsordnung inkorporiert wird, kommen englische Kinder nicht in den vollen rechtlichen Schutz, der ihnen im Abkommen gewährt wird[326].

Es bleibt nun die mögliche Ratifizierung der Konvention durch die Schweiz zu betrachten und zu sehen, ob sich aus den Auswirkungen des Kinderrechtsübereinkommens in anderen europäischen Staaten Konsequenzen für das schweizerische Vorgehen ableiten lassen.

10. Kinderrechtskonvention in der Schweiz

a. Monistisches System in der schweizerischen Rechtsordnung

Im Verhältnis zwischen Völkerrecht und Landesrecht steht die schweizerische Rechtsordnung in der monistischen Tradition, so dass völkerrechtliche Vorschriften im innerstaatlichen Recht direkt verbindlich wirken. Ein spezieller Übernahmeakt für den Vollzug überstaatlichen Rechts ist nicht notwendig[327]. Das Prinzip der derogatorischen Kraft des Völkerrechts ist, ohne dass eine ausdrückliche Kollisionsnorm bestünde, im Grundsatz anerkannt, wird jedoch immer wieder in Frage gestellt[328]. Neben der theoretischen

---

325 Vgl. Van Bueren, The United Nations Convention on the Rights of the Child, Fam.Law 9 (1992) 373 f.

326 So auch Van Bueren, The United Nations Convention on the Rights of the Child, Fam.Law 9 (1992) 373, 375.

327 Vgl. Zellweger, Völkerrecht und Bundesstaat (1992), S. 81 f., mit vielen Hinweisen; zum Theorienstreit zwischen Dualismus und Monismus Müller/Wildhaber, Praxis des Völkerrechts (2. Aufl. 1982), S. 99 ff.

328 Vgl. zur schweizerischen Praxis und damaligen Meinungsstand Müller/Wildhaber, Praxis des Völkerrechts (2. Aufl. 1982), S. 103 ff.

Frage, ob sich dieser Grundsatz aus dem Völkerrecht ergebe, oder ob er einen landesrechtlichen Ursprung habe[329], wird in erster Linie die praktisch wichtige Frage diskutiert, ob das Völkerrecht nur bestehendem Landesrecht vorgehe, oder ob es seine derogatorische Kraft auch gegenüber jüngerem Bundesrecht wahre und somit eine Ausnahme von der lex posterior-Regel bilde. Wird die bisherige Praxis der Schweiz berücksichtigt, so kann trotz mangelnder Einheitlichkeit der Gerichtspraxis, auf die hier im einzelnen nicht eingegangen werden soll, gesagt werden, dass der Vorrang des Völkerrechts auch zwischen Völkerrecht und späteren Bundesgesetzen gilt[330].

b. Direkte Anwendbarkeit völkerrechtlicher Normen

aa. Allgemein

Mit dem Vorrang des Völkerrechts ist die Problematik der unmittelbaren Anwendbarkeit völkerrechtlicher Normen nicht zu vermischen. Staatsverträge können Bestimmungen enthalten, die self-executing[331] sind und neben den Behörden auch Einzelpersonen berechtigen und verpflichten. Dennoch stehen der Vorrang des Völkerrechts und die unmittelbare Anwendbarkeit völkerrechtlicher Normen in engem sachlichem Zusammenhang. Denn die Frage des Vorrangs stellt sich in der Regel, wenn die unmittelbare Anwendbarkeit staatsvertraglicher Bestimmungen gegeben ist[332]. Unmittelbar anwendbar sind staatsvertragliche Bestimmungen nach neuerer bundesgerichtlicher Rechtsprechung[333] und Stellungnahme des Bundesrates[334], wenn sie

---

[329] Vgl. Kälin, Der Geltungsgrund des Grundsatzes "Völkerrecht bricht Landesrecht", ZBJV 124 bis (1988) 45, 47 ff., 64, der den Vorrang des Völkerrechts als verfassungsrechtliche Regel klassifiziert, die in der Verfassung von 1874 implizit verankert sei.

[330] Nach Kälin, Der Geltungsgrund des Grundsatzes "Völkerrecht bricht Landesrecht", ZBJV 124 bis (1988) 45, 57 ff., 64; VPB 35 (1989) 393, 404 ff. (Gemeinsame Stellungnahme des Bundesamtes für Justiz und der Direktion für Völkerrecht vom 26. April 1989).

[331] Vgl. Buergenthal, Self-Executing and Non-Self-Executing Treaties in National and International Law, Recueil des Cours (1992) IV, S. 303 ff.; Buchs, Die unmittelbare Anwendbarkeit völkerrechtlicher Vertragsbestimmungen (1993), S. 28 ff.

[332] Vgl. Alder, Zum Vorrang von EG- und EWR-Recht vor schweizerischem Recht, EuR 1992, 345, 351.

[333] Vgl. BGE 112 Ib 183, 184; BGE 105 II 49, 58; BGE 100 Ib 230 E. 3.

inhaltlich hinreichend bestimmt und klar sind, um im Einzelfall Grundlage eines Entscheids zu bilden. Im Gesamtzusammenhang sowie unter Berücksichtigung von Gegenstand und Zweck des Vertrages muss eine Norm unbedingt und eindeutig genug formuliert sein, damit sie unmittelbare Wirkung entfalten kann. Besonders die hinreichende Justiziabilität ist ein massgebliches Kriterium[335].

In jüngerer Zeit kann aus Stellungnahmen des Bundesrates eine mögliche Änderung der bisherigen Praxis[336] der schweizerischen Behörden betreffend der internen Wirkung internationaler Regelungen abgelesen werden[337]. Diese Haltung lässt erwarten, dass in Zukunft die unmittelbare Anwendbarkeit etwas von ihrem exklusiven Charakter verliert und vermehrt zur Regel, denn zur Ausnahme, wird[338]. Mit den Worten des Bundesamtes für Justiz und der Direktion für Völkerrecht ist zu sagen, dass Verträge heute meistens zur direkten Anwendbarkeit in den internen Rechtsordnungen bestimmt sind. Und um die interne Erfüllung der Verträge zu verwirklichen, muss diese direkte Anwendbarkeit auch weitgehend zugelassen werden[339]. Eine grosszügige Handhabung unterstreicht nicht zuletzt den Respekt vor der Ernsthaftigkeit und dem Nutzen des internationalen Engagements der Schweiz[340].

bb. Schlussfolgerung für die Kinderrechtskonvention

Es kann festgehalten werden, dass innerhalb desselben völkerrechtlichen

---

334 BBl 1988 III 233, 332, 347.

335 Vgl. Zellweger, Völkerrecht und Bundesstaat (1992), S. 86.

336 Jacot-Guillarmod, L'application directe des traités internationaux en Suisse: histoire d'un détour inutile, SJR 45 (1989) 129 ff.

337 Im Zusammenhang mit europäischen Freihandelsabkommen, BBl III 233, 332; später auch in VPB 35 (1989) 393, 404.

338 Vgl. Wildhaber, Conclusion and Implementation of Treaties in Switzerland, in: Swiss Reports Presented at the XIIIth International Congress of Comparative Law (1990), S. 173, 190; Jacot-Guillarmod, L'application directe des traités internationaux en Suisse: histoire d'un détour inutile, SJR 45 (1989) 129, 150 f.

339 Vgl. VPB 35 (1989) 393, 404 und schon der Bericht des Bundesrates über seine Geschäftsführung im Jahre 1983 (1984), S. 133 f.

340 So auch Wilhelm, Introduction et force obligatoire des traités internationaux dans l'ordre juridique suisse (1992), S. 161 f.

Abkommens einige Bestimmungen direkt anwendbar sein können und die rechtsanwendenden Behörden in ihrer Tätigkeit binden, während andere darin enthaltene Bestimmungen lediglich eine Leitlinie für den Gesetzgeber darstellen sollen.

Auch wenn diese Lösung im Ergebnis nicht immer zu befriedigen vermag und möglicherweise in Konflikt mit den Zielen des Völkerrechts tritt, steht die Qualifizierung einer Konventionsnorm als unmittelbar anwendbar letztlich den nationalen rechtsanwendenden Behörden zu. Die unmittelbare Anwendbarkeit ist kein rein völkerrechtliches Problem, denn die Justiziabilität einer Norm entscheidet sich nach dem Massstab des nationalen Rechts[341].

    c.   Ratifikation der Kinderrechtskonvention durch die Schweiz

        aa. Vernehmlassungsverfahren

In der Schweiz wird derzeit die Ratifizierung des Abkommens sorgfältig vorbereitet. Der Bundesrat hat die Konvention am 31. Juli 1992 paraphiert und das Eidgenössische Departement für auswärtige Angelegenheiten beauftragt, ein Vernehmlassungsverfahren durchzuführen. Bis zum 15. Dezember 1992 hatten Kantone, Parteien, Verbände und weitere interessierte Organisationen Gelegenheit, sich zur geplanten Ratifikation zu äussern[342]. Das Vernehmlassungsverfahren hat ein positives Echo hervorgerufen, wie einem Bericht des Eidgenössischen Departementes für auswärtige Angelegenheiten[343] und diversen Zeitungsberichten[344] zu entnehmen ist. So befürworten grundsätzlich 24 Kantone sowie alle sich äussernden Parteien einen Beitritt der Schweiz zur Kinderrechtskonvention, die durchaus den Maximen der geltenden Rechtsordnung entspreche und als Zeichen internationa-

---

341 Vgl. Buchs, Die unmittelbare Anwendbarkeit völkerrechtlicher Vertragsbestimmungen (1993), S. 41, 43; Müller, Die internationale Zuständigkeit bei grenzüberschreitenden Umweltbeeinträchtigungen (1994), S. 22.

342 Vgl. BBl 1992 V 1119.

343 Vgl. Berichtt über das Vernehmlassungsverfahren zum Beitritt der Schweiz zum UNO-Übereinkommen über die Rechte des Kindes vom 20. November 1989 (Kinderkonvention) (Bern, 5. Mai 1993).

344 Vgl. Tages-Anzeiger und Neue Zürcher Zeitung vom 6. Mai 1993 sowie Luzerner Neuste Nachrichten vom 25. November 1993, S. 11.

ler Solidarität wünschbar sei[345].

In grundlegenden Bereichen sind jedoch Widersprüche zwischen der Kinderrechtskonvention und geltendem schweizerischen Recht deutlich geworden[346]. Besonders das bestehende Ausländerrecht mit dem immer noch geltenden Saisonnierstatut, die ungenügende Einbeziehung des Kindes und seine anwaltschaftliche Vertretung in Prozessen, deren Ausgang das Kind betreffen, sowie die nur bei Bestehen der Ehe mögliche gemeinsame Elternverantwortung entsprechen nicht den Anforderungen der Kinderrechtskonvention.

bb. Botschaft des Bundesrates

Ende 1994 wurde die Botschaft des Bundesrates publiziert[347], die in einem Entwurf eines Bundesbeschlusses der Bundesversammlung die Genehmigung des Übereinkommens mit einigen Vorbehalten empfiehlt. Im Gegensatz zur Haltung der französischen Cour de cassation und der Erklärung der deutschen Bundesregierung wird in der Botschaft die unmittelbare Anwendbarkeit einzelner Bestimmungen der Konvention ausdrücklich nicht ausgeschlossen[348]. Um der Grundidee des Übereinkommens, der individuellen Sicherung der Persönlichkeit des Kindes und seiner Rechtssubjektivität gerecht zu werden, müssen einzelne Konventionsbestimmungen direkt anwendbar sein[349].

Die Stellungnahme der Botschaft zur gemeinsamen Elternverantwortung geschiedener und unverheirateter Eltern nach Art. 18 ist sehr zurückhaltend und nicht ganz eindeutig formuliert. Einerseits definiert sie die Gleichberechtigung ehelicher Eltern in der Ausübung der elterlichen Gewalt als primäre Zielsetzung der Konvention[350]. Vor diesem Hintergrund erachtet sie das geltende schweizerische Recht als vereinbar mit den Anforderungen des Übereinkommens. Andererseits räumt sie jedoch ein, dass die Schaffung der gesetzlichen Möglichkeit gemeinsamer Elternverantwortung sowohl ge-

---

[345] Vgl. Bericht Kinderkonvention, S. 2 f.
[346] Vgl. Bericht Kinderkonvention, S. 6 ff.
[347] BBl 1994 V 1 ff.
[348] BBl 1994 V 20 f.
[349] BBl 1994 V 21.
[350] BBl 1994 V 43.

schiedener wie auch nicht verheirateter Eltern dem Grundgedanken der Konvention doch besser gerecht würde.

cc. Vorbehalte

Zu verschiedenen Bereichen des Übereinkommens werden Vorbehalte vorgeschlagen. Davon betroffen sind Art. 7, Art. 10 Abs. 1, Art. 37 lit. c sowie Art. 40[351]. Die Wirkung dieser Vorbehalte ist noch offen. So wird es vom Gesetzgeber abhängen, ob er diese Vorbehalte durch künftige Revisionen des nationalen Rechts obsolet werden lässt oder ob er sie als Rechtfertigung sieht, die eidgenössischen Regelungen zu den betreffenden Fragen nie der Konvention anpassen zu müssen.

Kein Vorbehalt ist zu dem für die gemeinsame elterliche Gewalt zentralen Art. 18 vorgesehen.

dd. Berücksichtigung der Kinderrechtskonvention im Rahmen der Revision des Scheidungsrechts

Im Entwurf für die bevorstehende Revision des Zivilgesetzbuches sind in einigen Punkten Anpassungen enthalten. Doch selbst die vorgesehene Neuregelung genügt den im Übereinkommen enthaltenen Rechten nur unvollständig. So ist gemäss Vorentwurf die gemeinsame elterliche Sorge nicht verheirateter Eltern nicht vorgesehen, selbst wenn die Familie zusammenlebt. Obwohl die Beitrittsstaaten gemäss Art. 18 der Kinderrechtskonvention verpflichtet sind, "sich nach besten Kräften [zu bemühen], die Anerkennung des Grundsatzes sicherzustellen, dass beide Elternteile gemeinsam für die Erziehung und Entwicklung des Kindes verantwortlich sind", ist im Revisionsentwurf eine Regelung enthalten, die diesen Grundsatz nicht sicherzustellen vermag.

Art. 298a VE sieht unter dem Titel der Teilnahme an der elterlichen Gewalt vor, dass der Elternteil, der nicht Inhaber der elterlichen Gewalt ist, befugt ist, dem anderen in der Ausübung der elterlichen Gewalt in angemessener Weise beizustehen und ihn zu vertreten, wenn es die Umstände erfordern. Dadurch wird nur eine sehr untergeordnete Teilnahme an der elterlichen Gewalt ermöglicht, die zudem nicht ausdrücklich geregelt werden müsste, da diese Handhabung auch nach geltendem Recht nicht ausgeschlossen ist.

---

[351] Vgl. BBl 1994 V 77.

UN-Kinderrechtskonvention und EMRK 95

Auch im Rahmen des Vernehmlassungsverfahrens zur Kinderrechtskonvention ist von einigen Organisationen betont worden, dass durch die vorgesehene Änderung des Scheidungsrechts die Lage der Kinder unverheirateter Eltern nicht verändert würde[352].

Zu bedauern ist angesichts dieses Beispiels, dass der Gesetzgeber die Gelegenheit der Revision nicht wahrnimmt, um Widersprüche zu einer Konvention, zu der die Schweiz aller Wahrscheinlichkeit nach beitreten wird, auszuschliessen. Denn wie die sorgfältigen Abklärungen im Rahmen der Vorbereitungsarbeiten der Botschaft des Bundesrates zeigen, wird die Kinderrechtskonvention mit ihren Konsequenzen sehr ernst genommen.

d. Würdigung

Um den durch die Kinderrechtskonvention gesetzten Anforderungen zu genügen, muss der Grundsatz der gemeinsamen elterlichen Gewalt im schweizerischen Recht bei der Revision des Scheidungsrechts verwirklicht werden. Geschiedene und unverheiratete Eltern dürfen im Interesse der Kinder nicht länger von der gemeinsamen Ausübung der Elternverantwortung ausgeschlossen sein, wenn die Konvention nicht verletzt werden soll.

Auch ohne eine Gesetzesrevision können genügend bestimmte Normen der Konvention direkt angewandt werden. Art. 18, der dem Kind einen Anspruch auf Verantwortlichkeit beider Eltern für seine Erziehung und Entwicklung gewährt, ist hinreichend konkret formuliert, so dass diese Bestimmung durchaus unmittelbare Anwendung finden kann[353]. Die gemeinsame Elternverantwortung ist nach einem Beitritt der Schweiz zur Kinderrechtskonvention auch nach geltendem Recht zuzulassen, soweit das Kindeswohl im Einzelfall dies erfordert. In Verbindung mit Art. 2 Abs. 1 des Übereinkommens ergibt sich dieses Resultat unabhängig vom Zivilstand der Eltern.

---

352 Dazu gehören der Schweizerische Verband für Frauenrechte, Die Schweizer Sektion von Rechte des Kindes International und die Schweizerische Koordination "Rechte des Kindes", Vgl. Bericht Kinderkonvention, S. 11.

353 Vgl. auch Schwenzer, Die UN-Kinderrechtskonvention und das schweizerische Kindesrecht, AJP 1994, 817, 824.

11. Zusammenfassung

Die Kinderrechtskonvention ist eine Zielvorgabe, die sich die Beitrittsstaaten gesetzt haben. Die Formulierung einzelner Artikel[354] macht deutlich, dass die Staaten Anstrengungen unternehmen wollen, um bestimmte Rechte zu verwirklichen. Wenig Sinn hätte es, wenn die Beitrittsstaaten schon allen Vorgaben entsprechen würden. Der Erfolg des Übereinkommens läge dann darin, denjenigen Staaten, die im Bereich der Kinderrechte wenig fortgeschritten sind, Gelegenheit zu bieten, ihre Rechtsordnungen lediglich dem durchschnittlichen Niveau anzugleichen.

Vielmehr sollen sich auch europäische Länder mit der Ratifikation aufgefordert fühlen, ihre Rechtsordnungen auf die Übereinstimmung mit der Kinderrechtskonvention zu überprüfen und nötigenfalls Änderungen vorzunehmen. Es genügt nicht zu argumentieren, dass in den Rechtsordnungen vieler Entwicklungsländer die rechtliche Situation von Kindern noch viel schlechter sei als in westlichen Industrienationen[355]. Der Hinweis, dass andere Staaten auch noch nicht allen Anforderungen entsprächen und Eile aus diesem Grund nicht geboten sei, ist kein gutes Argument für eine passive Haltung. Vielmehr kann aus der besseren ökonomischen Situation in Industrienationen die Konsequenz gezogen werden, dass höhere Ansprüche an die Verwirklichung von Kinderrechten gesetzt werden können[356].

Um der Kinderrechtskonvention vermehrt Gewicht zu verleihen, wird auch angeregt, die Konvention mehr in Verbindung mit der Menschenrechtskonvention zu sehen. Einige der Bestimmungen stehen in sehr nahem inhaltlichen Zusammenhang und sind in ihren Zielsetzungen miteinander vereinbar. Besonders der Schutz der Privat- und Familiensphäre deckt einige in der Kinderrechtskonvention enthaltenen Punkte ab, wenn er in der EMRK auch nicht ausdrücklich aus der Sicht des Kindes formuliert ist. So soll in Fällen, in denen Kinder in ihren Rechten, die durch die EMRK und ihre Zusatzprotokolle geschützt werden, verletzt sind, die Kommission und der Gerichtshof für Menschenrechte angerufen werden, denn die in ihr enthaltenen Rechte

---

[354] Vgl. nur Art. 4 UN-Kinderkonvention.
[355] Vgl. Stöcker, Die UNO-Kinderkonvention und das deutsche Familienrecht, FamRZ 1992, 245, 248.
[356] Vgl. Coester/Hansen, UN-Übereinkommen über die Rechte des Kindes (1994), S. 21, 28.

sind nicht nur Erwachsenen vorbehalten[357].

II. Europäische Menschenrechtskonvention

1. EMRK in den nationalen Rechtsordnungen

Ausgehend von der reichhaltigen Praxis der EKMR und des EGMR in Strassburg und der Rechtsprechung einzelner nationaler Gerichte als Reaktion auf diese Praxis wird untersucht, ob die EMRK das Recht auf gemeinsame elterliche Verantwortung gewährleistet. Allein überblicksmässig soll die Stellung der EMRK in einigen Mitgliedstaaten kurz besprochen werden[358].

In Grossbritannien[359] und einigen Skandinavischen Staaten[360] wurde nach der Ratifikation die EMRK nicht transformiert und die Konvention hat somit allein völkerrechtliche Verbindlichkeit. Über den Weg der völkerrechtskonformen Auslegung nationalen Rechts jedoch wird in relativ engen Grenzen ein Einfluss der EMRK ermöglicht[361].

In Österreich hat die EMRK Verfassungsrang und ist unmittelbar anwend-

---

[357] Vgl. Dekeuwer-Defossez, D.1994.Somm.34, 35; Rondeau-Rivier, La Convention des Nations unies sur les droits de l'enfant devant la Cour de cassation: un traité mis hors jeu, D.1993.Chron.203, 206; kritisch Benhamou, J.C.P.1994.II.22219, S. 87.

[358] Vgl. Frowein/Peukert, Europäische Menschenrechtskonvention (1985), Einführung N 6; Ress, Die Wirkungen der Urteile des Europäischen Gerichtshofes für Menschenrechte im innerstaatlichen Recht und vor innerstaatlichen Gerichten, in: Maier (Hrsg.), Europäischer Menschenrechtsschutz (1982), S. 227 ff.; Schwenzer, Elterliche Sorge für nichteheliche Kinder im Lichte internationaler Konventionen, ZEuP 1994, erscheint demnächst.

[359] Vgl. oben 4. Kap.I.9.

[360] Ausgenommen Dänemark, das mit einem Gesetz vom 29. April 1992 ausdrücklich erklärt, dass die EMRK nationales Recht geworden ist. Vgl. Hofmann, Das dänische Gesetz vom 29. April 1992 zur innerstaatlichen Anwendbarkeit der EMRK, EuGRZ 1992, 253 ff.

[361] Vgl. dazu Dremczewski, European Human Rights Convention in Domestic Law (1983), S. 177 ff.; Schmid, Rang und Geltung der EMRK in den Vertragsstaaten (1984), S. 52 ff.

bar[362].

Rangmässig zwischen Verfassung und Gesetz steht die EMRK, die unmittelbar anwendbares Recht darstellt, in Frankreich[363] und den Niederlanden[364] sowie in der Schweiz[365], welche die Konvention am 28. November 1974 ratifiziert hat[366]. Nach der Ratifikation gilt sie automatisch, als ob sie schweizerisches Recht darstellen würde, bleibt jedoch völkerrechtliches Vertragsrecht, das nach völkerrechtlichen Grundsätzen auszulegen ist[367].

In Deutschland[368] gilt die Konvention wie ein Bundesgesetz, wobei das Bundesverfassungsgericht festgehalten hat, dass die Menschenrechtskonvention und die Rechtsprechung des Europäischen Gerichtshofs bei Auslegung des Grundgesetzes berücksichtigt werden müssen[369].

---

[362] Vgl. Ermacora, Grundriss der Menschenrechte in Österreich (1988), N 110 f.; Bernhardt, The Convention and Domestic Law (1993), S. 25, 27; Henrich, Familienrechtsreform durch die Verfassungsgerichte?, ZfRV 1990, 241, 251 (Fn. 41).

[363] Vgl. Art. 55 der französischen Verfassung; Bernhardt, The Convention and Domestic Law (1993), S. 25, 27; Frowein/Peukert, Europäische Menschenrechtskonvention (1985), Einführung N 6.

[364] Vgl. Tenbieg, Gemeinsames elterliches Sorgerecht für nicht - und nicht mehr - miteinander verheiratete Eltern (1991), S. 75 f.; Gusy, Wirkungen der Europäischen Menschenrechtskonvention und der europäischen Rechtsprechung in einzelnen Vertragsstaaten, ZfRV 1989, 1, 10.

[365] Vgl. BGE 101 IV 253; Haefliger, EMRK und die Schweiz (1993), S. 34:" Die EMRK geht [...] der Bundesverfassung im Rang nach und hat anderseits Vorrang vor dem übrigen HRecht des Bundes und vor dem kantonalen Recht."; Wildhaber, Erfahrungen mit der Europäischen Menschenrechtskonvention, ZSR 98 NF (1979) 229, 328 ff.

[366] SR 0.101; AS 1974, S. 2148 ff.; zur Geschichte des Beitritts der Schweiz vgl. Haefliger, EMRK und die Schweiz (1993), S. 18 ff.; Villiger, Handbuch der EMRK (1993), N 15 ff.

[367] Vgl. Villiger, Handbuch der EMRK (1993), N 153.

[368] Vgl. Frowein/Peukert, Europäische Menschenrechtskonvention (1985), Einführung N 6; Börgers, Die Europäische Menschenrechtskonvention als Rechtsquelle des deutschen Familienrechts, FuR 1990, 141, 142 f.

[369] BVerfG, 26.3.1987, BVerfGE 74, 358, 370 = NJW 1987, 2427.

2. Elterliche Gewalt als Teil des Schutzbereichs von Art. 8 und 14 EMRK

Die Menschenrechtskonvention statuiert in Art. 8, dass "jedermann Anspruch auf Achtung seines Privat- und Familienlebens, seiner Wohnung und seines Briefverkehrs [hat]." Der Schutz des Familienlebens steht im Vordergrund für die Achtung der Beziehungen zwischen Eltern und Kindern. Einen zentralen Punkt dieser Beziehungen wiederum stellt die elterliche Verantwortung dar. Die Kommission hat im Jahre 1957 entschieden[370], dass sich nach Auflösung einer Ehe durch Scheidung ein geschiedener Elternteil mit dem Begehren auf Zuteilung der elterlichen Gewalt auf Art. 8 EMRK berufen kann. Gleichzeitig ist damit angedeutet, dass der Schutz des Familienlebens nicht zwingend an den Bestand einer Ehe geknüpft ist, sondern dass er auch nach einer Auflösung der Ehe durch Scheidung weiterbestehen kann.

Das ebenfalls in Art. 8 EMRK formulierte Recht auf Achtung des Privatlebens ist für Familienbeziehungen erst in zweiter Linie von Bedeutung und bietet keinen ebenso weitgehenden Schutz. Der Begriff des Privatlebens ist allgemeiner zu verstehen als derjenige der eindeutiger definierbaren Familienbeziehungen. Die Achtung des Privatlebens soll dem Individuum eine Sphäre sichern, die es ihm erlaubt, Beziehungen verschiedenster Art zu anderen Menschen aufzunehmen[371]. Für die Erfassung von familienrechtlichen Komplexen wird allerdings teilweise eine Kombination von Privat- und Familienleben als Schutzbereich herangezogen[372].

Der bisherigen Rechtsprechung der Kommission und des Europäischen Gerichtshofs lässt sich entnehmen, dass der Schutzbereich von Art. 8 EMRK weit auszulegen ist. Es werden zum vornherein die Grenzen des schützenswerten Bereichs nicht zu eng gezogen, und damit wird auch eine Weiterentwicklung der Konvention und deren Anwendung auf verschiedene Lebensformen nicht ausgeschlossen. Als Ausgleich zur weiten Auslegung des Schutzbereichs wird allerdings der Ermessensspielraum der Mitgliedstaaten bei der Begründung der Rechtfertigung von staatlichen Eingriffen gemäss

---

[370] E 20.12.1957, 172/56, YB 1(1957), 211.

[371] Vgl. Frowein/Peukert, Europäische Menschenrechtskonvention (1985), Art. 8 N 3.

[372] Vgl. Wildhaber/Breitenmoser, Internationaler Kommentar EMRK (1992), Art. 8 N 162 ff.

Art. 8 Abs. 2 in den formulierten Schutzbereich ebenfalls weit gefasst[373].

Art. 14 der Menschenrechtskonvention beinhaltet ein allgemeines Diskriminierungsverbot, das allein im Zusammenhang mit einer anderen Garantie der Konvention von Bedeutung ist. Das Verbot der Diskriminierung kann somit nicht für sich allein angerufen werden. Wie der Europäische Gerichtshof für Menschenrechte formuliert hat, ist es vielmehr als Bestandteil einer jeden Konventionsbestimmung zu betrachten[374].

a. Vorliegen von Familienleben

Wie sich die Spruchpraxis der Strassburger Behörden zum Vorliegen von Familienleben weiterentwickelt hat, soll anhand einiger Fällen aufgezeigt werden.

aa. Paula und Alexandra Marckx v. Belgien

Der Fall Marckx[375] kann wohl als der berühmteste Fall auf dem Weg zur Definition des Familienlebens bezeichnet werden. Dem Sachverhalt lag eine Besonderheit des damaligen belgischen Rechts zugrunde, das den Grundsatz mater semper certa est nicht gekannt hat, und die Tatsache der Geburt nicht als Entstehungsgrund für das Kindesverhältnis zwischen der Mutter und ihrem ausserhalb einer Ehe geborenen Kind genügen liess. Verwandtschaftliche Beziehungen im Rechtssinne kamen danach erst mit Anerkennung des Kindes durch die Mutter oder mit einer gerichtlichen Mutterschaftsfeststellung zustande. Zudem konnte die Mutter selbst nach Anerkennung des Kindes keine rechtlichen Verwandtschaftsbande zwischen dem Kind und ihrer Familie herstellen, und ihr Kind hatte damit eine schlechtere erbrechtliche Stellung als ein eheliches Kind.

Die Kommission und der Europäische Gerichtshof haben festgehalten, dass die genetische Verwandtschaft zwischen der Mutter und ihrem Kind als Familienbeziehung unter den Schutzbereich von Art. 8 EMRK falle. Das Besondere an diesem Fall war die Anerkennung einer sogenannten famille

---

[373] Vgl. Villiger, Handbuch der EMRK (1993), N 530.

[374] Vgl. Villiger, Handbuch der EMRK (1993), N 631; Frowein/Peukert, Europäische Menschenrechtskonvention (1985), Art. 14, N 3.

[375] EGMR, Urt. v. 13.6.1979 (Paula und Alexandra Marckx v. Belgien), Ser. A, Vol. 31 = EuGRZ 1979, 454.

naturelle als Familie im Sinne von Art. 8. Der EGMR bestätigte die Praxis der Kommission, nach der Art. 8 keinen Unterschied zwischen einer ehelichen und einer nichtehelichen Familie mache[376]. Die Qualifizierung als Familienleben im Sinne von Art. 8 ergibt sich somit mehr aufgrund tatsächlicher Gegebenheiten als aufgrund rechtlicher Familienbeziehungen[377]. Der Gerichtshof kam zum Schluss, dass die Achtung des Familienlebens für die Vertragsstaaten die positive Pflicht beinhalte, bei der Regelung familienrechtlicher Verhältnisse so zu verfahren, dass den Betroffenen die Führung eines normalen Familienlebens ermöglicht werde[378].

Unter Heranziehung des kombinierten Schutzes von Art. 8 und 14[379] hielten die Kommission und der Gerichtshof in Strassburg fest, dass eine nichteheliche Familie nicht anders als eine eheliche Familie behandelt werden dürfe, es sei denn, die ungleiche Behandlung sei durch objektive und vernünftige Gründe gerechtfertigt. So ist es nach Ansicht des Gerichtshofs durchaus legitim, die traditionelle Familie zu unterstützen und zu ermutigen. Doch dürfen zur Erreichung dieses Ziels keine Massnahmen ergriffen werden, die der nichtehelichen Familie schaden[380]. Gleichzeitig liess der EGMR das Argument nicht gelten, dass eine gleiche Behandlung von ehelichen und nichtehelichen Familien den Familienfrieden der legitimen Familie stören würde[381].

Eine natürliche Familie geniesst den Schutz des Familienlebens genauso wie eine eheliche Familie. Es müssen freilich neben der Verwandtschaft noch weitere Bedingungen erfüllt sein, damit nichteheliche Beziehungen tatsächlich als Familienleben anerkannt werden.

---

[376] Vgl. E 14.7.1977, 7289/75 und 7349/76 (X und Y v. Schweiz), DR 9, 57 = EuGRZ 1977, 497.

[377] Vgl. Forder, Constitutional Principle of the Legal Relationship Between the Child and the Non-marital Father, Int.J.Law & Fam. 7 (1993) 40, 74.

[378] Vgl. EuGRZ 1979, 454.

[379] Vgl. Breitenmoser, Der Schutz der Privatsphäre gemäss Art. 8 EMRK (1986), S. 103.

[380] Vgl. EGMR, Urt. v. 13.6.1979 (Paula und Alexandra Marckx v. Belgien), Ser. A, Vol. 31, N 40 = EuGRZ 1979, 454, 457.

[381] Vgl. Jayme, Europäische Menschenrechtskonvention und deutsches Nichtehelichenrecht, NJW 1979, 2425, 2427.

bb. Jolie und Lebrun v. Belgien

Bei der Betrachtung des Falles Jolie und Lebrun v. Belgien[382] wird deutlich, dass das Kriterium der Verwandtschaft nicht allein für das Vorliegen von Familienleben massgebend ist, sondern dass neben der Verwandtschaft weitere Voraussetzungen erfüllt sein müssen, oder dass Familienleben auch angenommen werden kann, ohne dass eine direkte Verwandtschaft besteht[383]. An erster Stelle steht das Erfordernis des Zusammenlebens. So wird bei Bestehen eines gemeinsamen Haushalts und ständigem Zusammenleben der Familienmitglieder am ehesten Familienleben anzunehmen sein[384].

Die Beschwerde betraf die Rechtsstellung eines "ehebrecherisch gezeugten" Kindes (enfant adultérin) nach belgischem Recht. Ein solches Kind konnte von seinem biologischen Vater nur unter bestimmten Voraussetzungen anerkannt werden[385].

Im vorliegenden Fall lebte Frau Jolie zum Zeitpunkt der Geburt ihres Sohnes Mathieu seit mehr als einem Jahr getrennt von ihrem Mann. Doch Herr Lebrun, der Vater des Kindes, konnte kein Kindesverhältnis begründen, da die nach belgischem Recht notwendige Wartezeit von 300 Tagen seit Einleitung des Scheidungsverfahrens nicht eingehalten war, und die Anerkennung deshalb rechtlich ausgeschlossen war. Die drei Beschwerdeführer beriefen sich auf Art. 8, 9, 12 und 14 EMRK und machten geltend, dass zwischen ihnen ein tatsächliches Familienleben bestand, dass sie durch die gesetzlichen Bestimmungen jedoch gehindert würden, eine rechtlich anerkannte Familie zu gründen. Zudem würde durch die Verweigerung der rechtlichen Anerkennung ungerechtfertigt in ihr Privat- und Familienleben eingegriffen[386].

---

[382] E 14.5.1986, 11418/85 (Jolie und Lebrun v. Belgien), DR 47, 243 = EuGRZ 1988, 46.

[383] Auch die Beziehung einer Grossmutter zu ihrem Enkelkind kann unter dem Schutz des Familienlebens stehen, vgl. E 10.3.1981, 8924/80 (X v. Schweiz), DR 24, 183, 185; VPB 1983 N 182; Poledna, Praxis zur Europäischen Menschenrechtskonvention (1993), N 775.

[384] Vgl. E 14.7.1977, 7289/75 und 7349/76 (X und Y v. Schweiz), DR 9, 57, 74 = EuGRZ 1977, 497, 499; Villiger, Handbuch der EMRK (1993), N 559.

[385] § 1289 Code judiciaire (Gerichtsverfahrensgesetz).

[386] Sachverhalt abgedruckt in EuGRZ 1988, 46.

Die Kommission erklärte die Beschwerde für zulässig und führte aus, dass zur Feststellung, ob im konkreten Fall Familienleben im Sinne von Art. 8 vorliege, nicht nur das Vorhandensein verwandtschaftlicher Beziehungen, sondern auch das Vorliegen tatsächlicher Verhältnisse gefordert seien. Das Kind Mathieu lebte mit seinen biologischen Eltern zusammen, die gemeinsam für seine Erziehung sorgten. Durch dieses Zusammenleben entstanden enge persönliche Bindungen, die die Annahme von Familienleben im Sinne von Art. 8 EMRK rechtfertigten[387].

Daraus könnte abgeleitet werden, Familienleben liege nur bei Zusammenleben vor und Beziehungen zwischen Personen, die nicht verheiratet sind und keinen gemeinsamen Haushalt führen, stünden ausserhalb des Schutzbereichs, selbst wenn sie gemeinsame Kinder haben[388]. Und wenn kein Familienleben vorliegt, fallen Beziehungen ausserhalb der Ehe bloss unter den Schutzbereich der Privatsphäre[389]. Doch schon vor der Entscheidung Jolie und Lebrun v. Belgien wurden in einem Fall die Voraussetzungen der engen, tatsächlich bestehenden emotionalen Nähe der Betroffenen[390] zueinander angenommen, obwohl sie nicht zusammenlebten.

b. Vorliegen von Familienleben ohne Zusammenleben (Berrehab und Koster v. Niederlande)

Im Fall Berrehab und Koster v. Niederlande[391] hat die Kommission festgestellt, dass die Voraussetzungen für das Bestehen von Familienleben erfüllt waren, obwohl Herr Berrehab und Frau Koster weder verheiratet waren noch zusammenlebten.

Die Frage war zu beantworten, ob Herr Berrehab durch eine Landesverwei-

---

[387] EuGRZ 1988, 46, 47; vgl. auch Brötel, Der Anspruch auf Achtung des Familienlebens (1991), S. 55 f.

[388] Vgl. Jacot-Guillarmod, Les liens familiaux dans la Jurisprudence de Strasbourg, in: Wessner (Hrsg.), Problèmes de droit de la famille (1987), S. 79, 81.

[389] Vgl. E 14.7.1977, 7289/75 und 7349/76 (X und Y v. Schweiz), DR 9, 57, 74 = EuGRZ 1977, 497, 499.

[390] Vgl. Villiger, Handbuch der EMRK (1993), N 558, Fn. 44: "existent, effective and close links".

[391] E 8.3.1985, 10730/84 (Berrehab und Koster v. Niederlande), DR 41, 196 = EuGRZ 1986, 684.

sung aus den Niederlanden in seinem Recht auf Besuchskontakt mit seinem Kind als Teil des Schutzes des Familienlebens nach Art. 8 EMRK verletzt wurde. Nach der Heirat mit einer Niederländerin hatte Herr Berrehab, marokkanischer Staatsbürger, eine befristete Aufenthaltsbewilligung erhalten. Die gemeinsame Tochter Rebecca wurde im August 1979, kurz vor der Scheidung der Eltern, geboren. Sie befand sich unter der elterlichen Gewalt der Mutter. Im Dezember 1979 verweigerten die niederländischen Behörden die Verlängerung der Aufenthaltsbewilligung des Beschwerdeführers, da sie ihm allein zum Zweck des Verbleibs bei seiner Ehefrau gewährt worden sei. Vor seiner Ausweisung hatte er mehrmals wöchentlich Kontakt mit seinem Kind und während seines Aufenthalts in Marokko verbrachte Rebecca längere Zeit bei ihm. Vor der Kommission wurde gerügt, dass durch die Ausweisung die Achtung des Familienlebens der Betroffenen verletzt werde, indem die Beziehungen des Vaters zu seinem 4-jährigen Kind praktisch abgebrochen würden.

In der Begründung ihrer Entscheidung führte die Kommission aus, dass das Zusammenleben nicht als unentbehrliches Element für das Bestehen eines Familienlebens zwischen Eltern und ihren minderjährigen Kindern erachtet werde[392]. Sie bestätigte ihre Rechtsprechung, dass durch die Scheidung der Eltern das Familienleben im Verhältnis zwischen dem Kind und dem nicht sorgeberechtigten Elternteil nicht automatisch aufgelöst werde[393]. Im vorliegenden Fall haben die Eltern mit ihrem Kind zwar nie in einem gemeinsamen Haushalt gelebt. Doch habe Herr Berrehab immer regen Kontakt zu seinem Kind gepflegt. Darüber hinaus sei der Vater zu Unterhaltszahlungen verpflichtet und für die Erziehung des Kindes mitverantwortlich.

Die Kommission erachtete die auf diese Weise entstandenen Gefühle als für die Annahme von Familienleben genügend und war der Ansicht, dass die Ausweisung, welche die Fortführung regelmässiger Kontakte praktisch unmöglich machte, das Recht auf Achtung des Familienlebens verletzt habe, obwohl die niederländischen Behörden Art. 8 EMRK für nicht anwendbar

---

[392] Vgl. E 8.3.1985, 10730/84 (Berrehab und Koster v. Niederlande), DR 41, 196, 201.

[393] Vgl. E 2.5.1978, 7626/76, DR 11, 160; Brötel, Der Anspruch auf Achtung des Familienlebens (1991), S. 57 f.; Breitenmoser, Der Schutz der Privatsphäre gemäss Art. 8 EMRK (1986), S. 120; Fahrenhorst, Sorge- und Umgangsrecht nach der Ehescheidung und die EMRK, FamRZ 1988, 238, 239.

hielten. Sie erklärte die Beschwerden des Beschwerdeführers und seiner Tochter Rebecca für zulässig, während sie gleichzeitig die Beschwerde von Frau Koster abwies, da sie nicht dargelegt habe, inwieweit ihr Verhältnis zu Rebecca durch die Ausweisung beeinträchtigt worden ist[394].

Im darauffolgenden Verfahren vor dem Europäischen Gerichtshof für Menschenrechte wurde die Haltung der Kommission bestätigt, und das Gericht nahm Familienleben im Sinne von Art. 8 trotz der Scheidung an. Durch die Schliessung einer Ehe entstehe automatisch Familienleben[395] und Kinder, die aus dieser Verbindung hervorgingen, seien ohne weiteres Teil davon, selbst wenn die Eltern zum Zeitpunkt der Geburt nicht zusammengelebt hätten. Nachfolgende Ereignisse könnten dieses Band zwischen Elternteil und Kind zwar teilen, doch sei dies im vorliegenden Fall nicht geschehen. Der Beschwerdeführer habe seine Tochter bis zu seiner Ausweisung viermal wöchentlich während jeweils mehrerer Stunden gesehen und damit auch gezeigt, wieviel ihm diese Beziehung bedeutet[396].

Die Ausweisung, die einen staatlichen Eingriff in das Familienleben darstellte, konnte nach Ansicht des Gerichtshofs nicht durch die in Abs. 2 aufgeführten Schrankenkriterien gerechtfertigt werden[397]. Besonders das von den niederländischen Behörden zitierte wirtschaftliche Wohl des Landes könnte hier nicht als Argument herangezogen werden. Denn die Ausweisung habe nicht diesem Ziel gedient, sondern sie habe im Gegenteil Herrn Berrehab daran gehindert, zu den Kosten an den Unterhalt und die Erziehung seiner Tochter beizutragen[398].

c. Schlussfolgerung

Soweit eine persönliche Mindestbeziehung zwischen Kind und Elternteil oder finanzielle Unterhaltsverpflichtungen bestehen, kann Familienleben im

---

394 Vgl. E 8.3.1985, 10730/84, DR 41, 196, 203.
395 Der Gerichtshof verweist auf seine Rechtsprechung im Fall Abdulaziz, Cabales und Balkandali, Urt. v. 28.5.1985, Ser. A, Vol. 94, N 62.
396 Urt. v. 21.6.1988 (Berrehab v. Niederlande), Ser. A, Vol. 138, N 21 = EuGRZ 1993, 547; Brötel, Der Anspruch auf Achtung des Familienlebens (1991), S. 186 f.
397 Vgl. Wildhaber/Breitenmoser, Internationaler Kommentar EMRK (1992), Art. 8, N 4 ff.
398 Urt. v. 21.6.1988 (Berrehab v. Niederlande), Ser. A, Vol. 138, N 25 f.

Sinne von Art. 8 auch ohne bestehende Ehe zwischen den Eltern und ohne Zusammenleben vorliegen. Dies gilt zumindest für den Fall eines im Rahmen der Ehe zustandegekommenen Kindesverhältnisses. Dass aus dem Urteil des Gerichtshofs direkte Konsequenzen für das Vorliegen von Familienleben zwischen Elternteil und einem ausserhalb einer Ehe geborenen Kind abgeleitet werden können, sollte nicht ausgeschlossen werden.

Es ist durchaus denkbar, dass auch nach Auflösung des gemeinsamen Haushalts nicht verheirateter Eltern oder ohne dass ein gemeinsamer Haushalt je bestanden hat die vom Vater weiterhin gepflegte oder gesuchte Beziehung zu seinem Kind dem Schutz des Familienlebens unterstehen kann[399]. Denn obwohl ein Kindesverhältnis zwischen Herrn Berrehab und seiner Tochter schon aufgrund der Heirat mit der Mutter vorlag, legten Kommission und Gerichtshof besonderes Gewicht darauf, dass eine tatsächliche Beziehung zwischen ihnen entstanden war und aufrechterhalten wurde. Die tatsächliche Beziehung wurde in den Vordergrund gestellt.

3. Elterliche Gewalt und Art. 2 Zusatzprotokoll Nr. 1

Art. 2 des 1. Zusatzprotokolls vom 20. März 1952, das in der Schweiz bisher nicht in Kraft getreten ist[400], befasst sich mit dem Recht auf Bildung und den elterlichen Rechten[401].

Die Bestimmung ist nicht auf die Problematik des Entzugs der elterlichen Gewalt nach Scheidung oder den Ausschluss von der elterlichen Verantwortung von Vätern nichtehelicher Kinder zugeschnitten. Sie beschäftigt sich vielmehr mit der Ausübung der Erziehungsrechte und der Ausgestaltung der Ausbildung der Kinder[402] wenn feststeht, dass die Eltern Inhaber der

---

[399] Vgl. ähnlich Forder, Constitutional Principle of the Legal Relationship Between the Child and the Non-marital Father, Int.J.Law & Fam. 7 (1993) 40, 74.

[400] Vgl. Villiger, Handbuch der EMRK (1993), N 23; Haefliger, Die EMRK und die Schweiz (1993), S. 283 f.

[401] Art. 2 ZP: "Das Recht auf Bildung darf niemandem verwehrt werden. Der Staat hat bei Ausübung der von ihm auf dem Gebiete der Erziehung und des Unterrichts übernommenen Aufgaben das Recht der Eltern zu achten, die Erziehung und den Unterricht entsprechend ihren eigenen religiösen und weltanschaulichen Überzeugungen sicherzustellen."

[402] Vgl. dazu Wildhaber, Right to Education and Parental Rights, in: Macdonald u.a. (Hrsg.), The European System for the Protection of Human Rights (1993), S. 531

elterlichen Gewalt sind. Für die Frage der Zuteilung des Obhutsrechts ist sie nicht massgeblich, wie sich aus dem Fall Olsson ergibt. Denn der Europäische Gerichtshof für Menschenrechte hatte in diesem Urteil festgestellt, dass nicht alle sich aus Art. 2 Zusatzprotokoll ergebenden Rechte durch die von der Sozialfürsorge erwirkte Unterbringung eines Kindes in einem öffentlichen Heim untergehen würden[403]. Da die Inhaber der elterlichen Gewalt durch eine Fremdunterbringung aber gerade ihr Obhutsrecht verlieren, kann dieses Recht nicht gemeint sein. Ob ein Elternteil oder beide Eltern Inhaber der elterlichen Verantwortung sind, kann sich allein aus Art. 8 EMRK ergeben.

Die Kommission bemerkte zum Verhältnis zwischen Art. 2 Zusatzprotokoll und Art. 8 EMRK, dass das elterliche Sorgerecht ein integraler Bestandteil des Sorgerechts sei[404]. Dies führt zu einer Wechselwirkung zwischen den beiden Konventionsgrundrechten. Das Erziehungsrecht ist Bestandteil des Sorgerechts, dessen Regelung jedoch wiederum den Grenzen von Art. 8 untersteht[405].

Dass die Schweiz das 1. Zusatzprotokoll in nächster Zeit ratifizieren wird, ist nicht zu erwarten. Viele Kantone befürchten noch immer, dass Art. 2 in die kantonale Schulhoheit eingreife und ein soziales Recht auf Bildung verlange. So erklärte der Bundesrat 1992, dass die Ratifikation zwar möglich und wünschbar, jedoch nicht vordringlich zu bewerten sei[406].

4. Staatlicher Eingriff in das Familienleben einer ehelichen Familie

Wenn ein Lebenssachverhalt unter den Schutz des Familienlebens fällt, so

---

ff., 548; vgl. ebenfalls den vielbeachteten Belgischen Sprachenfall, Urt. v. 23.7.1968, Ser. A, Vol. 6.

[403] Urt. v. 24.3.1988 (Olsson v. Schweden), Ser. A, Vol. 130, N 130; und Urt. v. 27.11.1992 (Olsson v. Schweden), Ser. A, Vol. 250.

[404] Vgl. E 1.4.1968, 2699/65 (X v. Deutschland), CD 26, 33, 41; E 14.12.1972, 5608/72 (X v. Grossbritannien), CD 44, 66, 69.

[405] Vgl. Brötel, Der Anspruch auf Achtung des Familienlebens (1991), S. 102.

[406] Vgl. BBl 1992 II 661, fünfter Bericht über die Schweiz und die Konventionen des Europarates vom 15.12.1991; Villiger, Handbuch der EMRK (1993), N 23; Haefliger, Die EMRK und die Schweiz (1993), S. 283 f.

muss weiter untersucht werden, ob durch eine staatliche Massnahme in diesen Schutzbereich eingegriffen wird. Bevor geklärt werden kann, ob die staatliche Massnahme gemäss Art. 8 Abs. 2 gerechtfertigt war, muss festgestellt werden, ob überhaupt ein behördlicher Eingriff in das Familienleben vorliegt[407].

Dazu hat die Kommission schon im Jahre 1957 Stellung genommen. Ein polnischer Offizier, dessen Ehefrau in Schweden die Trennung und die Übertragung der elterlichen Gewalt für das gemeinsame Kind erwirkt hatte, berief sich in seiner Beschwerde gegen Schweden auf Art. 8 EMRK, da ihm Schweden die Einreise verweigerte, so dass er seine Rechte in Schweden nicht geltend machen konnte. Der Entzug der elterlichen Sorge eines Elternteils und die Alleinzuteilung an den anderen Elternteil wurden klar als Eingriff in das Recht auf Achtung des Familienlebens qualifiziert. Doch hielt die Kommission gleichzeitig fest, dass die Konvention keinem Elternteil die Übertragung des Sorgerechts auf Kosten des anderen Elternteils garantiere und dass die Beurteilung über die Zuteilung dem Recht nationaler Gerichte unterliege[408].

5. Staatlicher Eingriff in das Familienleben einer nichtehelichen Familie

Weniger deutlich zeigt sich der staatliche Eingriff bei der nichtehelichen Familie, die unter den genannten Umständen ebenso den Schutz der Achtung des Familienlebens geniesst.

Die EMRK hat zum Ziel, willkürliche Eingriffe eines Staates in den Schutzbereich der der Konvention unterstehenden Personen zu verhindern. In erster Linie ist damit die negatorische Pflicht der Mitgliedstaaten angesprochen, solche Eingriffe zu unterlassen. Es gilt, bei der gemeinsamen elterlichen Sorge nicht verheirateter Eltern zu prüfen, ob sich aus der Pflicht der Achtung des Familienlebens auch positive Handlungspflichten eines Staates ergeben können.

---

[407] Vgl. Wildhaber/Breitenmoser, Internationaler Kommentar EMRK (1992), Art. 8, N 43.

[408] Vgl. E 20.12.1957, 172/56, YB 1, 211, 216; Fahrenhorst, Sorge- und Umgangsrecht nach der Ehescheidung und die EMRK, FamRZ 1988, 238, 239; Brötel, Der Anspruch auf Achtung des Familienlebens (1991), S. 189.

Auf den ersten Blick liegt ein Eingriff des Staates durch den Ausschluss gemeinsamer Elternverantwortung nichtverheirateter Eltern nicht vor. Dies führt dazu, dass die Forderung nach gemeinsamer elterlicher Gewalt nichtverheirateter Eltern unter dem Schutz der EMRK mit dem Hinweis abgewiesen werden könnte, dass gar kein staatlicher Eingriff in das Familienleben vorliege. Wenn jedoch Art. 8 EMRK eine positive Pflicht der Mitgliedstaaten begründet, die gemeinsame Ausübung der elterlichen Gewalt auch für natürliche Familien gesetzlich vorzusehen, würde das Fehlen einer entsprechenden Regelung ein konventionswidriges Unterlassen darstellen.

a. Eingriff oder Unterlassung einer positiven Handlungspflicht

Der Inhalt des Eingriffsbegriffs, der diese Frage klären könnte, ist umstritten. Verschiedene Entscheidungen des Gerichtshofs für Menschenrechte lassen den Schluss zu, dass auch die Missachtung einer Handlungspflicht einen Eingriff darstellen kann[409]. Ebenso stellt sich die neuere Lehre auf den Standpunkt, dass sich das der Konvention zugrundeliegende frühere Verständnis von Grundrechten als reine Abwehrposition gegenüber dem Staat in Richtung eines institutionell-konstitutiven Grundrechtsverständnisses verändert hat[410].

Dabei wird das Vorgehen des Gerichtshofs für Menschenrechte in der Literatur teilweise kritisiert[411]. Denn in seiner Praxis nimmt er bei der Überprüfung einer positiven Handlungspflicht die eigentlich erst in einem nächsten Schritt vorzunehmende Rechtsgüterabwägung schon im Rahmen von Art. 8

---

[409] Vgl. Urt. v. 13.6.1979 (Paula und Alexandra Marckx v. Belgien), Ser. A, Vol. 31, N 31; Urt. v. 9.10.1979 (Airey v. Irland), Ser. A, Vol. 32; Urt. v. 7.7.1989 (Gaskin v. Grossbritannien), Ser. A, Vol. 160, N 38 ff.

[410] Vgl. Brötel, Der Anspruch auf Achtung des Familienlebens (1991), S. 71, mit weiteren Nachweisen; Villiger, Handbuch der EMRK (1993), N 164 f.

[411] Vgl. Wildhaber/Breitenmoser, Internationaler Kommentar EMRK (1992), Art. 8, N 55 ff.; Breitenmoser, Der Schutz der Privatsphäre gemäss Art. 8 EMRK (1986), S. 166. Anstelle des dreigeteilten Vorgehens, bei welchem unter Berücksichtigung der Rechtfertigungsgründe des Eingriffs gemäss Abs. 2 entschieden wird, ob eine Konventionsverletzung vorliegt oder nicht, nimmt der Gerichtshof diese Abwägung gleichzeitig mit der Abklärung des Vorliegens eines Eingriffs vor. Dadurch findet eine Vermischung zwischen der Entscheidung über das Vorliegen eines Eingriffs und der gleichzeitigen Rechtsgüterabwägung statt. Zustimmend aber Villiger, Handbuch der EMRK (1993), N 532.

Abs. 1 vor.

b. Positive Handlungspflichten der Mitgliedstaaten

Der Europäische Gerichtshof für Menschenrechte entscheidet im Einzelfall über positive Handlungspflichten der Mitgliedstaaten[412]. Einige der Fälle, in denen der EGMR positive Handlungspflichten angenommen hat, sind kurz zu nennen.

So stelle das Fehlen[413] von Regeln über das Vorgehen bei Begehren um Einsicht in Akten über die eigene Person eine Verletzung von Art. 8 dar.

Bei der Regelung familienrechtlicher Verhältnisse müssten die Vertragsstaaten so vorgehen, dass den Betroffenen die Führung eines normalen Familienlebens ermöglicht wird[414].

Auch das Fehlen einer Regelung über unentgeltliche Rechtspflege in familienrechtlichen Verfahren stelle eine Missachtung des Schutzbereichs von Art. 8 EMRK dar[415].

c. Zusammenfassung

Aus der Tatsache, dass bei einer nichtehelichen Familie der Staat nicht mittels eines aktiven Eingriffs die gemeinsame elterliche Gewalt verhindert, sondern dass sie den Eltern und dem Kind vorenthalten wird, kann nicht die

---

[412] Vgl. Jacot-Guillarmod, Les liens familiaux dans la jurisprudence de Strasbourg, in: Wessner (Hrsg.), Problèmes de droit de la famille (1987), S. 79, 90.

[413] Urt. v. 7.7.1989 (Gaskin v. Grossbritannien), Ser. A, Vol. 160, N 38 ff.; vgl. Beddard, Human Rights and Europe (3.Aufl. 1993), S. 100 f.; van Dijk/van Hoof, Theory and Practice of the ECHR (2. Aufl. 1990), S. 370 f. Vgl. auch die Entscheidung der Kommission, die - anders als der Gerichtshof - im gewohnten dreistufigen Verfahren vorgegangen ist. E 13.11.1987, 10454/83 (Gaskin v. Grossbritannien), Ser. A, Vol. 160, N 84 ff. Die Entscheidung der Kommission wurde als Anhang an das Urteil des Gerichtshofs v. 7.7.1989 publiziert. Vgl. dazu auch Cohen-Jonathan, Respect for Private and Family Life, in: Macdonald u.a. (Hrsg.), The European System for the Protection of Human Rights (1993), S. 405, 415; Beddard, Human Rights and Europe (3. Aufl. 1993), S. 100 f.

[414] Vgl. Stöcker, Leitsatz N 2, EuGRZ 1979, 454; Urt. v. 13.6.1979 (Paula und Alexandra Marckx v. Belgien), Ser. A, Vol. 31, N 31.

[415] Urt. v. 9.10.1979 (Airey v. Irland), Ser. A, Vol. 32 = EuGRZ 1979, 626 ff.

Konsequenz gezogen werden, dass eine Konventionsverletzung ausgeschlossen ist. Nicht die Qualifizierung des Verhaltens eines Staates als Eingriff ist letztendlich massgebend für das Vorliegen einer Konventionsverletzung, sondern die Abwägung, ob diese Haltung aufgrund der Prinzipien von Art. 8 Abs. 2 EMRK erforderlich ist. Sofern kein rechtfertigender Grund für die unterlassene Regelung der gemeinsamen elterlichen Gewalt nichtverheirateter Eltern dargelegt werden kann, wird durch diese passive Haltung die Konvention verletzt.

6. Gemeinsame Elternverantwortung nach Scheidung

a. Rechtfertigung eines Eingriffs oder Vorliegen einer Konventionsverletzung

Der Schutz des Familienlebens gilt nicht uneingeschränkt. Die Vertragsstaaten können die Garantie zum Schutz des Einzelnen begrenzen, wenn dazu eine gesetzliche Grundlage vorhanden ist und die Einschränkung einem der in Art. 8 Abs. 2 genannten Ziele dient[416]. In Zusammenhang mit gemeinsamer elterlicher Sorge kommen als legitimes Eingriffsziel vor allem der Schutz der Rechte und Freiheiten anderer sowie der Gesundheit und Moral[417] in Frage.

b. Praxis der Europäischen Kommission für Menschenrechte

Die Zuteilung der elterlichen Gewalt über das Kind an einen Elternteil zu Lasten des andern Elternteils stellt immer einen Eingriff in das Familienleben dar, der zu rechtfertigen ist[418]. Die gesetzliche Grundlage findet sich

---

416 Art.8 Abs. 2 EMRK: "Der Eingriff einer öffentlichen Behörde in die Ausübung dieses Rechts ist nur statthaft, insoweit dieser Eingriff gesetzlich vorgesehen ist und eine Massnahme darstellt, die öffentliche Ruhe und Ordnung, das wirtschaftliche Wohl des Landes, die Verteidigung der Ordnung und zur Verhinderung von strafbaren Handlungen, zum Schutz der Gesundheit und der Moral oder zum Schutz der Rechte und Freiheiten anderer notwendig ist."

417 Vgl. Brötel, Der Anspruch auf Achtung des Familienlebens (1991), S. 89 f.; Fahrenhorst, Fortpflanzungstechnologien und Europäische Menschenrechtskonvention, EuGRZ 1988, 125, 128, zu der unterschiedlichen Auffassung der Bedeutung des Schutzes der Gesundheit und der Moral.

418 Vgl. Wildhaber/Breitenmoser, Internationaler Kommentar EMRK (1992), N 394,

beispielsweise im schweizerischen Recht in Art. 156 ZGB. Zwar wird in das Recht des nicht Sorgeberechtigten eingegriffen, doch da in erster Linie das Kind zu diesem Zeitpunkt zu schützen ist, muss dessen Wohl gemäss ständiger Praxis im Vordergrund stehen.

In der älteren Rechtsprechung hat sich die Kommission ausdrücklich zugunsten einer zwingenden ausschliesslichen Zuteilung der elterlichen Gewalt an einen Elternteil ausgesprochen[419]. In späteren Entscheidungen formuliert sie offener, dass es im Fall der Scheidung wie in anderen Fällen der Beendigung des gemeinsamen Lebens der Eltern legitim oder sogar notwendig ist, dass das nationale Recht eine von der gemeinsamen Sorge während der Ehe abweichende Regelung vorsieht[420]. Aus dieser Formulierung kann geschlossen werden, dass auch die Möglichkeit der gemeinsamen elterlichen Verantwortung nach Scheidung zulässig sein kann[421]. In einem weiteren Schritt ist somit zu untersuchen, ob sich aus Art. 8 EMRK ein Anspruch auf Belassung der gemeinsamen elterlichen Gewalt ergibt. Anhand der Rechtsprechung von zwei nationalen obersten Gerichten soll die unterschiedliche Interpretation dieser Formulierung aufgezeigt werden.

c. Entscheidung des niederländischen Hoge Raad von 1984

Am 4. Mai 1984 hat das höchste niederländische Gericht den Grundstein für die gemeinsame elterliche Gewalt nach Scheidung gelegt, als bei einer Ehescheidung die beiden Parteien die gemeinsame Zuteilung der elterlichen Vormundschaft verlangten[422].

Das Gericht führte aus, dass die Ernennung eines Elternteils als Vormund

---

401; Villiger, Handbuch der EMRK (1993), N 563.

[419] E 16.1.1963, 1449/62 (X v. Niederlande), CD 10, 1, 3.

[420] Vgl. Brötel, Der Anspruch auf Achtung des Familienlebens, S. 190 f., mit zahlreichen Hinweisen zur Praxis; hier nur E 4.5.1979, 8045/77 (X v. Schweden), DR 16, 105, 107 = EuGRZ 1981, 119.

[421] Ausdrücklich bejaht von Fahrenhorst, Sorge- und Umgangsrecht nach der Ehescheidung und die EMRK, FamRZ 1988, 238, 240; Magnus, Sorgerecht und Scheidung, RdJB 1988, 158, 161.

[422] HR, Urt. v. 4.5.1984, NJ 1985, Nr. 510; Nach niederländischem Recht wird unterschieden zwischen der elterlichen Gewalt während der Ehe und der Vormundschaft nach Beendigung der Ehe. Nach der Scheidung wird ein Elternteil als Vormund des Kindes ernannt.

und die gleichzeitige Beendigung der gemeinsamen elterlichen Gewalt als Eingriff in das Familienleben qualifiziert werden müsse. Dieser Eingriff sei einerseits durch die entsprechende gesetzliche Grundlage im Burgerlijk Wetboek gerechtfertigt gewesen[423] und andererseits grundsätzlich im Interesse des Kindes gefordert gewesen. Diese Bestimmung sei auf den Fall zugeschnitten, dass das Kind unter den zwischen den Eltern herrschenden Spannungen leide und eine klare Zuteilung deshalb zu seinem Schutz notwendig mache. Der zu entscheidende Fall entspräche jedoch dieser zugrundegelegten Situation nicht. Beide Eltern würden sich in der Lage sehen, das Kind in gutem gegenseitigen Einvernehmen weiterhin zu pflegen und zu erziehen. Deshalb beantragten beide das gemeinsame Sorgerecht[424]. Es müsse geprüft werden, ob die Einführung einer einseitigen Vormundschaft unter Berücksichtigung der Interessen des Kindes notwendig sei, oder ob nicht sogar die Interessen des Kindes die Belassung der gemeinsamen Verantwortung beider Eltern verlangten. Das Gericht hat sodann die Bestimmung über die zwingende Alleinzuteilung nach niederländischem Recht für nicht anwendbar erklärt, da sie mit Art. 8 EMRK unvereinbar sei[425].

Diese Haltung wird allerdings nicht von allen Mitgliedstaaten geteilt, denn österreichische Gerichte sind zum gegenteiligen Schluss gekommen.

d. Rechtsprechung des österreichischen Obersten Gerichtshofs und des Verfassungsgerichtshofs

Der österreichische Verfassungsgerichtshof hat am 22. Juni 1989 auf Antrag des Obersten Gerichtshofs die Unvereinbarkeit des Ausschlusses der gemeinsamen elterlichen Obsorge mit Art. 8 EMRK verneint. Er verwies pauschal darauf, dass eine klare Regelung zum Wohl des Kindes für den Streitfall unabdingbar sei. Zudem sei den Eltern nicht benommen, auf einvernehmlicher Basis die elterliche Gewalt gemeinsam auszuüben[426].

---

423 Art. 1:161 Abs. 1 BW.
424 Vgl. die Übersetzung der Urteilsgründe in Tenbieg, Gemeinsames elterliches Sorgerecht für nicht - und nicht mehr - miteinander verheiratete Eltern (1991), S. 253 ff., N 3.2.
425 Vgl. Tenbieg, Gemeinsames elterliches Sorgerecht für nicht - und nicht mehr - miteinander verheiratete Eltern (1991), S. 71.
426 VerfGH, 22.6.1989, VfSlg 54 (1989) N 12103 = JBl 1990, 305 = ÖJZ 1991, 607 = FamRZ 1991, 1085; vgl. zur ganzen Entwicklung Schwenzer, Gemeinsame elterli-

Am 1. Juli 1989 ist das Kindschaftsrechts-Änderungsgesetz mit der Möglichkeit gemeinsamer elterlicher Obsorge nicht verheirateter Eltern in Kraft getreten[427]. Unter denselben Voraussetzungen ist seither nach österreichischem Recht gemeinsame Elternverantwortung nach Scheidung möglich[428]. Unter der nicht allzu realistischen Voraussetzung, dass die Eltern auch nach der Scheidung in dauernder häuslicher Gemeinschaft leben, kann gemeinsame Obsorge auf Antrag zuerkannt werden.

Ein knappes Jahr nach der Kindschaftsrechtsrevision hat der Oberste Gerichtshof eine Entscheidung kassiert, welche die Genehmigung einer Scheidungsvereinbarung, die die gemeinsame elterliche Obsorge zum Inhalt hat, von vornherein ausgeschlossen hatte[429]. Das oberste Gericht führte aus, dass die vorliegende Vereinbarung zwar nicht den Buchstaben des § 177 ABGB gerecht werde, jedoch dessen Intentionen, nämlich der Förderung des Kindeswohls[430]. Damit folgte das Gericht dem Grundgedanken des Primats des Kindeswohls, stellte auf eine Überprüfung im Einzelfall ab und entsprach zu diesem Zeitpunkt der Rechtsprechung des Hoge Raad.

Doch diese Praxis wurde bedauerlicherweise bald wieder aufgegeben mit zwei Entscheidungen, die beide am 10. Juni 1992 ergingen[431]. Der Gerichtshof folgte dabei einer strengen grammatikalischen Auslegung und schloss die gemeinsame Obsorge nach Scheidung ohne dauernde häusliche Gemeinschaft strikt aus. Ein Beschluss sei nicht mehr von einer Überprüfung des Kindesinteresses im Einzelfall abhängig zu machen, da das Kindeswohl generell keine gemeinsame Obsorge erfordere. Die Argumente des Verfassungsgerichtshofs von 1989 wurden übernommen[432]. Dass an dieser Auslegung weiterhin festgehalten wird, zeigt ein Bestätigungsurteil des

---

che Sorge nach Scheidung - der Weg zu einem europäischen Familienrecht ist noch weit -, ZEuP, erscheint demnächst.

[427] Vgl. § 167 ABGB.

[428] Vgl. Verweis in § 177 Abs. 3 ABGB.

[429] OGH, 10.5.1990, ÖJZ 1991, 444 = JBl 1992, 175 = ÖA 1991, 54 mit kritischer Bemerkung von Pichler.

[430] Vgl. ÖJZ 1991, 444, 445.

[431] OGH, 10.6.1992, 3 Ob 514/92, JBl 1992, 699; OGH, 10.6.1992, 3 Ob 506/92, JBl 1992, 694.

[432] Vgl. JBl 1992, 699 ff. mit zustimmender Anm. Pichler; zustimmend auch Henrich, Familienrechtsreform durch die Verfassungsgerichte?, ZfRV 1990, 241, 252.

Obersten Gerichtshofs vom 20. April 1994[433].

e. Zusammenfassende Würdigung

Aufgrund des Primats des Kindeswohls kann eine ausschliessliche Zuteilung der elterlichen Gewalt an einen Elternteil eine Konventionsverletzung darstellen. Wird anlässlich einer Scheidung trotz eines gemeinsamen Elternvorschlags die Möglichkeit der Belassung der gemeinsamen elterlichen Gewalt gar nicht geprüft, so erfährt das geschützte Familienleben keine genügende Achtung. Sieht das nationale Gesetz keine Abwägungsmöglichkeit im Einzelfall vor, welche Lösung den Interessen des Kindes am besten entspricht, so widerspricht die gesetzliche Regelung Art. 8 EMRK und dem Grundsatz des Vorrangs des Kindeswohls[434].

Bedauerlicherweise hat sich das schweizerische Bundesgericht in der Entscheidung vom 12.12.1991[435], die sich mit der Zulässigkeit gemeinsamer elterlicher Gewalt nach Scheidung befasste, nicht zur Vereinbarkeit von Art. 297 Abs. 3 ZGB mit der Menschenrechtskonvention geäussert, obwohl dies trotz des Anwendungsgebots von Art. 113 Abs. 3 BV möglich gewesen wäre[436].

7. Gemeinsame Elternverantwortung unverheirateter Eltern

a. Ungleichbehandlung von ehelichen und nichtehelichen Kindern

Für die Frage der gemeinsamen elterlichen Gewalt nicht verheirateter Eltern ist Art. 8 vor allem in Verbindung mit Art. 14 EMRK von Bedeutung. Anders als bei der gemeinsamen Elternverantwortung nach Scheidung, die erst bei Beendigung der Lebensgemeinschaft rechtlich relevant wird, ist sie bei einer natürlichen Familie schon während der Dauer der Gemeinschaft, oder

---

433 OGH, 20.4.1994, JBl 1994, 114 mit Anm. Pichler.
434 So auch Brötel, Der Anspruch auf Achtung des Familienlebens (1991), S. 201 f.; Schwenzer, Elterliche Sorge für nichteheliche Kinder im Lichte internationaler Konventionen, ZEuP 1994, erscheint demnächst; skeptisch Wildhaber/Breitenmoser, Internationaler Kommentar EMRK (1992), N 408.
435 BGE 117 II 523 = AJP 1992, 906 mit Anm. Schwenzer.
436 Vgl. Villiger, Handbuch der EMRK (1993), N 71 ff. m.w.H.; vgl. auch BGE 118 Ia 341, E.5.

ohne dass eine Lebensgemeinschaft besteht, aktuell. Die elterliche Sorge nicht Verheirateter entspricht der Situation einer bestehenden ehelichen Familie. Aus diesem Grund ist zu untersuchen, ob nichteheliche Kinder rechtlich anders behandelt werden dürfen als eheliche Kinder. Fraglich ist, ob bezüglich der elterlichen Gewalt eine Ungleichbehandlung ehelicher und natürlicher Familien gerechtfertigt ist, oder ob sie einer Diskriminierung im Sinne von Art. 14 EMRK gleichkommt.

Art. 14 ist als integraler Bestandteil der Konventionsrechte zu verstehen. Er kann nur in Verbindung mit einer in der Konvention enthaltenen Garantie Wirkung entfalten. Doch ist für die Geltendmachung einer Diskriminierung nicht vorausgesetzt, dass die andere Garantie verletzt ist. Eine Massnahme, die für sich allein betrachtet den Erfordernissen der entsprechenden Konventionsgarantie entspricht, kann dennoch gegen jene Bestimmung in Verbindung mit Art. 14 verstossen, weil sie als Ganzes betrachtet diskriminierend wirkt[437]. Damit eine Ungleichbehandlung nicht diskriminierend ist, muss sie einer Rechtsgüterabwägung standhalten und im öffentlichen Interesse liegen[438].

b.   B, R und J v. Bundesrepublik Deutschland

Ein Richter und eine Lehrerin aus Berlin und deren gemeinsamer nichtehelicher Sohn verlangten Zuteilung der gemeinsamen elterlichen Sorge[439]. Ihr Antrag wurde vor nationalen Gerichten in letzter Instanz 1981 vom Kammergericht abgelehnt[440]. Die Beschwerdeführer beriefen sich auf eine diskriminierende Ungleichbehandlung des nichtehelichen Vaters im Vergleich zu einem ehelichen Vater, der gemäss Rechtsprechung des Bundesverfassungsgerichts das Sorgerecht zusammen mit der Mutter sogar nach einer Scheidung behalten dürfe[441].

Die Kommission hielt fest, dass es dem freien Willen der Eltern entsprochen

---

[437] Frowein/Peukert, Europäische Menschenrechtskonvention (1985), Art. 14 N 2.
[438] Vgl. EGMR, Urt. v. 23.6.1993 (Hoffmann v. Österreich), Ser. A, Vol. 255; Villiger, Handbuch der EMRK (1993), N 637.
[439] E 15.3.1984, 9639/82 (B, R und J v. Bundesrepublik Deutschland), DR 36, 130.
[440] KG, 1.9.1981, FamRZ 1982, 95.
[441] BVerfG, 3.11.1982, BVerfGE 61, 358 = NJW 1983, 101 = FamRZ 1982, 1179 = JZ 1983, 298 = EuGRZ 1982, 429.

habe, nicht zu heiraten. Diese Entscheidung des Paares habe zur Folge, dass sie nicht in den Genuss aller Privilegien des Familienrechts kämen. Eine ungleiche Behandlung der nichtehelichen Familie war nach Ansicht der Kommission gerechtfertigt. Sie ging dabei ausdrücklich von der Vermutung aus, dass die Mutter vom Moment der Geburt an in familienrechtlichen Beziehungen zum Kind stehe und ihre Verantworung auch wahrnehme. Mit diesem Verhalten könne bei nichtehelichen Vätern nicht gerechnet werden. Und selbst wenn sie ihre Verantwortung gegenüber ihrem Kind wahrnehmen wollten, könne nicht von der Stabilität der Verhältnisse ausgegangen werden[442].

Obwohl die Kommission im vorliegenden Fall auf die Interessen des Kindes nicht vorrangig eingegangen ist, kam sie zum Schluss, dass eine Verletzung der Konvention nicht vorliege. Im Gegenteil bekräftigte sie, dass Paare, die sich bewusst gegen eine Ehe entschieden, die sich daraus ergebenden rechtlichen Konsequenzen auch tragen müssten. Dass dabei in Wirklichkeit das aussereheliche Kind, ohne selbst Einfluss auf die Entscheidung der Eltern gehabt zu haben, die Konsequenzen tragen muss, bleibt als Widerspruch bestehen.

c. Johnston u.a. v. Irland

Im Fall eines nicht verheirateten Paares aus Irland und ihres gemeinsamen Kindes kamen die Strassburger Behörden zu einem anderen Schluss[443]. Denn die Eltern des Kindes hatten sich nicht aus freiem Entschluss gegen eine Heirat entschieden, sondern sie war nach irischem Recht, das keine Scheidung kennt, ausgeschlossen. Beide Elternteile waren formell noch mit einer andern Person verheiratet und konnten deshalb ihrem Kind nicht die rechtlich und sozial einem ehelichen Kind vergleichbare Stellung verschaffen.

Ein Recht der Eltern auf Scheidung wurde abgelehnt. Doch entschied der Gerichtshof, dass der irische Gesetzgeber die Konventionspflichten zu erfüllen habe, und bei der Normierung familienrechtlicher Verhältnisse auch

---

[442] E 15.3.1984, 9639/82 (B, R und J v. Bundesrepublik Deutschland), DR 36, 130, 140.

[443] Vgl. Urt. v. 18.12.1986 (Johnston u.a. v. Irland), Ser. A, Vol. 112, N 72 ff. = EuGRZ 1987, 313, 319.

natürlichen Familien die Führung eines normalen Familienlebens erlauben müsse. Nach Auffassung des Gerichts erfordere die normale Entwicklung der Beziehungen der Tochter zu beiden Eltern, dass diese rechtlich und sozial in eine einem ehelichen Kind vergleichbare Lage gestellt werden müsse[444].

d. Entscheidung des niederländischen Hoge Raad von 1986

Am 21. März 1986 erging die zweite wichtige Entscheidung des Hoge Raad[445] zur gemeinsamen elterlichen Sorge. Ein unverheiratetes Paar verlangte die gemeinsame Ausübung der elterlichen Gewalt über das gemeinsame Kind. Der Vater hatte das Kind anerkannt, und alle drei Betroffenen standen zueinander in familienrechtlichen Beziehungen im Sinne von Art. 8 EMRK[446]. Das Gericht wies darauf hin, dass sich die gesellschaftlichen Anschauungen verändert hätten, und dass nicht mehr davon ausgegangen werden könne, dass allein bei Bestehen einer Ehe zwischen den Eltern diese sich gemeinsam um das Kind kümmern würden. Heute würden viele Kinder in einer Beziehung nichtverheirateter Eltern geboren und mit ihnen als Familie aufwachsen, die sich von derjenigen einer verheirateten Familie tatsächlich nicht unterscheide. Der Hoge Raad kam zum Schluss, dass es nicht einzusehen sei, weshalb Eltern, die mit ihrem Kind ein Familienleben führten, und zwischen denen das notwendige gegenseitige Einvernehmen bestehe, die gemeinsame elterliche Gewalt nur versagt bleibe, weil sie nicht miteinander verheiratet seien. Art. 14 EMRK verpflichte insofern zu einer Auslegung des geltenden Burgerlijk Wetboek, die keinen an den Status der Geburt anknüpfenden Unterschied mache[447].

Besonders an der Entscheidung des Hoge Raad ist auch, dass das Gericht ausdrücklich das Vorliegen von Familienleben nicht von vornherein ausschloss, wenn die Eltern nicht zusammenleben. Es stellte die Vermutung

---

[444] Vgl. EuGRZ 1987, 313, 318 f.
[445] HR, Urt. v. 21.3.1986, NJ 1986, Nr. 586.
[446] Vgl. Hammerstein-Schoonderwoerd, De betekenis van art. 8 EVRM voor het familierecht, NJB 1990, 816 ff., zur Übernahme und Bedeutung der Strassburger Rechtsprechung zum Vorliegen von Familienleben in den Niederlande.
[447] Vgl. Übersetzung der Urteilsbegründung bei Tenbieg, Gemeinsames elterliches Sorgerecht für nicht - und nicht mehr - miteinander verheiratete Eltern (1991), S. 112 ff., 256 ff.

auf, dass bei Zusammenleben das erforderliche gegenseitige Einvernehmen bestehe, und hielt gleichzeitig fest, dass dieses Einvernehmen auch ohne Lebensgemeinschaft vorliegen könne[448].

e. Entscheidung des Tribunal de Grande Instance de Rochefort-sur-Mer von 1992

Noch weiter als der niederländische Hoge Raad ist ein französisches erstinstanzliches Gericht gegangen, als es einen Fall zu gemeinsamer Ausübung der elterlichen Gewalt nicht verheirateter Eltern entschieden hat. Der TGI Rochefort-sur-Mer[449] ist unter direkter Anwendung der EMRK[450] zum Schluss gekommen, dass die automatische Zuteilung der elterlichen Gewalt an die Mutter bei Anerkennung durch beide Eltern, wie sie in Art. 374 Abs. 1 S. 2 Cc a.F vorgesehen war, Art. 8 und 14 EMRK widerspreche. Eine solche Zuteilung stütze sich allein auf das Kriterium des Geschlechts und sei daher konventionswidrig.

Die Anwendung der EMRK auf diesen Fall erstaunt etwas, da auch nach dem damals geltenden französischen Recht die Zuteilung der gemeinsamen elterlichen Gewalt möglich gewesen wäre[451]. Einerseits können bei jeder gerichtlichen Entscheidung über die elterliche Gewalt gemäss Art. 376-1 Cc Vereinbarungen der Eltern berücksichtigt werden. Andererseits konnte auch schon vor der Reform von 1993 die gemeinsame elterliche Gewalt auf Antrag nur eines Elternteils durch den Richter zugesprochen werden[452]. Von dieser Möglichkeit wird Gebrauch gemacht, wenn der Richter von einem Minimun an Kooperationsbereitschaft zwischen den Eltern ausgehen kann[453].

---

448 Vgl. Übersetzung der Urteilbegründung bei Tenbieg, Gemeinsames elterliches Sorgerecht für nicht - und nicht mehr - miteinander verheiratete Eltern (1991), S. 259.

449 TGI Rochefort-sur-Mer, 27.3.1992, D.1993.174 mit Anm. Flauss = J.C.P.1992.II.21885 mit Anm. Garé = D.1993.Somm.50 mit Anm. Granet-Lambrechts = D.1993.Somm.123 mit Anm. Vauvillé.

450 Entprechend Art. 55 der französischen Verfassung.

451 Vgl. Schwenzer, Elterliche Sorge für nichteheliche Kinder im Lichte internationaler Konventionen, ZEuP, erscheint demnächst.

452 Art. 374 Abs. 3 Cc a.F.

453 Vgl. nur Pau, 7.1.1993, J.C.P.1993.IV.884; Bénabent, Droit civil, La famille (5.

f. Zusammenfassende Würdigung

Die Kommission hat diese Bestimmungen der EMRK bisher sehr viel weniger weit als der TGI Rochefort-sur-Mer und der Hoge Raad ausgelegt.

Bei der Zusammenfassung der Rechtsprechung der Kommission handelt es sich vordergründig im Fall Johnston im Vergleich zum Berliner Fall um eine andere Ausgangslage. In Bezug auf das Kind jedoch sind die beiden Fälle vergleichbar. Vom deutschen Knaben selbst wurde ebensowenig wie vom irischen Mädchen eine Entscheidung getroffen. Die Entscheidung der Eltern darf sich nicht zu Lasten des Kindes auswirken, und die ungleiche Rechtsposition des nichtehelichen Kindes erscheint nicht gerechtfertigt[454].

Das Argument der grösseren Unsicherheit für das Kind in einer nichtehelichen Familienbeziehung kann angesichts der hohen Scheidungsrate nicht mehr aufrechterhalten werden. Eine geschlossene Ehe ist keine Garantie für die Stabilität einer Beziehung. Und für das Trennungserlebnis eines Kindes macht es keinen Unterschied, ob seine Eltern verheiratet waren oder nicht[455].

Ein genereller Ausschluss des nicht verheirateten Vaters von der elterlichen Gewalt ohne Berücksichtigung des Kindesinteresses im Einzelfall genügt den Anforderungen der Achtung des Familienlebens im Sinne von Art. 8 EMRK nicht. Unter der Voraussetzung des Bestehens von Familienleben, eines gemeinsamen Antrags der Eltern und keines entgegenstehenden Kindesinteresses ist die gemeinsame Elternverantwortung zuzulassen[456]. Dabei ist zu beachten, dass bei Zusammenleben von Eltern und Kindern Familienleben immer vorliegt, und die gemeinsame Elternverantwortung in diesen Fällen somit durch die EMRK gefordert ist. Auch ohne Zusammenleben ist

---

Aufl. 1993), N 335.

[454] Vgl. schon Schwenzer, "...Vater sein dagegen sehr!" - Kritische Anmerkungen zur elterlichen Sorge für nichteheliche Kinder -, FamRZ 1985, 1202 ff.; Brötel, Die Achtung des Anspruchs des Familienlebens (1991), S. 286.

[455] Vgl. Limbach, Kinder in nichtehelichen Lebensgemeinschaften, RdJB 1988, 170 ff.; Brötel, Europäische Impulse für das deutsche Nichtehelichenrecht, ZfJ 1992, 241, 246.

[456] Vgl. Brötel, Der Anspruch auf Schutz des Familienlebens (1991), S. 271; Schwenzer, Vom Status zur Realbeziehung (1987), S. 271 f.; abwartend Wildhaber/Breitenmoser, Internationaler Kommentar EMRK (1992), Art. 8 N 371.

die gemeinsame elterliche Gewalt durch die EMRK jedenfalls nicht ausgeschlossen.

Teil 3. Gemeinsame elterliche Verantwortung in verschiedenen Rechtsordnungen

Im 5. und 6. Kapitel der Arbeit werden die Regelungen der Rechtsordnungen in Deutschland, Frankreich, Grossbritannien und der Schweiz nach der Verwirklichung der gemeinsamen Elternverantwortung untersucht. Für die Schweiz wird dabei besonderes Gewicht auf die Revision des Scheidungsrechts gelegt.

Die beiden abschliessenden Kapitel teilen sich nach dem Kriterium des Zusammenlebens auf. Diese Aufteilung bietet sich aus verschiedenen Gründen an. Einerseits kann das Zusammenleben einen massgeblichen Anknüpfungspunkt darstellen, wie sich bei der Untersuchung der verschiedenen Rechtsordnungen zeigt. Andererseits handelt es sich um ein äusserlich erkennbares Kriterium, das zwei wichtige Anwendungsfälle der gemeinsamen Elternverantwortung - denjenigen geschiedener Eltern und denjenigen von Konkubinatseltern - voneinander trennt. Ein Auseinanderhalten dieser beiden Gruppen ist sinnvoll, da es sich zunächst um grundverschiedene Situationen handelt. Im Fall der geschiedenen Eltern ist die Paarbeziehung aufgelöst, während sie bei den Konkubinatseltern noch besteht. Mit dieser Unterteilung kann ebenfalls deutlich gemacht werden, wann in welcher Rechtsordnung das Zusammenleben der Eltern für die gemeinsame Elternverantwortung (noch) von Bedeutung ist.

So wird zunächst die gemeinsame elterliche Gewalt bei Zusammenleben der Eltern dargestellt. Anschliessend folgen die Ausführungen der rechtlichen Verwirklichung der gemeinsamen Elternverantwortung, ohne dass die Eltern in einem gemeinsamen Haushalt leben.

5. Kapitel. Gemeinsame elterliche Gewalt bei Zusammenleben der Eltern

I. Ehe

Sowohl in der Schweiz[457], als auch in Deutschland[458], Frankreich[459] und Grossbritannien[460], sind von Gesetzes wegen bei bestehender Ehe beide Eltern Inhaber der elterlichen Gewalt.

Ein Stichentscheid des Vaters besteht in keiner der betrachteten Rechtsordnungen mehr. Die Funktionen der Eltern werden nur noch im deutschen Recht[461] nach Geschlecht durch das Gesetz zugeteilt, indem vorgesehen ist, dass grundsätzlich die Mutter für Pflege und Erziehung des Kindes zuständig ist. In den übrigen Rechtsordnungen haben beide Eltern dieselben Rechte und Pflichten.

Beide Eltern sind befugt, Entscheidungen zu treffen, und es gilt die Vermutung, dass der handelnde Elternteil jeweils mit Einverständnis des andern Elternteils tätig wird[462].

Die automatische Zuteilung der gemeinsamen elterlichen Verantwortung entspricht den Verhältnissen und dient den Interessen des Kindes und der Eltern vermutungsweise am besten.

---

[457] Art. 297 Abs. 1 ZGB.
[458] § 1626 Abs. 1 BGB.
[459] Art. 213 und Art. 372 Abs. 1 Cc.
[460] Sec. 2 (1) CA 1989 i.V.m. Sec. 1 FLRA 1987.
[461] § 1606 Abs. 3 S. 2 BGB.
[462] Schweiz: Art. 304 Abs. 2 i.V.m. 159 Abs. 2 ZGB; Deutschland: § 1627 BGB; Grossbritannien: Sec. 2 (1) CA 1989; Frankreich: 372-2 Cc.

II. Nichteheliche Lebensgemeinschaft mit Kind(ern)

1. Statistische Angaben zu nichtehelichen Familien in der Schweiz

Das Bild nichtehelicher Eltern, wie es dem Gesetzgeber zur Zeit der Schaffung des ZGB vorschwebte, entspricht jedenfalls nicht mehr der Realität[463]. Was vor bald einem Jahrhundert kaum vorstellbar war, ist heute eine immer häufiger gewählte Lebensform[464].

Im Jahre 1990 gab es in der Schweiz 870'000 (Ehe)paarhaushalte mit Kindern. Diese Form der Familienhaushalte machte nicht mehr als 30.6 % aller Privathaushalte aus[465]. Der Anteil der Konsensualpaare mit Kindern an den genannten Familienhaushalten betrug 2.8 %, in absoluten Zahlen 24'360[466]. 6.2 % aller in der Schweiz Neugeborenen sind Kinder einer unverheirateten Mutter[467].

Der Anteil von 2.8 % an den Familienhaushalten mit Kindern mag gering erscheinen. Er erstaunt auf den ersten Blick im Vergleich zu der Häufigkeit nichtehelicher Lebensgemeinschaften. Konsensualpaare machten 1990 schon 16 % aller (Ehe)paarhaushalte ohne Kinder[468] aus, stellten also eine beträchtliche Anzahl dar.

Auf den zweiten Blick erstaunt dieser Unterschied nicht, unterstreicht aber, wie wichtig eine Änderung der elterlichen Gewalt nichtehelicher Eltern ist. Nach dem geltenden Recht sehen sich viele Paare, wenn sie Kinder haben wollen, zur Heirat gezwungen. Heiraten sie nicht, so nehmen sie rechtliche Nachteile für ihr Kind in Kauf. Diese Feststellung soll nicht gegen die Ehe

---

[463] Vgl. oben 3.Kap.I.2.

[464] Vgl. zur demographischen Entwicklung in Deutschland Heil, Personensorgerecht der Eltern nichtehelicher Kinder (1993), S. 56 ff.

[465] Vgl. Statistisches Jahrbuch der Schweiz 1994 (1993), T 1.10a, S. 35.

[466] Vgl. Statistisches Jahrbuch der Schweiz 1994 (1993), N 1.4, S. 33 und T 1.10a, S. 35.

[467] Vgl. Statistisches Jahrbuch der Schweiz 1994 (1993), T 1.16, S. 45.

[468] Vgl. Statistisches Jahrbuch der Schweiz 1994 (1993), N 1.4, S. 33.

sprechen. Es geht nicht darum, das Institut der Ehe anzugreifen. Doch Kinder, deren Eltern sich gegen eine Heirat ausgesprochen haben, sollen ebenso wie eheliche Kinder vollständige rechtliche Beziehungen zu ihren Eltern haben können.

2. Gemeinsame elterliche Sorge nicht verheirateter, zusammenlebender Eltern in Deutschland

a. Gesetzliche Regelung

Das deutsche BGB bestimmt, dass ein nichteheliches Kind automatisch unter der elterlichen Sorge der Mutter steht[469]. Die gemeinsame Ausübung der Elternverantwortung durch beide Eltern ist nicht vorgesehen.

Die einzige Möglichkeit des Vaters, Inhaber der elterlichen Sorge zu werden, besteht in der Ehelicherklärung gem. § 1723 ff. BGB. Auf Antrag des Vaters und mit Einwilligung der Mutter[470] kann das Vormundschaftsgericht einem nichtehelichen Kind durch Ehelicherklärung die rechtliche Stellung eines ehelichen Kindes verschaffen[471]. Das Kind erhält den Namen des Vaters[472] und steht ab diesem Zeitpunkt gemäss § 1738 Abs. 1 BGB ausschliesslich unter seiner elterlichen Sorge[473]. Die Mutter verliert durch eine Ehelicherklärung ihr Sorgerecht.

Die fehlende Normierung der gemeinsamen Elternverantwortung unverheirateter Eltern und die zwingende Folge des Verlusts des Sorgerechts der Mutter durch die Ehelicherklärung haben in der deutschen Literatur seit längerer Zeit zu Kritik[474] Anlass gegeben. Doch noch im März 1981 hat das

---

[469] Vgl. § 1705 BGB.
[470] Vgl. § 1726 BGB.
[471] Vgl. § 1736 BGB.
[472] Vgl. § 1737 BGB.
[473] Vgl. § 1737 f. BGB.
[474] Vgl. aus der älteren Literatur nur Stöcker, Abschaffung der Nichtehelichkeit - notwendige Revision einer Reform, ZRP 1975, 32 ff.; Jayme, Europäische Menschenrechtskonvention und deutsches Nichtehelichenrecht, NJW 1979, 2425 ff.; Gernhuber, Lehrbuch des Familienrechts (3. Aufl. 1980), S. 953; Rassow, Ehelicherklärung - überholt und verfassungswidrig?, FamRZ 1986, 322, 325.

Bundesverfassungsgericht[475] die Verfassungsmässigkeit der alleinigen Zuteilung der elterlichen Sorge über das nichteheliche Kind an die Mutter erklärt.

b. Urteil des Bundesverfassungsgerichts vom 24. März 1981

Das Verfassungsgericht hatte zu beurteilen, ob ein nichtehelicher Vater durch die ihn ausschliessenden Bestimmungen des BGB zur elterlichen Sorge nichtehelicher Kinder in seinem Elternrecht nach Art. 6 Abs. 2 GG[476] verletzt sei.

Unklar war, ob ein nicht mit der Mutter des Kindes verheirateter Vater überhaupt Inhaber der im Grundgesetz gewährten Rechte sein kann. Diese Frage hat das Gericht bejaht für den Fall, dass der Vater mit dem Kind und der Mutter zusammenlebt, so dass damit die Voraussetzungen für die Wahrnehmung der elterlichen Verantwortung gegeben sind[477].

Das Bundesverfassungsgericht befand § 1705 als mit dem Grundgesetz vereinbar[478]. Das Gericht hat den Ausschluss des Vaters von der elterlichen Sorge als vom Kindeswohl gefordert angesehen und das nichteheliche Kind gleichzeitig als besonders schutzwürdig qualifiziert, da es die jederzeit mögliche Auflösung der Beziehung seiner Eltern zu gewärtigen habe[479].

Diese Haltung des Gerichts ist zu Recht von verschiedenen Seiten kritisiert[480] worden. Denn für das Kind ist das Trennungserlebnis dasselbe, unabhängig davon, ob die Eltern miteinander verheiratet sind oder nicht. Und angesichts der hohen Scheidungsraten kann die Ehe den Kindern keinen Schutz vor einem Trennungserlebnis bieten.

---

475 BVerfG, 24.3.1981, BVerfGE 56, 363 = NJW 1981, 1201 = FamRZ 1981, 429.
476 Art. 6 Abs. 2 S. 1 GG: "Die Pflege und Erziehung der Kinder sind das natürliche Recht der Eltern und die zuvörderst ihnen obliegende Pflicht."
477 Vgl. BVerfGE 56, 363, 382; Bardenheuer, Personensorgerecht für den Vater eines nichtehelichen Kindes (1990), S. 36 f.
478 Vgl. dazu ausführlich Heil, Das Personensorgerecht der Eltern nichtehelicher Kinder (1993), S. 123 ff.
479 Vgl. BVerfGE 56, 363, 384 f.
480 Vgl. Lempp, Das gemeinsame Sorgerecht aus kinderpsychiatrischer Sicht, ZfJ 1984, 305, 308.

Wie schon hervorgehoben wurde, ist in der Konsequenz eine Lösung anzustreben, welche die Umstände im Einzelfall berücksichtigt. Denn das Interesse des Kindes kann gerade auch die Zuteilung der elterlichen Sorge an den Vater oder die gemeinsame Ausübung der Elternverantwortung verlangen[481]. Eine generelle Zuteilung an die Mutter kann nicht mit dem Argument des Kindeswohls gestützt werden.

Die Rechtsprechung der Instanzgerichte zur Verfassungsmässigkeit von § 1705 ist seit einer weiteren Entscheidung des Bundesverfassungsgerichts nicht einheitlich. Unter dem Einfluss des sogleich zu erörternden Beschlusses vom 7.5.1991 wird die Bestimmung von einigen Gerichten für verfassungswidrig gehalten[482]. Andere Gerichte jedoch haben keine Bedenken hinsichtlich ihrer Verfassungsmässigkeit[483].

    c.   Beschluss des Bundesverfassungsgerichts vom 7. Mai 1991

Im Mai 1991[484] hat das Bundesverfassungsgericht auf einen Vorlagebeschluss des Amtsgerichts Hamburg hin eine weitere Entscheidung zur gemeinsamen elterlichen Sorge nicht verheirateter Eltern gefällt.

In der Ausgangslage ging es um die Ehelicherklärung eines Kindes, das seit seiner Geburt mit seinen beiden unverheirateten Eltern zusammenlebte und durch beide Elternteile betreut und erzogen wurde. Die Eltern beantragten übereinstimmend in einer Urkunde die Ehelicherklärung des Kindes unter Massgabe der Übertragung der elterlichen Sorge auf beide Eltern. Das Verfahren wurde ausgesetzt, und dem Bundesverfassungsgericht wurde die Frage zur Entscheidung vorgelegt, ob die in § 1738 Abs. 1 BGB festgelegte Rechtsfolge des Übergangs der elterlichen Sorge auf den Vater - unter Ausschluss der Mutter - verfassungswidrig sei[485].

---

481 Vgl. Schwenzer, Vom Status zur Realbeziehung (1987), S. 267; Fleisch, Die verfassungsrechtliche Stellung des leiblichen Vaters (1987), S. 23 f.; Bardenheuer, Personensorgerecht für den Vater eines nichtehelichen Kindes (1990), S. 38 f.

482 Vgl. AmtsG Bremen, VormG Vorlagebeschluss, 10.12.1993, FuR 1994, 50; AmtsG Melsungen, 18.9.1992, FamRZ 1993, 108.

483 Vgl. BayObLG, 28.1.1993, FuR 1993, 164; OLG Köln, 21.4.1993, ZfJ 1993, 414.

484 BVerfG 7.5.1991, BVerfGE 84, 168 = FamRZ 1991, 913 = NJW 1991, 1944.

485 AmtsG Hamburg, VormG Vorlagebeschluss 16.9.1988, FamRZ 1988, 1319.

Das Bundesverfassungsgericht entschied am 7. Mai 1991, dass § 1738 Abs. 1 BGB unter bestimmten Umständen mit Art. 6 Abs. 2[486] und Abs. 5[487] GG unvereinbar ist. Die Bestimmung ist insoweit verfassungswidrig, als die Mutter die elterliche Sorge auch in den Fällen verliert, in denen Vater und Mutter mit dem Kind zusammenleben, beide die Ehelicherklärung unter der Massgabe beantragen, dass ihnen das Sorgerecht gemeinsam zustehen soll, und diese Regelung dem Kindeswohl entspricht[488].

Das Verfassungsgericht hält, wie schon in der Entscheidung von 1981, an der automatischen Zuteilung des nichtehelichen Kindes an die Mutter fest[489]. Doch es muss im Sinne der Entscheidung möglich sein, Ausnahmen von der ausschliesslichen Zuteilung an einen Elternteil zu machen, wo diese sachlich - d.h. im Interesse des Kindes - gefordert sind[490].

Das Gericht entkräftet Einwände, die gegen die gemeinsame Ausübung der elterlichen Sorge nicht verheirateter Eltern bestehen könnten. So sei die Gefahr einer möglichen Trennung der Eltern, in Abweichung der Entscheidung von 1981[491], kein Ausschlussgrund mehr. Denn gerade für den Fall der Trennung der Eltern könne der rechtlichen Absicherung der gemeinsamen elterlichen Sorge besondere Bedeutung zukommen. Die persönliche Entscheidung der Eltern gegen eine Eheschliessung dürfe sich nicht zu Lasten des Kindes auswirken. Das Verfassungsgericht schliesst eine Rechtfertigung für die Ungleichbehandlung nichtehelicher Kinder im Gegensatz zu ehelichen Kindern aus[492].

In dem Umfang, in welchem die Bestimmung als mit dem Grundgesetz unvereinbar erklärt worden ist, darf sie von Gerichten und Verwaltungsbehör-

---

[486] Art. 6 Abs. 2 S. 1 GG: "Die Pflege und Erziehung der Kinder sind das natürliche Recht der Eltern und die zuvörderst ihnen obliegende Pflicht."
[487] Art. 6 Abs. 5 GG: "Den unehelichen Kindern sind durch die Gesetzgebung die gleichen Bedingungen für ihre leibliche und seelische Entwicklung und ihre Stellung in der Gesellschaft zu schaffen wie den ehelichen Kindern."
[488] Vgl. BVerfG 7.5.1991, BVerfGE 84, 168, 169 = FamRZ 1991, 913 = NJW 1991, 1944.
[489] BVerfGE 84, 168, 180 f.
[490] BVerfGE 84, 168, 182 f.
[491] BVerfGE 84, 168, 182 in Abweichung von BVerfGE 56, 363, 387.
[492] BVerfGE 84, 168, 183.

den nicht mehr angewandt werden. Verfahren sind auszusetzen, bis eine gesetzliche Neuregelung in Kraft tritt[493].

Obwohl das Bundesverfassungsgericht nur über den Sonderfall der - unter den genannten Voraussetzungen - mit dem Grundgesetz unvereinbaren Rechtsfolge von § 1738 BGB ausdrücklich entschieden hat, stellt der Beschluss grundsätzlich einen Anstoss zur Überprüfung der gemeinsamen elterlichen Sorge nicht verheirateter Eltern dar[494]. Diese vom Verfassungsgericht geforderte gesetzliche Neuregelung, die einen Teil der Gesamtrevision des Kindschaftsrechts darstellen wird, ist noch ausstehend. Wenig wünschenswert wäre es, allein die Ehelicherklärung zu überarbeiten. Einerseits würde die Institutionalisierung der nichtehelichen Familie Kritik hervorrufen[495] und andererseits würde ein in seiner Funktion überholtes Institut weitergeführt[496], das der Grundidee der Einheit des Kindesverhältnisses entgegensteht[497].

3. Gemeinsame elterliche Gewalt unverheirateter, zusammenlebender Eltern in Frankreich

Seit dem Jahre 1987 standen unverheirateten Eltern zwei Varianten offen, die gemeinsame Elternverantwortung zu erlangen. Vorausgesetzt war dabei allein eine gemeinsame Erklärung vor dem Richter oder möglicherweise auch der Antrag nur eines Elternteils[498].

---

493 Vgl. Münch.Komm./Hinz, § 1723 N 14 a BGB (3. Aufl. 1992); NJW 1991, 1944, 1946.

494 Vgl. Schwenzer, Gutachten zum 59. DJT (1992), A 65; Bosch, Zur Rechtsstellung der mit beiden Eltern zusammenlebenden nichtehelichen Kinder, FamRZ 1991, 1121, 1122, der diesen Anstoss allerdings bedauert; Brötel, Das alleinige Sorgerecht der Mutter für ihr nichteheliches Kind - ein grundrechtswidriges Dogma?, NJW 1991, 3119, 3121.

495 Von Renesse, Sorgerecht bei nicht-ehelicher Elternschaft, RdJB 1991, 407, 409.

496 Vgl. Gernhuber/Coester-Waltjen, Lehrbuch des Familienrechts (4. Aufl. 1994), S. 930, Fn. 2.

497 Vgl. zur Ergänzungsbedürftigkeit des Grundsatzes des einheitlichen Kindesrechts Coester, Entwicklungslinien im europäischen Nichtehelichenrecht, ZEuP 1993, 536, 549 ff.

498 Art. 374 Abs. 2 und 3 Cc. Das Zusammenleben der Eltern stellt dabei keine Voraussetzung dar, vgl. deshalb unten 6.Kap.III.2.a.

Doch von diesen Möglichkeiten wurde weniger Gebrauch gemacht, als sich der französische Gesetzgeber erhofft hatte[499]. Im Rahmen einer weiteren Revision des Kindesrechts[500], die aufgrund des Beitritts zur UN-Kinderrechtskonvention vom französischen Gesetzgeber als notwendig erachtet wurde, wurde das Verfahren zur gemeinsamen Ausübung der Elternverantwortung noch weiter vereinfacht.

Die Änderung des Code civil durch die loi n. 93-22 vom 8. Januar 1993[501] ist von grosser Bedeutung für die gemeinsame Ausübung der Elternverantwortung Unverheirateter. Durch die Reform wurde der Grundsatz der gemeinsamen Elternverantwortung auch auf zusammenlebende Unverheiratete ausgedehnt.

Sie hat die letzte Hemmschwelle zur Erlangung der gemeinsamen Verantwortung aus dem Weg geräumt. Sie verwirklicht die rechtspolitische Entscheidung des französischen Gesetzgebers der Wünschbarkeit der autorité conjointe, indem zur Erlangung der gemeinsamen Elternverantwortung auf das Erfordernis des Erscheinens der Eltern vor Gericht[502] mit Abgabe einer Erklärung verzichtet wird.

Bei nichtverheirateten Eltern tritt die gemeinsame elterliche Gewalt als "Semi-Automatismus"[503] ein sobald zwei Bedingungen erfüllt sind. Der neue Art. 372 Abs. 2 Cc hält die Voraussetzungen fest, die erfüllt sein müssen, damit automatisch beide Eltern Inhaber der elterlichen Verantwortung werden. Beide Eltern müssen das Kind anerkannt haben, bevor es ein Jahr alt wird und zum Zeitpunkt der gemeinsamen Anerkennung oder - bei gesonderter späterer Anerkennung durch den andern Elternteil - zum Zeit-

---

[499] Vgl. Bastien-Rabner, Le charme discret de la loi Malhuret, Droit de l'enfance et de la famille 1992/1, 221, 228; Fulchiron, Une nouvelle réforme de l'autorité parentale, D.1993.Chron.117, 119; Furkel, Die wichtigsten Änderungen im französischen Familienrecht durch das Gesetz vom 8. Januar 1993, FamRZ 1994, 1084, 1087.

[500] Gesetz n. 93-22 vom 8. Januar 1993; J.C.P.1993.III.65905.

[501] Vgl. Vauzelle, J.C.P.1993.III.66093; Rubellin-Devichi, Une importante réforme en droit de la famille: La loi n. 93-22 du 8 janvier 1993, J.C.P.1993.I.3659; Steindorff, Familienrechtsreform in Frankreich - Das Gesetz vom 8. Januar 1993, FuR 1993, 319 ff.; Battes/Meixner, Namensrecht - nichteheliche Kinder - Familiengericht, FuR 1993, 219, 220.

[502] Wie es durch Art. 274 Abs. 2 Cc i.d.F. vom 22.7.1987 gefordert wird.

[503] Fulchiron, Une nouvelle réforme de l'autorité parentale, D.1993.Chron.117, 119.

punkt dieser zweiten Anerkennung müssen sie zusammengelebt haben[504].

Liegen diese beiden Voraussetzungen vor, so sind beide Eltern befugt, die Elternverantwortung auszuüben, ohne dass sie zusätzliche Schritte unternehmen müssen. Die Wirkung der gemeinsamen Elternverantwortung tritt sofort mit der beidseitigen Anerkennung ein.

4. Gemeinsame Elternverantwortung unverheirateter Eltern in Grossbritannien

Nach englischem Recht gibt es mehrere Möglichkeiten für unverheiratete Eltern, gemeinsam Inhaber der Elternverantwortung zu werden. Da keine der Varianten vom Zusammenleben der Eltern abhängig ist, erübrigt sich eine Unterteilung in vorliegendes oder fehlendes Zusammenleben. Die englische Regelung zur gemeinsamen Elternverantwortung wird daher zusammenhängend im nächsten Kapitel vorgestellt werden.

5. Gemeinsame elterliche Verantwortung unverheirateter, zusammenlebender Eltern in der Schweiz

a. De lege lata

Nach schweizerischem Recht ist allein die Mutter Inhaberin der elterlichen Gewalt[505]. Falls die elterliche Gewalt der Mutter entzogen worden ist, oder sie diese infolge Unmündigkeit oder Entmündigung nicht ausüben kann, kann der Vater durch die Vormundschaftsbehörde zum Inhaber der elterlichen Gewalt eingesetzt werden[506]. Bei der Übertragung der elterlichen Gewalt auf den Vater hat die Vormundschaftsbehörde zu bedenken, dass die Mutter ihre Rechtsposition verliert und nicht mehr von Gesetzes wegen Inhaberin der elterlichen Gewalt werden kann. So ist insbesondere bei einer unmündigen Mutter oder im Falle der nur vorübergehenden Unmöglichkeit der Ausübung ihrer Rechte und Pflichten die Übertragung auf den Vater

---

[504] Vgl. Furkel, Die wichtigsten Änderungen im französischen Familienrecht durch das Gesetz vom 8. Januar 1993, FamRZ 1994, 1084, 1087 f.
[505] Art. 298 Abs. 1 ZGB; BGer, 24.11.1988, Pra 78 (1989) Nr. 135, S. 454.
[506] Art. 298 Abs. 2, 311 f. ZGB.

sehr zurückhaltend anzuwenden[507].

Die gemeinsame Elternverantwortung ist im schweizerischen Recht - im Gegensatz zum englischen und französischen Recht - nicht vorgesehen[508].

Eine Mitwirkung des Vaters an der Ausübung der elterlichen Gewalt ist lediglich im Rahmen einer faktischen Teilnahme[509] möglich und stellt keinerlei rechtliche Absicherung dar.

In der Literatur wird vorgeschlagen, die auf Stief- oder Pflegeeltern zugeschnittene Regelung in Art. 299 f. ZGB analog anzuwenden[510]. Danach soll der Vater - solange er mit Mutter und Kind zusammenlebt - berechtigt sein, die Mutter in Ausübung der elterlichen Gewalt zu vertreten. Die Anwendung dieser Bestimmung auf unverheiratete Eltern vermag nicht zu überzeugen, denn nach dem Wortlaut der Bestimmung wäre der (Stief-) Vater nicht nur berechtigt, sondern sogar verpflichtet, der Mutter bei Ausübung der elterlichen Gewalt in angemessener Weise beizustehen und sie zu vertreten, wenn die Umstände dies erfordern. Die Pflicht der Unterstützung bei der Ausübung der elterlichen Gewalt ist eine Folge der ehelichen Beistandspflicht aus Art. 159 Abs. 2 ZGB[511], die unabhängig von einem Kindesverhältnis zwischen den Eheleuten entsteht. Die elterliche Gewalt muss jedoch mit einem Kindesverhältnis verbunden sein. Eher befremdlich wirkt die Idee, den biologischen Vater künstlich zum Stiefvater zu machen, um ihn diesem gleichstellen zu können. Zudem ist in Art. 299 ZGB die Voraussetzung des Zusammenlebens der Eltern nicht genannt. Anstelle der nicht vorhandenen Ehe würde kurzerhand das Zusammenleben der nichtehelichen Eltern als Voraussetzung eingesetzt. Für die Ausübung der elterlichen Gewalt durch den Pflegevater setzt das Gesetz voraus, dass das Kind sich tatsächlich in seiner Obhut aufhält. Auch diese Lösung wäre

---

[507] Vgl. Hegnauer, Zur elterlichen Gewalt der ledigen Mutter, ZVW 1990, 99 ff.; ders., Grundriss des Kindesrechts (4. Aufl. 1994), N 25.24.

[508] Vgl. Henkel, Die elterliche Gewalt, in: Das neue Kindesrecht (1978), S. 89, 92 f.

[509] Vgl. Stettler, SPR III/2 (1992), S. 247; ein Obhutsvertrag muss der Vormundschaftsbehörde nicht zur Genehmigung vorgelegt werden, solange Kindeswohl nicht gefährdet ist, plädoyer 4/1985, S. 28 f. und plädoyer 6/1983, S. 23 f.

[510] Vgl. Schneider, Situation juridique des enfants de concubins, ZVW 1981, 121, 126.

[511] Vgl. Zürch.Komm./Bräm/Hasenböhler, Art. 159 N 157 ZGB (1993); Hegnauer, Grundriss des Kindesrechts (4. Aufl. 1994), N 25.09.

somit nur auf einen Teil der Fälle anwendbar.

b. Vorentwurf für die Revision des ZGB

Der Vorentwurf sieht im neuen Art. 298a für denjenigen Elternteil, der selbst nicht Inhaber ist der elterlichen Gewalt, eine Teilnahme an der Elternverantwortung des andern Elternteils unter ganz bestimmten Voraussetzungen vor. Die Anwendung dieser Bestimmung ist nach ihrem Wortlaut und den Ausführungen der Expertenkommission jedoch nicht auf zusammenlebende Paare und ihre Kinder beschränkt[512].

c. Eigener Vorschlag de lege ferenda

Die gemeinsame Ausübung der Elternverantwortung über nichteheliche Kinder wird im nächsten Kapitel gesamthaft behandelt werden[513], da das Zusammenleben der Eltern keine Voraussetzung für die Erlangung der gemeinsamen Elternverantwortung darstellen soll.

---

512 Vgl. Bericht zum VE (1992), S. 99. Da das Zusammenleben keine Voraussetzung darstellt, wird die im Vorentwurf vorgesehene Regelung im nächsten Kapitel näher vorgestellt, siehe unten 6.Kap.III.6.

513 Siehe unten 6.Kap.III.7.

6. Kapitel. Gemeinsame elterliche Gewalt ohne Zusammenleben der Eltern

Bei der Untersuchung der rechtlichen Ausgestaltung der gemeinsamen Elternverantwortung, ohne dass die Eltern zusammenleben, sind drei Ausgangspunkte zu unterscheiden.

Zunächst sind verheiratete Paare, die getrennt leben, ohne dass eine Trennungs- oder Scheidungsklage erhoben worden ist, zu beachten. Diese Konstellation kann als faktische Trennung bezeichnet werden. Einen vieldiskutierten Fall stellt die gemeinsame elterliche Gewalt nach Scheidung der Eltern dar. Ebenfalls von praktischer Bedeutung ist die gemeinsame Elternverantwortung nach Aufhebung der nichtehelichen Lebensgemeinschaft der Eltern, oder ohne dass eine Lebensgemeinschaft je bestanden hat.

I. Faktische Trennung

Leben verheiratete Eltern getrennt, ohne dass sie gerichtlich getrennt oder geschieden worden sind, so liegt eine faktische Trennung vor. Dabei sind zwei Möglichkeiten auseinanderzuhalten.

1. Unter Anordnung von Eheschutzmassnahmen

Das Gesetz sieht als Alternative zu Scheidung oder Trennung eine Reihe von Eheschutzmassnahmen[514] vor, die dem Zweck dienen, die Ehe in einer Notsituation zu schützen. Die Einrichtung der Eheschutzmassnahmen lehnt sich in ihrem Ursprung an die kirchliche und behördliche Aufsicht über die Ehe an[515]. Bis heute hat sie jedoch viel an Bedeutung verloren[516].

Wurde der Eheschutzrichter zur Regelung des Getrenntlebens angerufen, und sind Eheschutzmassnahmen angeordnet worden, so hat der Richter von

---

[514] Vgl. Art. 171 ff. ZGB.
[515] Vgl. Leuenberger, Der Schutz der ehelichen Gemeinschaft nach Art. 169 ff. ZGB (1944), S. 4 ff.
[516] Vgl. Statistische Angaben zum Kanton Zürich bei Hegnauer/Breitschmid, Grundriss des Eherechts (3. Aufl. 1993), N 21.11.

Amtes wegen auch Massnahmen nach den Bestimmungen über die Wirkungen des Kindesverhältnisses zu treffen[517]. Der Richter muss die Kinder unter die Obhut eines der Elternteile stellen[518]. Nicht zwingend ist damit jedoch die Zuteilung der elterlichen Gewalt an den obhutsberechtigten Elternteil allein verbunden[519].

Auf die Alleinzuteilung der elterlichen Gewalt sollte, wenn möglich, sogar verzichtet werden. Denn Eheschutzmassnahmen sollen helfen, das Auseinanderfallen der Familie zu vermeiden und haben zum Ziel, die Familie wieder zusammenzuführen. Um die Kontinuität der Beziehungen des Kindes zu beiden Eltern nicht zu beeinträchtigen, sind möglichst beide Elternteile in der Verantwortung zu behalten[520].

Eheschutzmassnahmen sind von vorübergehender Natur und fallen dahin, wenn die Ehepartner das Zusammenleben wieder aufgenommen haben[521]. Erfüllen sie ihren Zweck nicht, so dass die Ehe schliesslich doch zerbricht, werden im Rahmen des Trennungs- oder Scheidungsprozesses erneut Anordnungen durch den Richter getroffen.

2. Trennung ohne staatliche Mitwirkung

Von grösserer praktischer Bedeutung dürfte die faktische Trennung von Eheleuten ohne Beteiligung des Staates sein, obwohl sie in der Literatur kaum beachtet wird[522].

Da sich die Eltern ohne jede staatliche Beteiligung trennen, hat der Richter keine Gelegenheit, den obhutsberechtigten Elternteil gerichtlich festzulegen. Die Eltern einigen sich über den Aufenthaltsort ihrer Kinder untereinander. Soweit den vormundschaftlichen Behörden keine Anhaltspunkte vorliegen,

---

517 Vgl. Art. 176 Abs. 3 ZGB.
518 Vgl. Deschenaux/Tercier, Le mariage et le divorce (3. Aufl. 1985), N 884; Hegnauer/Breitschmid, Grundriss des Eherechts (3. Aufl. 1993), N 21.28 f.
519 Vgl. Art. 297 Abs. 2 ZGB.
520 Vgl. Hegnauer, Grundriss des Kindesrechts (3. Aufl. 1994), N 25.20; Stettler, SPR III/2 (1992), S. 242; Jorio, Der Inhaber der elterlichen Gewalt nach dem neuen Kindesrecht (1977), S. 268.
521 Vgl. Art. 179 ZGB.
522 Vgl. aber Stettler, SPR III/2 (1992), S. 241.

welche die Anordnung von Kindesschutzmassnahmen notwendig machen würden[523], verfügen die Eltern über ihre Elternrechte ohne staatliche Intervention und können ihre Elternverantwortung weiterhin gemeinsam ausüben. Daraus folgt, dass das Zusammenleben der Eltern nach schweizerischem Recht keinen massgebenden Anknüpfungspunkt darstellt.

II. Gemeinsame elterliche Gewalt nach Scheidung der Eltern

1. Rechtliche Situation in Deutschland

a. Gesetzliche Regelung

Die Beibehaltung der gemeinsamen elterlichen Verantwortung nach Scheidung der Ehe ist zwar in den meisten europäischen Ländern möglich, allerdings ist sie nicht überall gesetzlich vorgesehen. So sieht beispielsweise das deutsche BGB die Ausübung der gemeinsamen elterlichen Sorge nach Scheidung bisher nicht vor.

In der alten Fassung des Gleichberechtigungsgesetzes[524] lautete § 1671 Abs. 4 BGB:

> "Die elterliche Gewalt soll in der Regel einem Elternteil allein übertragen werden. Erfordert es das Wohl des Kindes, so kann einem Elternteil die Sorge für die Person, dem anderen die Sorge für das Vermögen des Kindes übertragen werden."

Diese Regel hatte zum Ziel, die Aufspaltung in Personen- und Vermögenssorge - wie sie früher häufig praktiziert wurde - zur Ausnahme zu machen[525]. Doch schon früh wurde das Bedürfnis nach gemeinschaftlicher elterlicher Sorge spürbar, und verschiedene Gerichte[526] haben die Regelung so interpretiert, dass in Ausnahmefällen die elterliche Sorge auch beiden

---

[523] Vgl. 307 ff. ZGB.

[524] Gesetz über die Gleichberechtigung von Mann und Frau auf dem Gebiete des bürgerlichen Rechts vom 18.6.1957, BGBl. I 609.

[525] Vgl. Henrich, Familienrecht (4. Aufl. 1991), S. 236; vgl. oben 1.Kap.II.4.b.aa.

[526] Vgl. OLG Düsseldorf, 9.1.1978, FamRZ 1978, 266; KG, 31.1.1979, FamRZ 1979, 340.

Gemeinsame elterliche Gewalt ohne Zusammenleben

Elternteilen gemeinsam belassen werden könnte.

Diese Auslegung wurde durch den Gesetzgeber mit der Schaffung des Sorgerechtsgesetzes[527], das am 1.1.1980 in Kraft getreten ist, zunächst ausgeschlossen. In § 1671 Abs. 4 S. 1 wurde zwingend die Alleinzuteilung der elterlichen Sorge an einen Elternteil bei Scheidung vorgeschrieben.

Doch schon zwei Jahre danach wurde die neugeschaffene Bestimmung durch das Bundesverfassungsgericht als verfassungswidrig erklärt, und die gemeinsame elterliche Sorge in der Praxis ermöglicht.

b. Urteil des Bundesverfassungsgerichts vom 3. November 1982

In einer wegweisenden Entscheidung hat das Bundesverfassungsgericht[528] am 3. November 1982 § 1671 Abs. 4 S. 1, der zwingend die Alleinzuteilung der elterlichen Sorge nach der Scheidung der Eltern verlangt, für verfassungswidrig erklärt.

Da die gesetzliche Lücke, die durch diese Entscheidung entstanden ist, noch nicht geschlossen wurde, stellen die durch das Verfassungsgericht erarbeiteten Kriterien die Anhaltspunkte für rechtsanwendende Behörden dar. Das Urteil zieht die Grenze der Verfassungsmässigkeit und stellt fest, unter welchen Voraussetzungen den scheidenden Eltern das gemeinsame Sorgerecht aus verfassungsrechtlichen Gründen belassen werden muss[529].

aa. Kriterien für die Belassung der gemeinsamen elterlichen Sorge

In der Urteilsbegründung fasst das Bundesverfassungsgericht die erarbeiteten Kriterien zusammen:

"(...) in den Fällen jedoch, in denen beide Eltern gewillt sind, die gemeinsame Verantwortung für ihr Kind nach der Ehescheidung weiter zu tragen, bedarf es keiner Schlichtung widerstreitender Interessen der Eltern durch den Staat. Sind beide Elternteile darüber hinaus voll erziehungsfähig und liegen im übrigen keine Gründe

---

[527] Gesetz zur Neuregelung des Rechts der elterlichen Sorge vom 18.7.1979, BGBl. I 1061.
[528] BVerfG, 3.11.1982, BVerfGE 61, 358 = NJW 1983, 101 = JZ 1983, 298 m. Anm. Giesen = FamRZ 1982, 1179.
[529] Vgl. Hansen, Das Recht der elterlichen Sorge nach Trennung und Scheidung (1993), S. 74.

vor, die im Interesse des Kindeswohls die Übertragung des Sorgerechts auf einen Elternteil angezeigt erscheinen lassen, ist der Staat auch nicht in Ausübung seines Wächteramtes berufen, einen Elternteil von der Pflege und Erziehung des Kindes auszuschalten und ihn auf ein Umgangsrecht zu beschränken."[530]

Die gemeinsame elterliche Sorge muss demnach beiden Elternteilen überlassen werden, wenn ein gemeisamer Antrag vorliegt, beide Eltern erziehungsfähig sind, und nicht aus Gründen des Kindeswohls das Sorgerecht auf einen Elternteil allein zu übertragen ist.

Das Bundesverfassungsgericht verlangt jedoch nicht, dass die gemeinsame Elternverantwortung dem Kindeswohl besser dienen muss als die Alleinzuteilung der elterlichen Sorge. Von einigen Autoren wurde ein viertes Kriterium in die Entscheidung hineininterpretiert, welches in diese Richtung zielen würde. Danach müsse der Richter zur Überzeugung gelangen, dass die Eltern die Pflege und Erziehung ihres Kindes weiterhin gemeischaftlich zum Wohle ihres Kindes wahrnehmen könnten[531]. Diese Interpretation ist jedoch abzulehnen, da schon nach den drei genannten Voraussetzungen der Richter überzeugt sein muss, dass die Eltern nicht aus sachfremder Motivation die gemeinsame elterliche Sorge beantragen[532].

bb. Bindung an Elternvorschlag

In der Literatur ist umstritten, ob das Gericht an einen übereinstimmenden Elternantrag gebunden ist. § 1671 Abs. 3 S. 1 BGB sieht vor, dass das Gericht von einem übereinstimmenden Elternvorschlag nur dann abweichen soll, wenn dies zum Wohle des Kindes erforderlich ist.

---

[530] BVerfGE 61, 358, 374.

[531] Vgl. Schmidt-Räntsch, Gemeinsame Sorge geschiedener Eltern - keine gesetzgeberischen Massnahmen, FamRZ 1983, 17; Knöpfel, Zum gemeinsamen Sorgerecht der Eltern nach Scheidung, NJW 1984, 905, 907; Kropholler, Übereinstimmender Elternvorschlag und Sorgerecht, NJW 1984, 271, 274; noch Palandt/Diederichsen, § 1671 N 7 (52. Aufl. 1993); nicht mehr explizit Palandt/Diederichsen, § 1671 N 6 (53. Aufl. 1994).

[532] Vgl. Münch.Komm./Hinz, § 1671 N 72 BGB (3. Aufl. 1992); Oelkers/Kasten, Zehn Jahre gemeinsame elterliche Sorge nach der Scheidung, FamRZ 1993, 18, 19; Limbach, Gemeinsame Sorge geschiedener Eltern in der Rechtspraxis (1989), S. 58.

Ein Teil der Literatur[533] schliesst die Bindungswirkung aus mit dem Hinweis, dass der historische Gesetzgeber dabei den Vorschlag für die Alleinsorge eines Elternteils angesprochen habe, und dass damit nicht der Antrag auf gemeinsame elterliche Sorge gemeint gewesen sei. Ausserdem fehle die ausreichende Grundlage bei einem Gebilde von so hoher Labilität und Störanfälligkeit. Es würde aber zu weit gehen, für Eltern, die die gemeinsame elterliche Sorge vorschlagen, eine Missbrauchsvermutung[534] aufzustellen. Sie würden bezüglich der Ernsthaftigkeit ihres Vorschlags gegenüber denjenigen Eltern, die einverständlich die Alleinsorge an einen Elternteil vorschlagen, schlechter gestellt.

Die überwiegende Meinung[535] sieht die Bindungswirkung in Übereinstimmung mit den durch das Bundesverfassungsgericht geforderten Voraussetzungen. Soweit keine Gründe ersichtlich sind, die gegen das Kindeswohl sprechen, und sofern auch die beiden weiteren Voraussetzungen erfüllt sind, ist auch bei einem Elternvorschlag auf gemeinsame elterliche Sorge von dessen bindender Wirkung auszugehen.

cc. Gegen den Willen eines Elternteils

In der Rechtsprechung wird die gemeinsame elterliche Sorge nach Scheidung grundsätzlich nur bei übereinstimmenden Antrag beider Eltern zugesprochen. Dieser Grundsatz wird durch eine am Familiengericht Hamburg durchgeführte Untersuchung im Ergebnis bestätigt[536].

---

[533] Vgl. Knöpfel, Zum gemeinsamen Sorgerecht der Eltern nach Scheidung, NJW 1984, 905, 908; Schmidt-Räntsch, Gemeinsame Sorge geschiedener Eltern - keine gesetzgeberischen Massnahmen, FamRZ 1983, 17, 19; Palandt/Diederichsen, § 1671 N 5, 21 (53. Aufl. 1994); Beitzke/Lüderitz, Familienrecht (26. Aufl. 1992), S. 326.

[534] Vgl. Michalski, Gemeinsames Sorgerecht geschiedener Eltern, FamRZ 1992, 128, 135.

[535] Vgl. Münch.Komm./Hinz, § 1671 N 73 BGB (3. Aufl. 1992); Schwab, Familienrecht (7. Aufl. 1993), N 520 f.; Michalski, Gemeinsames Sorgerecht geschiedener Eltern, FamRZ 1992, 128, 136; Luthin, Gemeinsames Sorgerecht nach der Scheidung (1987), S. 67 ff.; OLG Hamm, 24.2.1988, FamRZ 1988, 753; BGH, 14.10.1992, FamRZ 1993, 314, 315.

[536] Vgl. Oelkers/Kasten/Oelkers, Das gemeinsame Sorgerecht nach Scheidung in der Praxis des Amtsgerichts Hamburg - Familiengericht, FamRZ 1994, 1080 ff.

Eine Ausnahme stellt eine Entscheidung des Amtsgerichts Gross-Gerau[537] vom 25.11.1992 dar, wonach gemeinsame elterliche Sorge auch gegen den Willen eines Elternteils gerechtfertigt sein könne. Das Gericht hält die gemeinsame elterliche Sorge als Regelfall hoch und will auf das Merkmal des gemeinsamen Elternvorschlags verzichten. Übereinstimmender oder widerstreitender Elternwille hätten nur insofern Bedeutung, als sie bei der Prüfung des Kindeswohls mitabzuwägen seien.

Das Oberlandesgericht Frankfurt[538] hat einige Monate später die Beschwerde der Mutter gegen diese Entscheidung gutgeheissen. Das Sorgerecht wurde der Mutter in zweiter Instanz allein zugeteilt mit der Begründung, dass auf die durch das Bundesverfassungsgericht erarbeiteten Kriterien nicht verzichtet werden könne, wobei das Gericht nicht unterschieden hat zwischen der Belassung der gemeinsamen elterlichen Sorge nach Scheidung und der nachträglichen Abänderung der gemeinsamen Sorge.

Auf die subjektive Kooperationsbereitschaft der Eltern könne nicht verzichtet werden. Und diese Bereitschaft äussere sich regelmässig in deren übereinstimmendem Vorschlag. Werde der Wille zur Kooperation eines Elternteils nachträglich schwer gestört, so entfalle eine für die Ausübung der gemeinsamen Elternverantwortung unabdingbare Voraussetzung, und die elterliche Sorge ist nach Rechtsprechung des Bundesgerichtshofs[539] einem Elternteil allein zuzuteilen. Nach § 1696 Abs. 1 BGB müsse eine neue Regelung gefunden werden, da anders die Gefahr, dass das betroffene Kind Schaden erleidet, nicht behoben werden könne[540].

2. Gesetzliche Ausgestaltung in Frankreich

a. Elterliche Gewalt und droit de surveillance

Vor der Änderung des Code civil durch die sogenannte loi Malhuret vom

---

[537] AmtsG Gross-Gerau, 25.11.1992, FamRZ 1993, 462; vgl. dazu Schwenzer, Gemeinsame elterliche Sorge nach Scheidung - Der Weg zu einem europäischen Familienrecht ist noch weit - , ZEuP, erscheint demnächst.
[538] OLG Frankfurt, 6.7.1993, FamRZ 1993, 1352.
[539] BGH, 14.10.1992, FamRZ 1993, 314.
[540] BGH, 14.10.1992, FamRZ 1993, 314, 315.

22. Juli 1987[541] war die gemeinsame elterliche Gewalt gesetzlich nicht vorgesehen. Der Wortlaut des alten Art. 287 Cc[542] sprach sich klar für eine Alleinzuteilung der garde bei Scheidung aus. In die schweizerische Terminologie übersetzt, ist die Zuteilung der garde des alten französischen Rechts mit der Zuteilung der elterlichen Gewalt durch Zuspruch des Obhutsrechts an einen Elternteil gleichzusetzen.

Doch während nach Schweizer Recht der andere Elternteil vollständig von der Ausübung der elterlichen Gewalt ausgeschlossen ist, war die französische Ausgangslage schon vor der Revision eine andere. Der obhutsberechtigte Elternteil hatte zwar das Recht, das Kind bei sich zu haben, und er konnte die elterliche Gewalt selbständig ausüben. Doch dem anderen Elternteil blieb mehr als nur ein Besuchsrecht. Der nicht obhutsberechtigte Elternteil blieb in eingeschränktem Mass miteinbezogen in den Entscheidungsprozess. Neben dem Recht der Zustimmung zur Heirat und zur Adoption des minderjährigen Kindes behielt er vor allem das Recht der surveillance. Er konnte die Erziehung der Kinder überwachen. Das heisst, dass er alle wichtigen Entscheidungen, die das Kind betreffen, mittragen konnte[543].

Es ist aber zu beachten, dass dieses Recht der surveillance nicht sehr effektiv war. Erst durch die loi Malhuret von 1987 wurde beispielsweise das Recht eingeführt, bei wichtigen Entscheidungen, die das Kind betreffen, informiert werden zu müssen[544].

Zusammenfassend bleibt festzuhalten, dass das französische Recht schon lange eine - wenngleich stark abgeschwächte - Form der gemeinsamen elterlichen Gewalt nach Scheidung kannte[545].

---

[541] Gesetz n. 87-570 vom 22. Juli 1987, benannt nach Staatssekretär Malhuret.

[542] "selon l'interêt des enfants, leur garde est confiée à l'un ou à l'autre des époux."

[543] Vgl. Carbonnier, Droit civil II, La famille, les incapacités (11. Aufl. 1979), N 74: "L'époux non gardien n'a perdu que l'exercice des droits, non les droits euxmêmes."; Hervorgehoben durch Jayme, Die Entwicklung des europäischen Familienrechts, FamRZ 1981, 221, 224; ebenso Kropholler, Gemeinsame elterliche Sorge nach der Ehescheidung im deutschen und ausländischen Recht, JR 1984, 89, 93.

[544] Vgl. Malaurie/Aynès, Droit civil, La famille (3. Aufl. 1992-1993), N 775.

[545] Genauso wie sie auch anderen Rechtsordnungen des romanischen Rechtskreises bekannt ist. Sehr ähnlich ist die Regelung in Italien, wo getrennt wird zwischen Inhaberschaft und Ausübung der elterlichen Gewalt. Auch nach der Scheidung sind

b. Rechtliche Situation vor 1987

Zu Beginn der 80'er Jahre drehte sich die Diskussion vorwiegend um die Zulassung unterschiedlicher Formen der gemeinsamen elterlichen Gewalt. Umstritten war, ob die sogenannte garde conjointe und die garde alternée mit der damaligen Formulierung des Art. 287 Cc vereinbar seien.

Es ging dabei zunächst um die Frage der Obhut des Kindes. Verknüpft mit der Frage der Obhut war streitig, ob jeweils nur der zur Zeit betreuende Elternteil entscheidungsberechtigt sei, oder ob beide Elternteile unabhängig vom Aufenthaltsort des Kindes entscheidungsbefugt seien[546].

Die Fragestellung setzte an einem speziellen Punkt der Zulässigkeit gemeinsamer Elternverantwortung an. Es ging nicht um die die generelle Vorfrage der gemeinsamen elterlichen Gewalt im Gegensatz zur ausschliesslichen Zuteilung aller Erziehungsrechte an den obhutsberechtigten Elternteil unter gänzlichem Ausschluss des nicht Obhutsberechtigten, wie dies in der Schweiz heute noch der Fall ist.

Zum ersten Mal wurde die garde conjointe im Jahre 1981 ausgesprochen[547]. Das erstinstanzliche Gericht erachtete sie als günstig für Scheidungswillige einer gebildeteren Gesellschaftsschicht, die imstande seien, den Interessen des Kindes und der Entwicklung seiner Persönlichkeit entsprechend zu handeln. Dabei müsse die garde conjointe durch den Richter so organisiert werden, dass das Kind nicht zwischen zwei Wohnorten hin- und hergezerrt werde[548].

Gegen diese Rechtsprechung machte sich schnell Widerstand bemerkbar. Appellationsgerichte urteilten, dass selbst wenn die alternierende Zuteilung des Kindes zwischen seinen beiden Eltern in einem Zeitplan ganz genau

---

beide Elternteile nominell Inhaber der elterlichen Gewalt, doch die Ausübung der Elternrechte liegt allein beim obhutsberechtigten Elternteil. Nur bei besonders wichtigen Entscheidungen hat der andere Elternteil ein Mitentscheidungsrecht. Art. 317 und 155 Codice civile; vgl. Bonilini, Nozioni di diritto di famiglia (2. Aufl. 1992), S. 171.

[546] Vgl. oben 2.Kap.I.2.c., divided custody.
[547] Zur ganzen Entwicklung der Rechtsprechung Breton, in: Enc.Dalloz (2. Aufl. 1992), Rép. civ., IV, Divorce (Conséquences), N 635 ff.
[548] TGI Versailles, 28.4.1981, Gaz.Pal. 1982.1.244.

festgehalten werde, das Gesetz einer solchen Auslegung des (alten) Art. 287 Cc nicht zugänglich sei. Generell hielten sie fest, dass diese Vereinbarung dem Wohl des Kindes abträglich sei[549].

Die Rechtsprechung tat sich schwer damit, besondere Kriterien als Voraussetzung für die garde conjointe zu entwickeln[550]. Es erging eine erste Entscheidung der Cour de cassation[551], die im konkreten Fall die gemeinsame elterliche Gewalt ablehnte, ohne sich aber grundsätzlich dazu zu äussern. Die zweite Entscheidung der Cour de cassation[552] brachte schliesslich Klarheit zu der Frage der Zulässigkeit und der Unterscheidung der beiden Formen der gemeinsamen elterlichen Gewalt. Das Gericht unterschied zwischen der garde conjointe, die es unter bestimmten Voraussetzungen zuliess, und der garde alternée, die ausgeschlossen wurde. Es bemühte sich um eine klare Differenzierung, die bisher nicht getroffen wurde.

"Dans la *garde alternée*, chaque parent est successivement dépositaire de l'autorité parentale dans son intégralité, l'autre n'ayant à ce moment qu'un droit de surveillance et de visite[553]."

"La *garde conjointe* est confiée aux deux parents collectivement. Tous deux sont titulaires ensemble de l'autorité parentale, comme pendant le mariage, même si en fait l'enfant vit tantôt chez l'un, tantôt chez l'autre[553]."

c. Loi Malhuret vom 22. Juli 1987

Mit dem Inkrafttreten der loi Malhuret[554] wurde der alte Begriff der garde fallengelassen. Sie ging auf in der Bezeichnung exercice de l'autorité parentale und ist von dieser nicht mehr zu trennen. Wird der Begriff der garde[555]

---

[549] Reims, 19.11.1981, Gaz.Pal.1982.1.172; Grenoble, 8.3.1982, Gaz.Pal. 1983.1.29; La Marnierre, Exercice en commun de l'autorité parentale sur les enfants dont les parents sont divorcés ou célibataires, Gaz.Pal.1987.2.638, 639.

[550] Paris, 27.10.1982, D.1983.I.R.449, m. Anm. Bénabent = Rev.trim.dr.civ. 1984, 92, m. Anm. Nerson und Rubellin-Devichi; Paris, 6.11.1984, D.1985.I.R.54.

[551] Cass. civ. 2e, 21.3.1983, D.1984.Jur.53, m. Anm. Moussa = J.C.P.1984.II.20163, m. Anm. Dekeuwer.

[552] Cass. civ. 2e, 2.5.1984; D.1985.I.R.171, m. Anm. Bénabent = J.C.P.1985.II.20412, m. Anm. Dekeuwer.

[553] J.C.P.1985.II.20412, m. Anm. Dekeuwer.

[554] Gesetz n. 87-570 vom 22. Juli 1987.

[555] Vgl. Malaurie/Aynès, Droit civil, La famille (3. Aufl. 1992-1993), N 784 f.

heute verwendet, so ist damit allein die (faktische) Obhut über das Kind gemeint.

Das Recht der surveillance desjenigen Elternteils, der nicht Inhaber der elterlichen Gewalt ist, wurde etwas ausgebaut. Bei wichtigen Entscheidungen, die das Kind betreffen, hat er seit 1987 ein Recht auf Information[556].

Gleichzeitig wurde gesetzlich die Möglichkeit der gemeinsamen elterlichen Gewalt, als Fortführung des elterlichen Entscheidungsrechts wie es während der Ehe besteht, eingeführt[557].

Eine Einschränkung allerdings machte der Gesetzgeber von 1987, indem der Richter bei gemeinsam ausgeübter Elternverantwortung den obhutsberechtigten Elternteil nennen musste[558]. Wie der Wortlaut des zweiten Satzes der Bestimmung zu verstehen war, war in der Literatur umstritten. Der Ursprung des Streits dürfte darin liegen, dass im Vorfeld der loi Malhuret in der Rechtsprechung die gemeinsame elterliche Gewalt immer in Zusammenhang mit der Frage des Wohnortes des Kindes diskutiert worden ist.

Ein Teil der Lehre verstand die Formulierung, dass der Richter den gewöhnlichen Aufenthaltsort des Kindes nennen musste, als klare Absage an die garde alternée. Der Situation in der vereinten Familie entsprechend, müsse auch das Kind geschiedener Eltern ein festes Elternhaus haben[559]. Aus der Geschichte der Entstehung des Gesetzes würde deutlich, dass der Zweck dieser Formulierung ausdrücklich darin liege, eine Vereinbarung der

---

[556] Art. 288 Abs. 1 S. 1 Cc: "Le parent qui n'a pas l'exercice de l'autorité parentale conserve de doit de surveiller l'entretien et l'éducation des enfants et doit être informé, en conséquence, des choix importants relatifs à la vie de ces derniers."; Vgl. Bastien-Rabner, Le charme discret de la loi Malhuret, Droit de l'enfance et de la famille 1992/1, S. 221, 224.

[557] Art. 287 S. 1 Cc i.d.F. von 1987: "Selon l'intérêt des enfants mineurs, l'autorité parentale est exercée soit en commun par les deux parents après que le juge ait recueilli leur avis, soit par l'un d'eux."

[558] Art. 287 S. 2 Cc i.d.F. von 1987: "En cas d'exercice en commun de l'autorité parentale, le juge indique le parent chez lequel les enfants ont leur résidence habituelle."

[559] Vgl. Bastien-Rabner, Le charme discret de la loi Malhuret, Droit de l'enfance et de la famille 1992/1, S. 221, 224.

Eltern über alternierende Obhut auszuschliessen[560].

Der andere Teil der Lehre vertrat nicht die Auffassung, dass damit den Eltern verboten werde, die gemeinsame elterliche Gewalt im Pendelmodell auszuüben. Die Formulierung lasse ohne weiteres offen, dass - als eine Form der Ausübung der gemeinsamen elterlichen Gewalt - das Kind zwischen den Wohnorten der Eltern pendle. Dabei sei ein Wohnort als gewöhnlicher Wohnsitz zu bezeichnen, während der andere ein untergeordneter Wohnort sei[561]. Die Angabe eines Wohnortes diene lediglich formellen Zwecken. Sie sei notwendig, damit die Administration über eine sichere Postadresse verfüge[562], und zur Klärung von Gerichtsstandsfragen[563].

Durch die Neufassung des Art. 287 Cc wurde den Verfechtern des Verbots des Pendelmodells der Wind etwas aus den Segeln genommen. Denn nach dem Wortlaut des Gesetzes benennt der Richter nur noch bei Uneinigkeit der Eltern den gewöhnlichen Wohnort des Kindes.

d. Reform vom 8. Januar 1993

Die Regelung der loi Malhuret für die gemeinsame elterliche Gewalt war nicht von langer Dauer. Schon nach gut fünf Jahren wurde sie durch das Gesetz n. 93-22 vom 8. Januar 1993[564] teilweise revidiert.

aa. Gemeinsame elterliche Gewalt als Regelfall

Im Mittelpunkt der Bestrebungen steht das Ziel, das Recht des Kindes auf Erziehung und Fürsorge durch beide Eltern soweit wie möglich durchzusetzen. Der neugefasste Art. 287 Cc[565] nennt ausdrücklich den Grundsatz

---

[560] Vgl. Fulchiron, Autorité parentale, Droit de l'enfance et de la famille 1992/2, S. 16, 19; La Marnierre, Exercice en commun de l'autorité parentale sur les enfants dont les parents sont divorcés ou célibataires, Gaz.Pal.1987.2.638, 639.

[561] Vgl. Carbonnier, Juris-Classeur Civil, Art. 371 - 387 (1988), N 145.

[562] Vgl. Rubellin-Devichi, Droit de l'enfance et de la famille 1987 - 1988, S. 100.

[563] Vgl. Allaix, Droit de l'enfance et de la famille 1987-1988, S. 101.

[564] Vgl. Rubellin-Devichi, Une importante réforme en droit de la famille: La loi n. 93-22 du 8 janvier 1993, J.C.P.1993.I.3659; Steindorff, Familienrechtsreform in Frankreich - Das Gesetz vom 8. Januar 1993, FuR 1993, 319 ff.

[565] Art. 287 Abs. 1 S. 1: "L'autorité parentale est exercée en commun par les deux parents."

der gemeinsamen elterlichen Gewalt der Eltern nach Scheidung als Regelfall und lässt die Alleinzuteilung zur Ausnahme werden[566].

Indem die gemeinsame elterliche Gewalt nach Scheidung nun auch im Gesetz den Regelfall darstellt, steht die gesetzliche Regelung in Übereinstimmung mit der gesellschaftlichen Wirklichkeit in Frankreich. Eine an Gerichten in der Region von Calais durchgeführte Untersuchung hat, schon zwei Jahre nach der gesetzlichen Einführung der Möglichkeit der gemeinsamen elterlichen Gewalt nach Scheidung, deren gute Aufnahme in der Praxis gezeigt[567].

In den Jahren 1988-1991 wurde im Auftrag des Justizministeriums die Gerichtspraxis in Lyon, Nanterre und Toulouse untersucht, um zu sehen, ob die loi Malhuret sich in der Praxis bewährt. Dabei hat sich ergeben, dass die gemeinsame elterliche Gewalt zur Regel und die Alleinzuteilung nach Scheidung zur Ausnahme geworden ist. Von ursprünglich 15,66 % ausgesprochenen Entscheidungen mit gemeinsamer Ausübung elterlicher Gewalt im Jahr 1988 ist der Anteil laufend gestiegen. 1989 waren es 36,93 %, 1990 bereits 49,6 % und schliesslich 61,32 % im Jahr 1991[568].

bb. Gegen den Willen eines Elternteils

Anders als in der deutschen Gerichtspraxis[569], sehen die französischen Richter die gemeinsame elterliche Gewalt nicht nur bei übereinstimmendem Antrag der Eltern als durchführbar an. Unter Umständen könne sie auch bei Uneinigkeit der Eltern, gegen des Willen eines Elternteils die dem Kindeswohl am besten entsprechende Regelung darstellen. Notwendig sei ein gewisses Minimum an Kooperationsbereitschaft. Und dieses Minimum könne auch vorhanden sein wenn sich ein Elternteil zur Zeit der Scheidung noch gegen die gemeinsame Elternverantwortung sträubt[570].

---

566 Vgl. Rubellin-Devichi, Une importante réforme en droit de la famille: la loi n. 93-22 du 8 janvier 1993, J.C.P.1993.I.3659, S. 127; Fulchiron, Une nouvelle réforme de l'autorité parentale, D.1993.Chron.117, 118.

567 Vgl. Vauvillé, Premier regard sur la loi Malhuret, D.1989.Jur.123.

568 Vgl. Fulchiron, Une nouvelle réforme de l'autorité parentale, D.1993.Chron.117, 118.

569 Vgl. BGH, 14.10.1992, FamRZ 1993, 314; vgl. oben 6.Kap.II.1.b.cc.

570 Vgl. Fulchiron, Une nouvelle réforme de l'autorité parentale, D.1993.Chron.117,

Das Recht des Kindes auf rechtliche Beziehungen zu beiden Eltern soll nicht durch Streit zwischen den (ehemaligen) Eheleuten eingeschränkt werden. Erachtet der Richter im Einzelfall die gemeinsame elterliche Gewalt als den Kindesinteressen dienend, so soll er sie trotz der Uneinigkeit der Eltern zusprechen können[571]. Der Vorteil dieser Lösung besteht darin, dass kein Elternteil auf Kosten des andern ausgeschlossen wird. Und die theoretische Erkenntnis, dass durch den Bruch der Ehebande nicht auch die Elternbande zerbrechen müssen, ist Gesetzeswirklichkeit[572].

cc. Prämisse des Kindeswohls

Falls die Eltern keine Einigung erzielen, oder falls der Richter zum Schluss kommt, dass die erzielte Einigung nicht den Kindesinteressen entspricht, setzt der Richter einen Aufenthaltsort des Kindes fest[573]. Eine Alleinzuteilung der elterlichen Gewalt an einen Elternteil wird nur ausgesprochen, wenn das Kindeswohl dies erfordert[574]. Nicht der Willen der Eltern, sondern das Wohl des betroffenen Kindes ist in erster Linie massgebend.

So genügt die Tatsache, dass ein Elternteil den andern und das Kind verlässt, für sich allein nicht mehr für die Zuteilung der elterlichen Gewalt an den verlassenen Elternteil. Obwohl ein Vater den Familienhaushalt verlassen hatte und sich während drei Jahren nicht um das Kind kümmerte, hielt die Cour d'appel Paris in einer Entscheidung vom 1. März 1993[575] am Grundsatz der gemeinsamen Elternverantwortung fest. Auch die Verletzung der finanziellen Unterhaltspflicht gegenüber dem Kind durch einen Elternteil bedeutet nicht zwingend den Verlust der gemeinsamen elterlichen Ge-

---

118.

[571] Vgl. Bastien-Rabner, Le charme discret de la loi Malhuret, Droit de l'enfance et de la famille 1992/1, 221, 225.

[572] Vgl. Fulchiron, Exercice conjoint de l'autorité parentale après divorce, Droit de l'enfance et de la famille, 1990/3, S. 39, 40 f.; Rubellin-Devichi, Rev.trim.dr.civ. 1990, 443 f.

[573] Art. 287 Abs. 1 S. 2 Cc.

[574] Art. 287 Abs. 2 Cc.

[575] Vgl. Rubellin-Devichi, Droit de la famille, J.C.P.1994.I.3729, S. 21; dies., Le principe de l'interêt de l'enfant dans la loi et la jurisprudence françaises, J.C.P.1994.I.3739, S. 92.

walt[576].

dd. Zulässigkeit der alternierenden Obhut

Der Streit um die Zulassung der alternierenden Obhut hat zwar durch die Reform vom 8. Januar 1993 etwas an Bedeutung verloren. Doch die Frage des ständigen Aufenthaltsortes des Kindes beschäftigt immer noch die Gerichte.

In einer Entscheidung vom 5. Oktober 1993 hat sich die Cour d'appel Lyon[577] gegen die Zulässigkeit der garde alternée nach geltendem Recht ausgesprochen. Gleichzeitig hat sie es aber als mit dem Gesetz vereinbar angesehen, die Besuchsvereinbarungen zwischen den Eltern so auszugestalten, dass das Kind je eine Woche bei der Mutter und eine Woche beim Vater lebt. Im zu entscheidenden Fall beantragte der Vater die alternierende Obhut, und die Mutter wehrte sich dagegen. Es lag keine Einigkeit über die Ausübung der gemeinsamen elterlichen Gewalt im Pendelmodell vor. Das Gericht hat sich in der Urteilsbegründung gegen die Möglichkeit der alternierenden Obhut ausgesprochen, besonders für Fälle, in denen der Richter infolge der Uneinigkeit der Eltern den gewöhnlichen Wohnsitz des Kindes bezeichnen muss[578].

Als Argumente gegen die garde alternée werden immer wieder die mangelnde Stabilität einer Vereinbarung über alternierende Obhut und die Degradierung des Kindes zu einem Spielball im Streit zwischen den Eltern um Gleichberechtigung aufgeführt[579].

ee. Erfahrungen mit alternierender Obhut

Um mehr Erkenntnisse über die Bedürfnisse der Kinder und das Funktionieren der alternierenden Obhut zu gewinnen, wurden in Frankreich im Jahre 1993 zwei Untersuchungen durchgeführt[580]. Eltern und Kinder, die im Pen-

---

[576] Vgl. Versailles, 11.3.1993, J.C.P.1993.IV.1969.
[577] CA Lyon, 5.10.1993, J.C.P.1994.II.22231, m. Anm. Fulchiron = Hauser, Rev.trim.dr.civ.1993, 803, 818.
[578] Vgl. CA Lyon, 5.10.1993, J.C.P.1994.II.22231.
[579] Vgl. oben 6.Kap.II.2.c; J.C.P.1994.II.22231, m. Anm. Fulchiron, S. 116.
[580] Neyrand/Mekboul, Résidence alternée de l'enfant et exercice en commun de l'autorité parentale chez les parents séparés, Caisse Nationale des Allocations

delmodell leben, wurden nach ihren Erfahrungen befragt[581]. Dabei ergab sich, dass sich alle Beteiligten sehr wohl der Schwierigkeiten und der Notwendigkeit des gegenseitigen Entgegenkommens bei dieser Lebensform bewusst sind. Insgesamt würden aber, nach Aussage der Befragten, die Vorteile deutlich überwiegen. Die Väter begrüssten ausdrücklich, dass sie echte Beziehungen zu ihren Kindern aufrechterhalten und mehr als nur Ferienväter sein können. Viele der Mütter betonten die Vorteile der geteilten Verantwortung, indem ihnen dadurch grössere persönliche und berufliche Freiheiten eröffnet werden. Und die Kinder legten Wert darauf, dass sie trotz der Trennung Mutter und Vater behalten können.

Diese positiven Ergebnisse sind allerdings an einige Voraussetzungen gebunden. Die Wohnorte der Eltern sollten beispielsweise nicht allzuweit auseinander liegen, damit dieselbe Schule besucht und der Freundeskreis aufrechterhalten werden können[582]. Es muss grundsätzliche Einigkeit über die wechselnde Residenz bestehen, sie kann keinem Elternteil und auch dem Kind nicht aufgezwungen werden. Die Eltern sollten eine sichere Ausbildung genossen haben, und die finanziellen Mittel dürften nicht allzu knapp sein. In der Regel hatten die befragten Familien diese Lebensform während einer Testphase schon ausprobiert, bevor sie vor den Richter gelangten.

e. Zusammenfassende Würdigung

Der französische Richter ist angehalten, die Fortführung der gemeinsamen elterlichen Gewalt nur dann auszuschliessen, wenn das Interesse des Kindes es erfordert.

Gleichzeitig ist der Richter aufgefordert, sich um eine umfassende Einigung der Eltern über alle Modalitäten der Ausübung der gemeinsamen Elternverantwortung zu bemühen. Dies schliesst auch die Vereinbarung über die Festsetzung des Aufenthaltsorts des Kindes mit ein[583]. Im Gegensatz zum bisher geltenden Recht trifft nicht der Richter diese Entscheidung, sondern er überbindet den Eltern die Aufgabe, sich darüber zu einigen. Die Rolle des

---

Familiales (1993); Prieto, La résidence alternée comme modalité d'exercice de l'autorité parentale lors du divorce, approche médico-légale (1993).
[581] Ergebnisse zitiert bei Fulchiron, J.C.P.1994.II.22231, S. 117.
[582] "continuum social".
[583] Kreisschreiben zum Gesetz n. 93-22 vom 8. Januar 1993 in J.C.P.1993.III.66093.

Richters beschränkt sich auf die Überprüfung der Vereinbarkeit des gewählten Systems mit den Interessen des Kindes - wenn er Anhaltspunkte dafür hat, dass das Kindeswohl gefährdet sein könnte - und auf die Beilegung von Meinungsverschiedenheiten.

Es fällt auf, dass der Gesetzgeber den Willen der Eltern unterstrichen hat, dem der Richter gemäss Art. 290 al. 1 Cc Rechnung tragen muss[584]. Der Richter darf nicht ohne weiteres vom Antrag der Eltern abweichen. Damit wird der vertragliche Aspekt der Scheidung immer mehr herausgestrichen[585]. In Bezug auf die elterliche Gewalt erscheint sie wie eine private Angelegenheit.

Zur Frage der Zulässigkeit der alternierenden Obhut ist festzuhalten, dass es mit dem Sinn des geltenden französischen Rechts nicht vereinbar wäre, sie generell auszuschliessen[586]. Das Gesetz hat zum Ziel, die Interessen des Kindes bestmöglich zu verwirklichen. Würde eine der Möglichkeiten zum vornherein ausgeschlossen, ohne dass das Kindeswohl berücksichtigt worden ist, würde dies dem zugrundegelegten Ziel widersprechen. Andererseits darf die wechselnde Residenz des Kindes nicht therapeutischen Zwecken bezüglich der Eltern dienen[587] oder eine möglichst "gerechte" Verteilung der Elternrechte darstellen. Die gemeinsame elterliche Gewalt im Pendelmodell stellt kein Wundermittel dar. Doch in Fällen, in denen sie den Interessen des Kindes entspricht, soll sie nicht unnötig ausgeschlossen werden.

3. Gesetzliche Ausgestaltung in Grossbritannien

Durch den Children Act 1989 wurde die parental responsability neu geschaffen. Sie stellt, unter Abkehr vom herkömmlichen Verständnis der elterlichen Gewalt, die elterliche Verantwortung in den Vordergrund. Um das Wesen der englischen Regelung zu verdeutlichen, ist ein wesentlicher Grundsatz vor Augen zu halten: Die Verantwortung, die Eltern für ihre Kinder haben, dauert bis zur Volljährigkeit des Kindes an und ist nicht abhängig

---

[584] Art. 290 Abs. 1 Cc: "Le juge tient compte des accords passés entre les époux".
[585] Vgl. Fulchiron, Une nouvelle réforme de l'autorité parentale, D.1993.Chron.117, 120.
[586] Vgl. Fulchiron, J.C.P.1994.II.22231, S. 118.
[587] Vgl. Hauser, Rev.trim.dr.civ.1993, 803, 818.

vom Verhältnis der Eltern untereinander. Doch auf die Elternverantwortung ist an dieser Stelle nicht weiter einzugehen[588], sondern es soll eine in das Prinzip des Vorrangs des Kindeswohls eingebettete Eigenheit des englischen Rechts vorgestellt werden.

a. Prinzip des Vorrangs des Kindeswohls

In Sec. 1 CA 1989 ist das Prinzip des Vorrangs des Kindeswohls, wie es in allen massgeblichen Rechtsordnungen Eingang gefunden hat, verankert[589].

Durch die in Sec. 1 (3) CA 1989 aufgeführte Checkliste ist das Kindeswohl konkretisiert worden[590]. Trifft der Richter eine Anordnung, muss er die Wünsche des Kindes, das Alter[591], das Geschlecht, und den sozialen Hintergrund des Kindes[592] ebenso berücksichtigen wie seine körperlichen und psychischen Bedürfnisse. Naturgemäss ist damit immer auch eine Wertung des Richters verbunden[593].

Eine Besonderheit des englischen Rechts, die eng mit dem Vorrang des Kindeswohls verbunden ist, stellt das Prinzip der Nichtintervention dar.

b. Prinzip der Nichtintervention

Das Prinzip der Nichteinmischung, wie es in Sec. 1 (5) CA 1989 formuliert worden ist, kann als weitere Konkretisierung des Kindeswohls bei Scheidung der Eltern verstanden werden[594].

---

[588] Vgl. unten 6.Kap.III.3.b.

[589] Vgl. Cretney/Masson, Principles of Family Law (5. Aufl. 1992), S. 517 ff.; Bromley/Lowe, Bromley's Family Law (8. Aufl. 1992), S. 336 ff.; Cretney, Elements of Family Law (2. Aufl. 1992), N 13/15 ff.

[590] Vgl. Bainham, The Children Act 1989, Welfare and Non-Interventionism, Fam.Law 20 (1990) 143; Hoggett, The Children Bill: The Aim, Fam.Law 19 (1989) 217.

[591] Es besteht keine Vermutung, dass kleine Kinder bei der Mutter leben sollten: Re S (A Minor) (Custody), [1991] 2 F.L.R. 388.

[592] Eine homosexuelle Beziehung der Mutter ist für sich allein kein Ausschlussgrund für Obhutsrecht: B v. B (Minors) (Custody, Care and Control), [1991] 1 F.L.R. 402 = Fam.Law 22 (1991) 174.

[593] Vgl. Freeman, The Welfare of Children in England and New Zealand, in: Mélanges Grossen (1993), S. 131, 135, der die Tatsache der Wertung kritisch beleuchtet.

[594] Vgl. Bromley/Lowe, Bromley's Family Law (8. Aufl. 1992), S. 345.

aa. Keine Zuteilung der elterlichen Gewalt von Amtes wegen

Wird die Ehe der Eltern geschieden, so muss nicht von Amtes wegen eine Zuteilung der elterlichen Gewalt an einen Elternteil stattfinden. Die Scheidung der Elternehe berührt die Elternveranwortung grundsätzlich nicht[595]. Beide Eltern bleiben Inhaber der Elternverantwortung und der ständige Aufenthaltsort des Kindes wird durch die Eltern frei vereinbart[596].

Hierin unterscheidet sich das englische Recht in einem wichtigen Punkt von der deutschen und der schweizerischen Regelung. Das französische Recht hingegen hat mit der Reform vom 8. Januar 1993 einen Schritt in die Richtung der Nichtintervention gemacht, indem in Art. 287 Cc ausdrücklich das Prinzip der gemeinsamen elterlichen Gewalt auch nach Scheidung statuiert worden ist.

Die Idee hinter dem Prinzip der Nichtintervention liegt in der Betonung der Autonomie der Familie. Solange die Familie sich als Einheit selbst organisieren kann, soll sich der Staat nicht einmischen[597].

bb. Gerichtliche Anordnungen nach Sec. 8 CA 1989

Nur wenn eine Anordnung zur elterlichen Verantwortung durch einen Elternteil oder das Kind[598] beantragt wird, schränkt der Richter unter Berücksichtigung des Prinzips des Vorrangs des Kindeswohls die Ausübung der Elternverantwortung eines Elternteils oder eines andern Inhabers der parental responsability durch gerichtliche Verfügungen nach Sec. 8 CA 1989 ein[599].

Im Vordergrund der gerichtlichen Anordnungen stehen Verfügungen über den

---

[595] Vgl. Cretney/Masson, Principles of Family Law (5. Aufl. 1992), S. 485; Bromley/Lowe, Bromley's Family Law (8. Aufl. 1992), S. 299.

[596] Vgl. Freeman, In the Child's Best Interest?, Reading the Children Act Critically, (1992) Current Legal Studies 173, 207 f.

[597] Vgl. Cretney, Privatising the Family: The Reform of Child Law, Denning L.J. (1989) 15; Bainham, The Privatisation of the Public Interest in Children, M.L.R. 53 (1990) 206; Masson/Morris, The Children Act Manual (1992), S. 17.

[598] Sec. 10 (8) CA 1989.

[599] Vgl. Cretney/Masson, Principles of Family Law (5. Aufl. 1992), S. 485.

Aufenthaltsort des Kindes[600] und über seinen Kontakt zu bestimmten anderen Personen[601]. Sie sind als flexible Anordnungen gedacht, die helfen sollen, Konfliktsituationen besser bewältigen zu können[602]. Die Ausübung der Elternverantwortung wird eingeschränkt, jedoch nicht entzogen. Auch derjenige Elternteil, der bei einer Aufenthaltsanordnung nicht berücksichtigt wird, bleibt Inhaber der Elternverantwortung[603]. Der Richter kann Residenzanordnungen im Hinblick auf mehr als eine Person erlassen. Gemäss Sec. 11 (4) CA 1989 kann er auch eine shared residence order aussprechen und dadurch die Ausübung der gemeinsamen Elternverantwortung im Pendelmodell sicherstellen[604]. Die Law Commission hat bei der Vorbereitung des Gesetzes jedoch ausdrücklich darauf hingewiesen, dass das Kind nicht gleich viel Zeit mit jedem Elternteil verbringen müsse[605].

Neben den schon genannten Verfügungen kann der Richter einem Elternteil mittels prohibited steps order[606] bestimmte Handlungen untersagen, oder er kann einzelne Streitfragen durch Erlassen einer specific issue order[607] klären.

---

600 Residence order nach Sec. 8 (1) CA 1989: "... means an order settling the arrangements to be made as to the person with whom a child is to live."
601 Contact order nach Sec. 8 (1) CA 1989: "... means an order requiring the person with whom a child lives, or is to live, to allow the child to visit or stay with the person named in the order, or for that person and the child otherwise to have contact with each other."
602 Vgl. Lowe, Die Rechtsstellung des Kindes - Reform auf englische Art, FuR 1991, 123, 129.
603 Vgl. Bromley/Lowe, Bromley's Family Law (8. Aufl. 1992), S. 351.
604 Vgl. Shared residence order gegen den Willen der Mutter: Riley v. Riley, [1986] 2 F.L.R. 429, CA; J v. J (A Minor) (Joint Care and Control), [1991] 2 F.L.R. 385, CA; kritisch dazu Harty/Wood, From Shared Care to Shared Residence, Fam.Law 21 (1991) 430, 433; Hoggett/White/Carr/Lowe, A Guide to the Children Act 1989 (1990), N 3.12.
605 Vgl. Law Com. N 172, para. 4.12.
606 Prohibited steps order nach Sec. 8 (1) CA 1989: "... means an order that no step which could be taken by a parent in meeting his parental responsibility for a child, and which is of a kind specified in the order, shall be taken by any person without the consent of the court."
607 Specific issue order nach Sec. 8 (1) CA 1989: "... means an order giving directions for the purpose of determining a specific question which has arisen, or which may arise, in connection with any aspect of parental responsibility for a child."

Das Nichtinterventionsprinzip oder no-order-principle verpflichtet den Richter, nur dann eine Anordnung zu treffen, wenn er zum Schluss kommt, dass diese Anordnung für das Kind besser ist, als gar keine zu treffen[608]. Damit wird dem Staat bei der Regelung der Verhältnisse innerhalb der Familie Zurückhaltung auferlegt. Dahinter steht die Überzeugung, dass es dem Kindeswohl am besten dient, wenn - soweit immer möglich - Vereinbarungen zwischen den Eltern der Vorrang vor staatlicher Regelung gegeben wird. Wenn staatliche Anordnungen nötig werden, sollen sie diese Vereinbarungen unterstützen helfen[609].

c. Grenzen der Privatisierung der Familie

In der Betonung der Privatautonomie innerhalb der Familie kann neben dem gewünschten Effekt auch eine Gefahr stecken. Die Familie wird als Gruppe von Gleichberechtigten betrachtet, die sich selbständig organisieren kann. Dadurch ist leicht zu verkennen, dass es innerhalb einer Familie grosse Machtunterschiede und finanzielle Abhängigkeit geben kann[610]. Die Privatisierung der Familie darf sich nicht zu Lasten der Schwächsten - der Kinder - auswirken. Aus diesem Grund ist es besonders wichtig, dass der Kreis der Antragsberechtigten weit gefasst ist[611], und dass auch das Kind selbst eine gerichtliche Anordnung beantragen kann[612], wobei ihm zusätzlich ein guardian ad litem zur Seite steht[613].

Durch das Antragsrecht des Kindes kann gleichzeitig dem Umstand Rech-

---

[608] Vgl. Hoggett, Verhandlungen des 59. DJT (1992), M 116; Cretney/Masson, Principles of Family Law (5. Aufl. 1992), S. 562; Cretney, Elements of Family Law (2. Aufl. 1992), N 13/30.

[609] Vgl. Hoggett/White/Carr/Lowe, A Guide to the Children Act 1989 (1990), N 1.22; Bainham, The Children Act 1989, Welfare and Non-Interventionism, Fam.Law 20 (1990) 143, 144 f.

[610] Vgl. Freeman, In the Child's Best Interest?, Reading the Children Act Critically, Current Legal Studies (1992) 173, 210 f.

[611] Sec. 10 CA 1989; Bromley/Lowe, Bromley's Family Law (8. Aufl. 1992), S. 359 ff.; Re A and W (Minors) (Residence Order: Leave to Apply), [1992] 2 F.L.R. 154, CA.

[612] Sec. 10 (8) CA 1989; Lowe, Die Rechtsstellung des Kindes - Reform auf englische Art, FuR 1991, 123, 128.

[613] Vgl. Salgo, Der Anwalt des Kindes (1993), S. 94 ff.

nung getragen werden, dass mit zunehmendem Alter des Kindes die Selbständigkeit des Kindes zunimmt, und die Grenzen der parental responsability enger zu ziehen sind. Besonders deutlich wird die Grenze zwischen elterlicher Verantwortung für das Kind und dessen eigener Entscheidungsfähigkeit anhand der Entscheidung Gillick v. West Norfolk and Wisbech Area Health Authority and DHSS[614]. Das House of Lords hat entschieden, dass unter bestimmten Umständen ein Arzt einem Mädchen unter 16 Jahren Verhütungsmittel verschreiben dürfe, ohne die Genehmigung der Eltern einzuholen. Vorausgesetzt ist dabei, dass die junge Frau reif genug ist, die Folgen der Behandlung zu verstehen.

4. Regelung in der Schweiz de lege lata

In Art. 156 Abs. 1 und Art. 297 Abs. 3 ZGB ist vorgesehen, dass anlässlich einer Scheidung der Richter von Amtes wegen über die elterliche Gewalt entscheiden muss[615].

Das Gesetz äussert sich nicht näher dazu, wie zu entscheiden ist. Die Frage der Zuteilungskriterien hat Anlass zu vielen Entscheidungen gegeben, und im Laufe der Zeit wurden die Kriterien an die wechselnden gesellschaftlichen Auffassungen angepasst.

a. Kindeswohl als massgebliches Kriterium der Kinderzuteilung

Das Bundesgericht hat im Laufe der Zeit unterschiedliche Kriterien herausgebildet und sich dabei nicht unwesentlich an der deutschen Lehre und Rechtsprechung orientiert. Schon seit vielen Jahren steht das Kriterium des Kinderwohls im Zentrum[616]. Das Wohl der Kinder habe Vorrang vor allen

---

[614] [1988] 1 F.L.R. 224, HL.
[615] Vgl. Hegnauer, Grundriss des Kindesrechts (4. Aufl. 1994), N 25.21; Hegnauer/Breitschmid, Grundriss des Eherechts (3. Aufl. 1993), N 11.35 ff.; Deschenaux/Tercier, Le mariage et le divorce (3. Aufl. 1985), N 734 ff.; Stettler, SPR III/2 (1992), S. 258 f.; Bastard/Cardia-Vonèche/Perrin, Pratiques judiciaires du divorce (1987), S. 87 ff.
[616] BGE 96 I 387, 391: "Ce principe constitue un de ces règles fondamentales de l'ordre juridique suisse à l'encontre de laquelle il serait impossible d'aller sans heurter le sentiment du droit en Suisse"; Vgl. Hausheer, Die Zuteilung der elterlichen Gewalt im Scheidungsverfahren nach der neueren Rechtsprechung des Bundesgerichts, ZVW 1983, 121 ff.

anderen Überlegungen, insbesondere vor den Wünschen der Eltern[617].

Bis vor einigen Jahren war vom Grundsatz, dass besonders kleinere Kinder der Mutter zuzuordnen sind, nur in Ausnahmefällen abzusehen[618]. Noch 1983[619] hat das Bundesgericht unterstrichen, dass kleinere Kinder für ihre seelische, geistige und körperliche Entwicklung auf die durch nichts zu ersetzende Fürsorge, Herzenswärme und Liebe ihrer Mutter angewiesen seien. Von der Zuteilung der Kinder an die Mutter sei deshalb nur bei schwerwiegenden Mängeln seitens der Mutter, oder bei erheblichen Vorzügen auf seiten des Vaters abzuweichen. Auf das Erfordernis der erheblichen Vorzüge des Vaters wurde in der Folge erstmals 1985 verzichtet, "auch wenn von einem eigentlichen Umdenken nach wie vor noch nicht die Rede sein kann"[620].

Heute ist der Grundsatz des Muttervorrangs in einem anderen Licht zu sehen. Das höchste Gericht argumentiert nicht mehr mit der natürlichen besseren Eignung der Mutter, sondern es stellt darauf ab, welcher Elternteil für die unmittelbare Betreuung und Pflege eher Gewähr leisten kann[621]. Aufgrund der immer noch sehr häufigen Aufgabenteilung innerhalb der Familie führt dies dazu, dass bspw. im Jahr 1992[622] 88.3 % aller Kinder der Mutter zugeteilt wurden. Ob diese Zahl auf eine Ungleichbehandlung von Mutter und Vater hindeutet, oder ob sie das Spiegelbild einer einseitigen Rollenverteilung in unserer Gesellschaft darstellt, soll dahingestellt bleiben.

Es kann davon ausgegangen werden, dass die Eltern in etwa 90 % der Fälle die Kinderzuteilung im Rahmen einer Vereinbarung selbst regeln. Wenn jedoch die Zuteilung der Kinder streitig ist, berücksichtigt das Bundesgericht neben der Frage der möglichen Eigenbetreuung des Kindes vorwiegend Elemente, die aus der Sozialwissenschaft und den medizinischen Wissenschaften übernommen worden sind. So formuliert das Bundesgericht zusammenfassend:

---

617 Vgl. BGE 117 II 353, 354; 115 II 317, 319 und 206, 209; 114 II 200, 201; 112 II 381, 382.
618 Vgl. BGE 109 II 369, 371.
619 BGE 109 II 193, 194 f.
620 BGE 111 II 225, 227.
621 Vgl. BGE 115 II 206, 209; 114 II 200, 202.
622 Statistisches Jahrbuch der Schweiz 1994 (1993), T 1.14, S. 43.

"(...) Die neueste Rechtsprechung geht grundsätzlich davon aus, dass bei gleichen Voraussetzungen und bei gleicher Erziehungsfähigkeit beide Eltern gleicherweise in den Genuss der elterlichen Gewalt gelangen können. Den Vorrang besitzt nach dieser Rechtsprechung jener Elternteil, welcher nach den gesamten Umständen die bessere Gewähr dafür bietet, dass sich die Kinder in geistig-psychischer, körperlicher und sozialer Hinsicht altersgerecht optimal entfalten können. Steht fest, dass diese Voraussetzungen und sodann die Möglichkeit, die Kinder persönlich zu betreuen, auf seiten beider Eltern ungefähr in gleicher Weise gegeben sind, ist dem Moment der örtlichen und familiären Stabilität und - je nach Alter der Kinder - allenfalls ihrem eindeutigen Wunsch Rechnung zu tragen."[623]

"(...)In der neueren Literatur wird bei der Frage der Zuteilung der Kinder - neben den anderen wesentlichen Grundsätzen - mit Recht besonderes Gewicht auf das Beziehungsgeflecht auch in der Nachscheidungsfamilie gelegt und auf die überragende Bedeutung hingewiesen, welcher der Aufrechterhaltung der Beziehungen der Kinder zu beiden Elternteilen auch nach der Scheidung zukommt."[624]

Auch im Vorentwurf für eine Revision des ZGB verzichtet der Gesetzgeber auf eine Aufzählung der einzelnen Kriterien. In Art. 138 Abs. 2 VE wird allgemein festgehalten, dass für die Zuteilung der elterlichen Gewalt alle für das Kindeswohl wichtigen Umstände massgebend sind. Zusätzlich wird darin der Richter neu angehalten, auf einen gemeinsamen Antrag der Eltern und auf die Meinung des Kindes Rücksicht zu nehmen[625]. Die Rechtsprechung wird voraussichtlich an ihre bisherige Praxis anknüpfen und weiterhin den erarbeiteten Kriterienkatalog anwenden.

b. Gemeinsame elterliche Gewalt geschiedener Eltern nach geltendem Recht?

aa. Kantonale Rechtsprechung vor 1991

In der Schweiz wurde die elterliche Gewalt nach Scheidung erstmals im Jahre 1986 bei beiden Elternteilen belassen[626]. Die Entwicklung ging vom

---

[623] BGE 115 II 206, 209.

[624] BGE 115 II 317, 320; Zusammenfassung der Rechtsprechung bei Hegnauer/Breitschmid, Grundriss des Eherechts (3. Aufl. 1993), N 11.36.

[625] Vgl. Art. 138 Abs. 2 und Art. 147 Abs. 2 VE; Bericht zum VE, S. 80; für die unterschiedlichen Reaktionen zur Anhörung des Kindes vgl. Zusammenstellung der Vernehmlassungen (1993), S. 482 ff, S. 585 ff.

[626] BezirksG Gelterkinden, 28.10.1986, Balscheit, Gemeinsame Elternverantwortung

Bezirksgericht Gelterkinden aus, fand bald Beachtung in der Literatur[627] und nahm Einfluss auf die Rechtsprechung anderer Gerichte[628], die sich dieser Entwicklung anschlossen. Zwar haben nicht alle Instanzgerichte diese Praxis übernommen[629], doch die Tendenz ist unverkennbar.

Die Begründungen der kantonalen Gerichte für die Zulässigkeit gemeinsamer elterlicher Gewalt nach Scheidung sind nicht einheitlich. In der deutschen Schweiz sind einige Urteile ergangen, ohne dass deren Begründungen publiziert worden sind[630]. Zwei Entscheidungen mit Urteilsbegründungen sind im folgenden hervorzuheben.

Das Bezirksgericht Gelterkinden[631] wehrt sich in seiner Begründung zu Recht gegen das vordergründige Argument, dass es den Eltern offenstehe, die elterliche Gewalt nach interner Vereinbarung faktisch gemeinsam auszuüben. Die Rechtslage, dass das Gesetz "durch das Aufstellen eines Verbots zwar in die Privatautonomie eindringt, anderseits aber duldet, dass

---

auch nach der Scheidung?, SJZ 84 (1988) 25 ff.

[627] Vgl. Hegnauer, Gemeinsame elterliche Gewalt nach der Scheidung?, SJZ 86 (1990) 369 ff.; Perrin, Le juge du divorce peut-il instaurer l'autorité parentale conjointe?, Sem.jud. 1990, 372 ff.; Sandoz, Attribution conjointe de l'autorité parentale aux parents divorcés?, in: Sturm (Hrsg.), Mélanges Paul Piotet (1990), S. 107 ff.

[628] BezirksG St.Gallen, 8.11.1988, SJZ 85 (1989) 139, Nr. 22 = plädoyer 2/1989, 65 = ZfJ 1993, 476 m. Anm. Brüggemann; BezirksG Zürich, 6.7.1989, plädoyer 1/1990, 71; AmtsG Thal/Gäu (SO), 7.9.1989, plädoyer 5/1989, 5; AmtsG Thun, 14.9.1988, plädoyer 1/1989, 7; BezirksG Morges, 2.3.1990 und AmtsG Dorneck-Thierstein, 31.1.1990, beide bei Balscheit, AJP 1993, 1204, 1206.

[629] Gemeinsame elterliche Gewalt nicht zugelassen: OberG Luzern, 22.1.1991, plädoyer 2/1991, 6; OberG Zürich, 10.4.1991 und 29.4.1991, ZR 1991, Nr. 17 = SJZ 87 (1991) 414, Nr. 64; BezirksG St.Gallen, 22.6.1989, Hinweis bei Balscheit, AJP 1993, 1204, 1206, Fn. 8; KantonsG St.Gallen, 1.12.1989, SGGP 1990, Nr. 36 = SJZ 87 (1991) 119, Nr. 19.

[630] BezirksG Zürich, 6.7.1989, plädoyer 1/1990, 71; AmtsG Thal/Gäu (SO), 7.9.1989, plädoyer 5/1989, 5; AmtsG Thun, 14.9.1988, plädoyer 1/1989, 7; BezirksG Morges, 2.3.1990 und AmtsG Dorneck-Thierstein, 31.1.1990, beide bei Balscheit, AJP 1993, 1204, 1206; weitere Hinweise auf Urteile aus der Romandie bei Perrin, Juristische Auswirkungen des neuen Eherechts in den Kantonen Genf und Waadt, in: Juristische Auswirkungen des neuen Eherechts (1991), S. 61, 90 ff.

[631] BezirksG Gelterkinden, 28.10.1986, Balscheit, Gemeinsame Elternverantwortung auch nach der Scheidung?, SJZ 84 (1988) 25 ff. = plädoyer 1/1988, 5.

dieses Verbot überschritten wird"[632], vermag tatsächlich nicht zu überzeugen.

Im Ergebnis stützt sich das Urteil auf zwei Hauptargumente. Zunächst wird die historische Auslegung von Art. 297 Abs. 3 ZGB kritisiert. In der Ablehnung des Antrags Condrau[633], der die Möglichkeit der Belassung der gemeinsamen elterlichen Gewalt eingeführt wollte, dürfe keine rechtliche Bedeutung gesehen werden. Durch die Ablehnung des Antrags sei das Gesetz materiell nicht geändert worden und deshalb sollten die parlamentarischen Beratungen von 1975 nicht zur Auslegung herbeigezogen werden[634]. Zudem sei Art. 297 Abs. 3 in Verbindung mit Abs. 2 ZGB auszulegen. In Abs. 3 sei ein subjektiver Anspruch eines Elternteils formuliert. Die Formulierung in diesem Absatz sei nicht an den Richter adressiert. Dem Richter stehe es frei, eine Scheidungskonvention zu genehmigen[635], in der festgehalten ist, dass mit Zustimmung des anspruchsberechtigten Elternteils auch der andere Elternteil Mitinhaber der elterlichen Gewalt ist[636].

Anders lautet dagegen die Urteilsbegründung des Bezirksgerichts St.Gallen vom 8. November 1988[637]. In Übereinstimmung mit der herrschenden Lehre kommt das Gericht zum Schluss, dass die historische Auslegung die Allein-

---

[632] Balscheit, Gemeinsame Elternverantwortung auch nach der Scheidung?, SJZ 84 (1988) 25, 26.

[633] Vgl. Amtl.Bull.NR 1975 II 1777, Antrag Condrau für Art. 297 Abs. 2: "Wird der gemeinsame Haushalt aufgehoben, die Ehe getrennt oder geschieden, so kann der Richter die elterliche Gewalt beiden Ehegatten oder einem Ehegatten allein zuteilen."

[634] Balscheit, Gemeinsame Elternverantwortung auch nach der Scheidung?, SJZ 84 (1988) 25, 27; ders., Gesetzgebung und Rechtsprechung zur gemeinsamen elterlichen Gewalt, AJP 1993, 1204, 1208.

[635] Möglicherweise unter Einschränkung der Offizialmaxime. Vgl. Balscheit, Gesetzgebung und Rechtsprechung zur gemeinsamen elterlichen Gewalt, AJP 1993, 1204, 1208, mit Hinweis auf Heer, Von der Verhandlungs- zur Kooperationsmaxime - eine neue Herausforderung für den Richter, in: Festgabe Luzerner Obergericht, ZBJV 127 bis (1991) 153, 159, 168.

[636] Vgl. Balscheit, Gemeinsame Elternverantwortung auch nach der Scheidung?, SJZ 84 (1988) 25, 28; ders., Gesetzgebung und Rechtsprechung zur gemeinsamen elterlichen Gewalt, AJP 1993, 1204, 1205.

[637] BezirksG St.Gallen, 8.11.1988, SJZ 85 (1989) 139, Nr. 22 = plädoyer 2/1989, 65 = ZfJ 1993, 476 m. Anm. Brüggemann.

zuteilung der elterlichen Gewalt nach Scheidung verlange[638]. Doch unter der Gewichtung der Maxime des Kindeswohls, trete eine teleologische Auslegung in den Vordergrund. Der anscheinend klare Wortlaut könnte sich gegen das Kindeswohl stellen und wäre dann im Ergebnis krass stossend. Im Sinne einer teleologischen Auslegung der Norm sei deshalb unter bestimmten Voraussetzungen eine vom Wortlaut abweichende Auslegung als Relativierung einer absolut formulierten Bestimmung zulässig[639]. Zu den notwendigen Voraussetzungen gehöre auch die Zuteilung der Obhut an einen Elternteil[640]. Ausserdem müsse die von den Eltern vorgeschlagene Regelung schon seit einiger Zeit praktiziert worden sein[641].

bb. Rechtsprechung des Bundesgerichts

Das Bundesgericht hat sich zur Frage der gemeinsamen Elternverantwortung nach Scheidung in einer Entscheidung vom 12. Dezember 1991[642] geäussert und diese Möglichkeit mit ausführlicher Begründung[643] und in Übereinstimmung mit der wohl herrschenden Lehre[644] ausgeschlossen.

---

[638] BezirksG St.Gallen, 8.11.1988, SJZ 85 (1989) 139, Nr. 22, E. 2; vgl. nur Jorio, Der Inhaber der elterlichen Gewalt nach dem neuen Scheidungsrecht (1977), S. 58 f., mit Zitaten aus der parlamentarischen Beratung.

[639] BezirksG St.Gallen, 8.11.1988, SJZ 85 (1989) 139, Nr. 22, E. 3 f.; zustimmend Kramer, Teleologische Reduktion - Plädoyer für einen Akt methodentheoretischer Rezeption, ZSR NF 112 (1993) II 65, 70.

[640] Ungewöhnlich erscheint das Urteil der V. Abteilung des BezirksG Zürich vom 25.5.1989, plädoyer 4/1989, 5: Die gemeinsame elterliche Gewalt wurde abgelehnt, doch die seit Jahren praktizierte Aufteilung der Obhut wurde weiterhin genehmigt.

[641] BezirksG St.Gallen, 8.11.1988, SJZ 85 (1989) 139, Nr. 22, E. 4.

[642] BGE 117 II 523 = Pra 81 (1992) Nr. 109 = AJP 1992, 906 m. Anm. Schwenzer = plädoyer 3/1992, 53 m. Anm.en Micheli und Frenck = ZfJ 1993, 471 m. Anm. Brüggemann.

[643] In BGE 108 II 378 hat das Bundesgericht die Möglichkeit gemeinsamer elterlicher Gewalt nach Scheidung ohne Begründung abgelehnt.

[644] Vgl. Hegnauer, Grundriss des Kindesrechts (4. Aufl. 1994), N 25.21; ders., Gemeinsame elterliche Gewalt nach der Scheidung? SJZ 86 (1990), 369ff.; Deschenaux/Tercier, Le mariage et le divorce (3. Aufl. 1985), S. 137 f.; Stettler, SPR III/2 (1992), S. 261; Bern.Komm./Spühler/Frei-Maurer, Art. 156 N 147 ZGB (1991); Perrin, Le juge du divorce peut-il instaurer l'autorité parentale conjointe?, Sem.jud. 1990, 372 ff.; Jorio, Der Inhaber der elterlichen Gewalt nach dem neuen Kindesrecht (1977), S. 258; Sandoz, Attribution conjointe de l'autorité parentale

Das Gericht stützt sich dabei in erster Linie auf den klaren Wortlaut von Art. 297 Abs. 3 ZGB und auf den Willen des historischen Gesetzgebers[645]. Das Kindeswohl, wie es vom Gesetzgeber definiert worden sei, dürfe nicht durch eine neue Definition des Richters ersetzt werden. Es müsse bedacht werden, dass die Forderung nach gemeinsamer elterlicher Gewalt letztlich allein eine Elternforderung darstelle[646]. Das oberste Gericht verweist schliesslich auf die Möglichkeit der "internen" gemeinsamen elterlichen Gewalt[647]. Die gemeinsame elterliche Gewalt nach Scheidung könne nicht de lege lata durch die Rechtsprechung, sondern nur de lege ferenda durch die Rechtsetzung eingeführt werden[648]. Damit entspricht das Gericht weitgehend der in der Literatur geäusserten Kritik an den Urteilen und Begründungen der Instanzgerichte[649].

cc. Kantonale Rechtsprechung nach 1991

Trotz der abschlägigen Rechtsprechung des Bundesgerichts ist die durch das Bezirksgericht Gelterkinden eingeleitete Entwicklung nicht abgebrochen, und immer mehr Gerichte belassen die elterliche Gewalt nach Scheidung bei beiden Elternteilen. Neueste Entscheidungen, auch in der zweiten Instanz[650], zeigen, dass bei scheidungswilligen Eltern ein Bedürfnis nach gemeinsamer Elternverantwortung besteht, das immer wieder an die Gerichte herangetragen wird.

Ähnlich wie das schon zitierte ostschweizerische Bezirksgericht argumen-

---

aux parents divorcés?, in: Sturm (Hrsg.), Mélanges Paul Piotet (1990), S. 107 ff.; dies., Les autorités de tutelle face à un jugement de divorce attribuant l'autorité parentale aux deux parents, en violation de la loi, ZVW 1993, 65 ff.

[645] BGE 117 II 523, 525 f., E.1.c. und d.
[646] BGE 117 II 523, 526, E.1.d.
[647] BGE 117 II 523, 528 f., E.1.f.
[648] BGE 117 II 523, 529, E.1.g.
[649] Vgl. Hegnauer, Gemeinsame elterliche Gewalt nach der Scheidung?, SJZ 86 (1990) 369, 371 f.; Sandoz, Attribution conjointe de l'autorité parentale aux parents divorcés?, in: Sturm (Hrsg.), Mélanges Paul Piotet (1990), S. 107, 111 f.
[650] OberG Basel-Landschaft, 22.3.1993, plädoyer 3/1994, 59; fortgeführte Praxis an den BezirksG Gelterkinden und Sissach, vgl. Balscheit, Gestzgebung und Rechtsprechung zur gemeinsamen elterlichen Gewalt, AJP 1993, 1204, 1209 f.

tiert das Obergericht Basel-Landschaft in einer neuen Entscheidung[651], ebenfalls unter Berücksichtigung ausländischer Regelungen. Eine vom Gesetzeswortlaut abweichende richterliche Erkenntnis sei zulässig, da sich die Verhältnisse in der Zeit zwischen der Schaffung des Gesetzes und seiner konkreten Anwendung so geändert haben, dass die wortgetreue Anwendung des Art. 297 Abs. 3 ZGB unter bestimmten Voraussetzungen als sinnwidrig erscheine. Im zu beurteilenden Fall waren die Eltern trotz der Scheidungssituation in der Lage, die gemeinsame Elternverantwortung schon seit Jahren aufrechtzuerhalten, und sie konnten dadurch ihren Kindern Sicherheit und Stabilität in ihren Lebensverhältnissen bieten. Unter diesen Voraussetzungen sei unter Berücksichtigung der Kindesinteressen eine Gesetzeslücke praeter legem[652] anzunehmen[653], und die elterliche Gewalt sei in Abweichung vom Wortlaut von Art. 297 Abs. 3 ZGB bei beiden Elternteilen zu belassen.

c. Kritische Würdigung der geltenden Rechtslage

Die vielzitierte Ablehnung des Antrags Condrau[654] im Jahre 1975 sollte nicht unbesehen in die heutige Zeit übertragen werden. Eine Scheidung hatte zu jener Zeit weitreichende gesellschaftliche Folgen und die Furcht vor langen Scheidungsverfahren mit schweren Auseinandersetzungen war gross. Vor diesem Hintergrund wurde der Antrag auf gemeinsame elterliche Gewalt nach Scheidung, nach einem äusserst kritischen Votum von Bundesrat

---

[651] OberG Basel-Landschaft, 22.3.1994, plädoyer 3/1994, 59 = ZVW 1994, 173.

[652] Sehr hilfreich bei der Begriffsentwirrung Kramer, Teleologische Reduktion - Plädoyer für einen Akt methodentheoretischer Rezeption, in: Festgabe Meier-Hayoz (1993), S. 65 ff.

[653] Anders Riemer, Umfang und Schranken richterlicher Gebotsberichtigung, dargestellt anhand aktueller Beispiele aus dem Familienrecht, recht 1993, 127, 128; Hegnauer, Gemeinsame elterliche Gewalt nach der Scheidung?, SJZ 86 (1990) 369, 372.

[654] Vgl. Amtl.Bull.NR 1975 II 1777 ff.; Hegnauer, Gemeinsame elterliche Gewalt nach der Scheidung?, SJZ 86 (1990) 369, 371; Stettler, SPR III/2 (1992), S. 261; Jorio, Der Inhaber der elterlichen Gewalt nach dem neuen Kindesrecht (1977), S. 58 f.; Perrin, Le juge du divorce peut-il instaurer l'autorité parentale conjointe?, Sem.jud. 1990, 372, 374 f.; Sandoz, Attribution conjointe de l'autorité parentale aux parents divorcés?, in: Sturm (Hrsg.), Mélanges Paul Piotet (1990), S. 107, 111; Hausheer, Die Zuteilung der elterlichen Gewalt im Scheidungsverfahren nach der neueren Rechtsprechung des Bundesgerichts, ZVW 1983, 121, 135.

Furgler[655] unter Berufung auf im Ausland gemachte schlechte Erfahrungen, abgelehnt. In der heutigen Zeit hingegen darf man sich nicht auf diese im Ausland gemachten schlechten Erfahrungen aus dem Jahre 1975 berufen, ohne zu prüfen, wie sich die Situation in den damals zitierten Ländern weiterentwickelt hat. Ein unverändertes Abstützen auf den Informationsstand des Parlaments Mitte der siebziger Jahre muss überdacht werden. Ganz abgesehen davon ist es schwer vorstellbar wie im durch Bundesrat Furgler nicht näher bezeichneten Ausland schlechte Erfahrungen gemacht werden konnten zu einer Zeit, in der die gemeinsame Elternverantwortung in den meisten Staaten noch gar nicht praktiziert worden ist.

Eine der grossen Aufgaben des Kindesrechts ist unbestritten die Berücksichtigung des Kindeswohls. Nach Ansicht des Bundesgerichts hat der Gesetzgeber durch die Formulierung von Art. 297 Abs. 3 ZGB das Mittel geschaffen, welches das Kindeswohl am besten gewährleisten könne. Der Richter sei nicht befugt, seine eigene Definition des Kindesinteresses an die Stelle derjenigen zu setzen, welche vom Gesetzgeber ausdrücklich bevorzugt wurde, um damit das Recht zu korrigieren[656].

Diese Feststellung widerspricht jedoch dem Sinn des Prinzips des Kindeswohls. Eine übermässige Betonung der historischen Sachlage verkennt die Wirklichkeit. Gerade das Familienrecht ist unter dem Einfluss gesellschaftlicher Veränderungen ein relativ kurzlebiger Rechtsbereich. Eine allgemeingültige Definition des Kindeswohls ist nicht möglich[657]. Die Interessen eines Kindes können nur dann angemessen berücksichtigt werden, wenn es den rechtsanwendenden Behörden offensteht, eine Entscheidung anhand des Einzelfalls zu treffen.

In der Bevölkerung besteht ein Bedürfnis nach gemeinsamer Elternverantwortung. Die noch vor zwei Jahrzehnten ohne Zweifel übernommene strenge Rollenverteilung in der Familie ist in der Zwischenzeit etwas überdacht worden. Erziehung und Pflege der Kinder sind Elternsache, nicht Muttersache. Daher ist es kein Zufall[658], dass erstinstanzliche Gerichte, die

---

655 Vgl. Amtl.Bull.NR 1975 II 1779.
656 Zitiert aus BGE 117 II 523, 526 = Pra 81 (1992) Nr. 109, S. 387.
657 Anders Sandoz, Attribtion conjointe de l'autorité parentale aux parents divorcés?, in: Sturm (Hrsg.), Mélanges Paul Piotet (1990), 107, 112.
658 So Schneider, L'attribution des enfants lors du divorce des parents, in: Mélanges

mit den Anliegen der Betroffenen direkt konfrontiert sind, eher geneigt sind, geschiedenen Eltern die Elternverantwortung gemeinsam zu belassen. Im Gegensatz dazu sind es höhere Instanzen und das höchste Gericht, die sich gegen diese Möglichkeit aussprechen.

Auch das Legalitätsprinzip hat seine Grenzen. In Fällen, in denen ursprünglich klar formulierte Bestimmungen heute Schaden anrichten, statt ihn zu vermeiden, sind Richter aufgerufen, nicht nur Hüter des Rechts, sondern auch Hüter der Glaubwürdigkeit des Rechts zu sein[659].

5. Im Vorentwurf für die Revision des ZGB vorgesehene Regelung

a. Gemeinsame elterliche Gewalt geschiedener Eltern

Der Gesetzesentwurf sieht einen neu formulierten Art. 138 ZGB als Ersatz des heute noch geltenden Art. 156 vor. Im dritten Absatz ist die gemeinsame elterliche Gewalt nach Scheidung gesetzlich geregelt:

> "Auf gemeinsamen Antrag belässt der Richter die elterliche Gewalt beiden Eltern, sofern dies mit dem Kindeswohl vereinbar ist und die Eltern ihm eine Vereinbarung zur Genehmigung vorlegen, die festlegt, welchem Elternteil die Obhut zusteht und welchen Unterhaltsbeitrag der andere zu bezahlen hat."[660]

Für die Belassung der elterlichen Gewalt bei beiden Elternteilen müssen nach Art. 138 VE drei Bedingungen erfüllt sein. Erstens müssen beide Elternteile die gemeinsame Elternverantwortung beantragen. Zweitens überprüft der Richter den Antrag der Eltern auf seine Kindeswohlverträglichkeit. Und als dritte Voraussetzung müssen die Eltern dem Richter eine Vereinbarung vorlegen, in der das Obhutsrecht des einen Elternteils und der Unterhaltsbeitrag des andern festgelegt sind[661].

Grossen (1993), S. 205, 214.

[659] Schneider, L'attribution des enfants lors du divorce des parents, in: Mélanges Grossen (1993), S. 205, 215.

[660] Art. 138 Abs. 3 VE.

[661] Vgl. Bericht zum VE (1992), S. 69; vgl. Reusser, Die Revision des Scheidungsrechts: Die aus kindes- und vormundschaftsrechtlicher Sicht relevanten Neuerungen, ZVW 1993, 47, 51 ff.

Vier Gesichtspunkte waren für die Expertenkommission ausschlaggebend, die gemeinsame elterliche Gewalt nach Scheidung einzuführen[662]. An erster Stelle steht die Überlegung, dass der Schaden, den Kinder durch die Scheidung ihrer Eltern erleiden, möglichst gering gehalten werden soll. Die Möglichkeit der gemeinsamen elterlichen Gewalt sei gewissermassen die folgerichtige Ergänzung der Scheidung auf gemeinsames Begehren und entspreche der Erkenntnis, dass einvernehmliche Absprachen sich als tragfähiger erweisen als autoritativ festgeschriebene Anordnungen. Der Staat solle sich deshalb in der Gestaltung privatrechtlicher Verhältnisse soweit möglich zurückziehen. Die gemeinsame elterliche Gewalt gegen den Willen eines Elternteils will die Expertenkommission allerdings ausdrücklich ausschliessen, da in diesen Fällen die erforderliche Bereitschaft beider Elternteile nicht vorhanden sei[663].

b. Ergebnisse des Vernehmlassungsverfahrens

Die Frage der gemeinsamen elterlichen Gewalt nach Scheidung war ein vieldiskutierter Punkt in den Vernehmlassungen.

Art. 138 Abs. 3 VE ist auf grosses Interesse gestossen[664] und hat viele der an der Vernehmlassung Teilnehmenden zu Neuformulierungen inspiriert. Die geäusserte Kritik umfasst eine grosse Spannbreite und reicht von der ausdrücklichen Unterstützung der vorgeschlagenen Formulierung über sehr skeptische Äusserungen mit der Forderung nach strengeren Voraussetzungen bis zu Forderungen nach offeneren Formulierungen.

In der reichhaltigen Kritik sind drei Hauptrichtungen erkennbar. Die grosse Mehrheit der Vernehmlassungen zur Einführung gemeinsamer elterlicher Gewalt nach Scheidung ist grundsätzlich positiv. Ein beachtlicher Teil der Stellungnahmen unterstreicht die Notwendigkeit der Einhaltung und der strengen Handhabe der formulierten Voraussetzungen. Eine zusätzliche Voraussetzung ist sehr häufig genannt worden. Aus verschiedenen Richtungen wird gefordert, dass die tatsächliche gemeinsame Betreuung der Kinder schon während der Ehe oder der Trennungsphase praktiziert worden

---

[662] Vgl. Bericht zum VE (1992), S. 68 f.
[663] Vgl. Bericht zum VE (1992), S. 69.
[664] Vgl. Zusammenstellung der Vernehmlassungen (1993), S. 471 ff, 497 ff.

sein muss[665]. Nur wenn die tatsächliche Betreuungsarbeit schon während einiger Zeit durch beide Elternteile geleistet worden ist, soll die Belassung der gemeinsamen Elternverantwortung nach Scheidung möglich sein. Ein dritter Schwerpunkt liegt in der Forderung nach einer Formulierung, die sowohl eheliche wie nichteheliche Familien umfassen würde.

Aufgrund der vielfältigen Kritik ist mit einer Umformulierung der Bestimmung noch während der Vorarbeiten vor der Beratung im Parlament zu rechnen. Die endgültige Fassung des Entwurfs mit der ausführenden Botschaft des Bundesrates ist noch in Vorbereitung. Mit deren Veröffentlichung ist in nächster Zeit zu rechnen.

6. Eigene Vorschläge zur gemeinsamen Elternverantwortung nach Scheidung de lege ferenda

a. Gemeinsame Elternverantwortung ist gesetzlich vorzusehen

Im neuen Scheidungsrecht ist die Möglichkeit fortdauernder Elternverantwortung nach der Scheidung explizit zu formulieren, denn eine gesetzesimmanente Verweisung auf die faktische Praktizierbarkeit der gemeinsamen elterlichen Gewalt als Aufforderung zur Gesetzesumgehung[666] kann nicht weiter aufrechterhalten werden.

b. Antrag der Eltern im Rahmen des Scheidungsprozesses

Die Frage der Elternverantwortung soll weiterhin Bestandteil des Scheidungsverfahrens bleiben. Der Zwangsverbund zwischen Scheidung der Eltern und Zuteilung der elterlichen Gewalt über die Kinder wird damit aufrechterhalten. Doch es soll möglichst vermieden werden, dass die Kinder

---

[665] Vgl. Zusammenstellung der Vernehmlassungen (1993): Kanton Jura, S. 497; Schweizerischer Verband alleinerziehender Mütter und Väter, S. 501; Fédération romande des services de consultation conjugale, S. 505; Schweizerischer Katholischer Frauenbund, S. 505; Sozialdemokratische Partei der Schweiz, S. 510; Schweizerische Volkspartei, S. 510; Bund Schweizerischer Frauenorganisationen, S. 511.

[666] Vgl. Schwenzer, AJP 1993, 906, 908; Schneider, L'attribution des enfants lors du divorce des parents, in: Mélanges Grossen (1993), S. 205, 214; Balscheit, Gemeinsame Elternverantwortung auch nach der Scheidung?, SJZ 84 (1988) 25, 26.

unnötigerweise zum Streitgegenstand gemacht werden, indem sie zwingend einem der beiden Elternteile zugeteilt werden müssen.

Die Scheidungsparteien könnten Antrag auf Belassung der elterlichen Gewalt bei beiden Elternteilen stellen. Dieser Antrag wäre als Konvention über die Nebenfolgen der Scheidung genehmigungsbedürftig gemäss Art. 158 Ziff. 5 ZGB. Die Bezeichnung des obhutsberechtigten Elternteils müsste nicht zwingend in dieser Vereinbarung enthalten sein. Denn selbst wenn ein bestimmter Aufenthaltsort durch das Gericht festgehalten würde, könnten die Eltern dennoch eine andere Lösung wählen, und die gerichtlich genehmigte Regelung wäre inhaltlich gegenstandslos.

Diese Antragsregelung würde helfen, die Kinder soweit möglich aus dem Scheidungsprozess der Eltern herauszuhalten. Sie wäre auch gegenüber dem reinen Antragsmodell, bei welchem die ganze Problematik der Elternverantwortung überhaupt nur auf Antrag eines Elternteils zum Prozessgegenstand gemacht wird, zu bevorzugen. Denn beim reinen Antragsmodell stellt die Tatsache, dass die Elternverantwortung nur mittels Antrag überhaupt behandelt wird, eine gewisse Hemmschwelle dar. Sie birgt auch die Gefahr in sich, dass einer der Elternteile unter Druck gesetzt werden kann, so dass er den Antrag auf Alleinzuteilung der Kinder nicht stellen mag, um nicht beispielsweise finanzielle Zugeständnisse zu verlieren.

c. Zur Überprüfung des Kindeswohls

Bei übereinstimmendem Antrag der Eltern kann auf eine Überprüfung des Kindeswohls verzichtet werden. In der Regel geht der Scheidung der Eltern eine Phase der Trennung voraus. Während dieser Zeit sind beide Eltern Inhaber der elterlichen Gewalt geblieben[667] und konnten ihre Lebensumstände frei organisieren. Die in der Vereinbarung enthaltene Regelung wird den schon vor dem Scheidungsprozess gewählten Lebensumständen entsprechen, wenn diese sich bewährt haben. Darin liegt eine zusätzliche Sicherheit für das Funktionieren der gemeinsamen Ausübung der Elternverantwortung.

Die Erfahrungen in der Schweiz zeigen, dass Eltern, welche die gemeinsame elterliche Gewalt nach Scheidung beantragen, diese schon während längerer

---

667 Vgl. Schneider, L'attribution des enfants lors du divorce des parents, in: Mélanges Grossen (1993), S. 205, 213.

Zeit praktiziert haben[668]. Und in denjenigen publizierten Fällen, in denen dem Antrag der Eltern bisher nicht entsprochen worden ist, waren keine Bedenken in bezug auf die Person des Kindes, sondern der Wortlaut des Gesetzes Anlass für die negative Entscheidung.

In Zusammenhang mit der Frage der Überprüfung des Kindeswohls ist auch die Frage des übereinstimmenden Willens der Eltern zu sehen. Sind sich die Eltern einig, ist von einer Kindeswohlüberprüfung abzusehen, da davon auszugehen ist, dass das einvernehmliche Handeln der Eltern den Interessen des Kindes am besten entspricht.

Sind sich die Eltern jedoch nicht einig, und beantragt ein Elternteil gemeinsame Elternverantwortung, während der andere Alleinzuteilung der elterlichen Gewalt wünscht, ist durch den Richter eine Kindeswohlüberprüfung vorzunehmen. Er hat zu untersuchen, welche Lösung den Interessen des Kindes am nächsten kommt, und danach eine Entscheidung zu fällen.

d. Gemeinsame Elternverantwortung gegen den Willen eines Elternteils

Massgebend für das Funktionieren der gemeinsamen Elternverantwortung ist die Fähigkeit der Eltern zu einvernehmlichem Handeln. Können die Eltern kooperieren, können sie beide die elterliche Gewalt im Interesse des Kindes ausüben. Ist eine Kooperation nicht möglich, könnte sich der Streit der Eltern negativ auf das Kind auswirken.

Aus diesem Grund ist die gemeinsame elterliche Gewalt gegen den Willen eines Elternteils in der Regel abzulehnen[669]. Der Sinn der gemeinsamen Elternverantwortung kann nicht darin liegen, Streit in die Beziehung zwischen Eltern und Kindern hineinzutragen oder den Streit zwischen den Eltern zu

---

[668] OberG Basel-Landschaft, 22.3.1994, plädoyer 3/1994, 59; KantonsG St.Gallen,1.12.1989, SGGP 1990, Nr. 36 = SJZ 87 (1991) 119, Nr. 19; OberG Zürich, 10.4.1991 und 29.4.1991, ZR 1991, Nr. 17 = SJZ 87 (1991) 414, Nr. 64; BezirksG St.Gallen, 8.11.1988, SJZ 85 (1989) 139, Nr. 22 = ZfJ 1993, 476; ZivilamtsG Thun, 14.9.1988, plädoyer 1/1989, 7; BezirksG Zürich, 25.5.1989, plädoyer 4/1989, 5.

[669] Vgl. Furstenberg/Cherlin, Geteilte Familien (1993), S. 120 f.; Lempp, Was bedeutet die Scheidung der Eltern für das Kind?, in: Kraus (Hrsg.), Die Scheidungswaisen (1993), S. 65, 73 f.

einem Problem zu machen, das auf dem Rücken des Kindes ausgetragen wird. Das Kind ist im Gegenteil soweit möglich aus einem Konflikt zwischen den Eltern herauszuhalten. Verschiedene Untersuchungen in den USA[670] haben die Vermutung bestätigt, dass es für betroffene Kinder besonders schädlich ist, wenn der Konflikt zwischen den Eltern über die Scheidung hinaus andauert.

Zwar wird beispielsweise in Frankreich die gemeinsame elterliche Gewalt nach der Scheidung auch gegen den Willen eines Elternteils durch die Gerichte praktiziert. Doch die Gefahr erscheint gross, dass sie damit zur inhaltslosen Hülle wird. Denn die gemeinsame Elternverantwortung erfordert viel Engagement von den Beteiligten. Sind diese nicht bereit, diesen Einsatz aufzubringen, kann zwar durch den Richter formell die elterliche Verantwortung beiden Eltern zugeteilt werden, in Wirklichkeit wird sie jedoch aufgrund mangelnder Kooperation durch einen Elternteil allein ausgeübt werden oder aber den Grund für ständige Streitigkeiten liefern.

Doch obwohl die gemeinsame elterliche Gewalt gegen den Willen eines Elternteils nur selten funktionieren dürfte, sollte sie nicht gänzlich ausgeschlossen werden. Das Wohl des Kindes muss oberste Prämisse in der Regelung der rechtlichen Verhältnisse zwischen Eltern und Kindern sein, nicht der Wille der Eltern. Wäre der übereinstimmende Antrag der Eltern allein massgebend, so würde tatsächlich in erster Linie durch die gemeinsame Elternverantwortung eine Elternforderung verwirklicht, wie dies vom Bundesgericht befürchtet wird[671]. Es könnte vielmehr in Ausnahmefällen im Interesse des Kindes liegen, dass die Elternverantwortung trotz Widerspruchs eines Elternteils beiden zugeteilt wird. So ist vorstellbar, dass ein Elternteil sich zum Zeitpunkt der Scheidung noch nicht in der Lage fühlt, dem bisherigen Lebenspartner zu begegnen, um mit ihm die Organisation des täglichen Lebens des Kindes zu besprechen. Wenn in einem solchen Fall die Chancen aus der Sicht des Richters gut stehen, dass mit mehr persönlicher Distanz gleichzeitig auch die Fähigkeit zu Kooperation wachsen wird, dürfte die gemeinsame Elternverantwortung dennoch angezeigt sein.

---

[670] Vgl. Kline/Tschann/Johnston/Wallerstein, Children's Adjustment in Joint and Sole Physical Custody Families, Developmental Psychology 25 (1989) 430 ff.; Johnston/Kline/Tschann, Ongoing Postdivorce Conflict: Effects on Children of Joint Custody and Frequent Acces, Amer.J.Orthopsychiat. 59 (1989) 4: 576 ff.

[671] Vgl. BGE 117 II 523, 526.

Kommt ein Richter ausnahmsweise zum Schluss, dass die Interessen des Kindes es angezeigt erscheinen lassen, dass trotz der momentan fehlenden Übereinstimmung der Eltern die elterliche Gewalt bei beiden belassen wird, so sind die Interessen des Kindes stärker zu gewichten als der Wille der Eltern.

e. Beendigung der gemeinsamen elterlichen Gewalt

Eine Änderung der gemeinsamen elterlichen Gewalt muss herbeigeführt werden können, wenn einvernehmliches Handeln zwischen den Eltern nicht mehr möglich ist. Können die Eltern nicht mehr kooperieren, und geschieht dies zum Schaden des Kindes, so kann das Ziel der gemeinsamen Elternverantwortung nicht mehr erreicht werden. Die Erfahrung in Deutschland zeigt jedoch, dass die Abänderungsquote sehr tief ist[672].

Wenn sich jedoch die gemeinsame Ausübung der Elternverantwortung nicht bewährt, so spricht das Gericht auf Antrag eines Elternteils, des Kindes oder der vormundschaftlichen Behörde - entsprechend dem Verfahren bei streitiger Kinderzuteilung bei Scheidung - die elterliche Gewalt einem Elternteil allein zu. In Art. 139 Abs. 1 VE[673] ist die Abänderung der Elternrechte- und Pflichten durch ein Gericht oder die Vormundschaftsbehörde vorgesehen. Nur im Ausnahmefall dürfte der Richter zum Schluss kommen, dass lediglich eine vorübergehende Missstimmung vorliegt, und dass die gemeinsame Ausübung der Elternverantwortung im Interesse des Kindes beizubehalten ist. Auf die in der Bestimmung formulierte wesentliche Veränderung der Verhältnisse wäre als Voraussetzung jedoch zu verzichten. Oder es müsste klargestellt werden, dass auch später auftretende, unüberwindliche Konflikte der Eltern, die die gemeinsame Ausübung der elterlichen Gewalt im Interesse des Kindes ausschliessen, solche Veränderungen darstellen können.

---

[672] In der Zeit von 1983-1985 betrug sie in Berlin lediglich 3 %. Vgl. Limbach, Die gemeinsame Sorge geschiedener Eltern in der Rechtspraxis, Eine Rechtstatsachenstudie (1989), S. 10; vgl. auch eine neuere Untersuchung der Praxis eines Amtsgerichts: Oelkers/Kasten/Oelkers, Das gemeinsame Sorgerecht nach Scheidung in der Praxis des Amtsgerichts Hamburg - Familiengericht, FamRZ 1994, 1080, 1082.

[673] Art. 139 Abs. 1 VE: "Auf Begehren eines Elternteils, des Kindes oder der Vormundschaftsbehörde ist die Zuteilung der elterlichen Gewalt neu zu regeln, wenn dies wegen wesentlicher Veränderung der Verhältnisse zum Wohl des Kindes geboten ist; sind die Eltern hierüber uneinig ist der Richter, in den anderen Fällen die

Es handelt sich hierbei nicht um einen zusätzlichen gerichtlichen Prozess, denn anlässlich des Scheidungsprozesses wurde die Frage der Zuteilung der elterlichen Gewalt nur in Form der Genehmigung einer Konvention der Eltern ohne Überprüfung des Kindeswohls behandelt. Zur Zeit der Scheidung war eine eingehendere Auseinandersetzung mit der Zuteilung der Elternverantwortung aufgrund der Einigkeit der Eltern nicht nötig. Treten jedoch später Konflikte auf, und verlangt eine der betroffenen Personen die Beendigung der gemeinsamen Ausübung der Elternverantwortung, ist zu diesem Zeitpunkt erstmals eine Überprüfung der Sachlage durch den Richter erforderlich.

f. Fazit

Diese Lösung nimmt Gedanken auf, die durch das französische[674] und englische[675] Recht noch weitergehend verwirklicht worden sind und die in Deutschland[676] durch die Revision möglicherweise Eingang ins BGB finden werden. Es handelt sich um den Grundsatz der Belassung der gemeinsamen Elternverantwortung und um das Prinzip der Nichtintervention. Eine staatliche Intervention in Form einer gerichtlichen Untersuchungspflicht zur elterlichen Gewalt soll nur dann stattfinden, wenn sie aufgrund der Umstände gefordert ist.

Eine rechtliche Konfliktregelung "auf Vorrat", wie sie der Vorentwurf vorschlägt[677], ist wenig sinnvoll, da sich die Lebensumstände der Betroffenen in der Zeit zwischen der Anordnung der Vorratslösung und dem auftretenden Konflikt verändern können, und die ursprünglich getroffene Entscheidung möglicherweise unter den geänderten Voraussetzungen nicht mehr die beste Lösung darstellt.

Vormundschaftsbehörde zuständig."; vgl. Bericht zum VE (1992), S. 71.
[674] Vgl. Art. 287 Abs. 1 Cc.
[675] Vgl. Sec. 1 (5) CA 1989.
[676] Vgl. Leutheusser-Schnarrenberger, ZRP 1993, 415: "Vieles spricht auch dafür, den sogenannten Zwangsverbund bei Scheidung abzuschaffen."
[677] Die Konfliktregelung "auf Vorrat" besteht darin, dass anlässlich der Scheidung die Obhutsfrage geregelt muss, ohne dass Anhaltspunkte dafür bestehen, dass sich die Eltern ohne richterlich genehmigte Vereinbarung nicht einig werden könnten. Erst wenn Konflikte tatsächlich auftreten, sollten dafür Lösungen gesucht werden.

III. Unverheiratete Eltern, die nicht - oder nicht mehr - zusammenleben

Die gemeinsame Ausübung der Elternverantwortung, ohne dass die Eltern zusammen leben, ist auch nach Auflösung einer nichtehelichen Lebensgemeinschaft, oder ohne dass eine Lebensgemeinschaft je bestanden hat, zu diskutieren.

Aus juristischer Sicht liegt ein Unterschied zwischen der Aufhebung der nichtehelichen Lebensgemeinschaft und der Scheidung in der fehlenden Beteiligung des Staates. Während die Scheidung eine staatliche Beteiligung voraussetzt, läuft die Auflösung der nichtehelichen Gemeinschaft ohne staatliche Mitwirkung ab, und bezogen auf die Frage der elterlichen Gewalt liegt anlässlich des Auseinandergehens kein staatlicher Eingriff vor.

Bei der gemeinsamen Elternverantwortung nichtverheirateter Eltern, die nie zusammengelebt haben, wird deutlich, dass das Zusammenleben nicht zwingend eine Voraussetzung für die ursprüngliche Erteilung der gemeinsamen elterlichen Gewalt sein muss.

1. Rechtliche Situation in Deutschland

a. Nach geltendem Recht

Das geltende deutsche Bürgerliche Gesetzbuch sieht keine gemeinsame elterliche Sorge nicht verheirateter Eltern - unabhängig von deren Zusammenleben - vor.

Der Beschluss des Bundesverfassungsgerichts vom 7. Mai 1991[678], der den Anstoss für die Prüfung der gesetzlichen Einführung der gemeinsamen elterlichen Sorge nicht verheirateter Eltern gegeben hat, bezieht sich auf die zusammenlebende nichteheliche Familie. Er hat jedoch deutlich gemacht, dass die Frage der gemeinsamen Elternverantwortung Unverheirateter generell durch den Gesetzgeber normiert werden muss.

---

[678] BVerfG, 7.5.1991, BVerfGE 84, 168 = FamRZ 1991, 913 = NJW 1991, 1944; vgl. oben 5.Kap.II.2.c.

b. Reform des Kindschaftsrechts

aa. Reformvorschläge der Literatur und Juristischer Vereinigungen

Die überwiegende Mehrheit der Autoren befürwortet die Einführung der gemeinsamen Ausübung der Elternverantwortung durch beide Elternteile[679].

Auch die massgeblichen Vereinigungen von Juristinnen und Juristen fordern, dass im Rahmen der Revision des deutschen Kindschaftsrechts die gemeinsame Ausübung der elterlichen Sorge eingeführt werden soll. Einzige Voraussetzung dazu soll der übereinstimmende Antrag der Eltern sein[680].

Kritik an den Reformbestrebungen ist aus zwei ganz unterschiedlichen Richtungen zu vernehmen. Einerseits wehrten sich in der älteren Literatur Autoren mit wertkonservativer Haltung aus Sorge um die Untergrabung der Institution der Ehe gegen die gemeinsame Elternverantwortung unverheirateter Eltern[681]. In der heutigen Literatur wird von dieser Seite eher die In-

---

[679] Vgl. als Auswahl aus der kaum überblickbaren Fülle der Literatur Heil, Das Personensorgerecht der Eltern nichtehelicher Kinder (1993), S. 143; Schwenzer, Elterliche Sorge für nichteheliche Kinder im Lichte internationaler Konventionen, ZEuP, erscheint demnächst; dies., Die UN-Kinderrechtskonvention und das schweizerische Kindesrecht, AJP 1994, 817, 822; dies., Familienrecht im Umbruch, ZBJV 129 (1993), 257, 268 f.; dies., Die Rechtsstellung des nichtehelichen Kindes, FamRZ 1992, 121, 124 f.; dies., Gutachten zum 59. DJT (1992), A 69 ff.; dies.; Vom Status zur Realbeziehung (1987), S. 268; dies., "...Vater sein dagegen sehr!", FamRZ 1985, 1202, 1209; Böhm, Gedanken zur Neuregelung des Kindschaftsrechts, ZRP 1992, 334, 335; Brötel, Der Anspruch auf Achtung des Familienlebens (1991), S. 258 f.; Stein-Hilbers, Männer und Kinder, FuR 1991, 198 ff.; Niemeyer, Anmerkung zum Beschluss des BVerfG vom 7. Mai 1991, FuR 1991, 225 ff.; Pawlowski/Deichfuss, Gemeinsames Sorgerecht unverheirateter Eltern, FuR 1991, 205 ff.; Bardenheuer, Personensorgerecht für den Vater eines nichtehelichen Kindes (1990), S. 46 ff.; Baer, Neue Lösungen im Kindschaftsrecht, ZRP 1989, 344, 349; Oberloskamp, Staatliche Rechtsfürsorge, Sorge- und Umgangsrecht beim nichtehelichen Kind, ZfJ 1989, 118, 122; Bartels, Die vollständigen und unvollständigen Familien im Kindschaftsrecht (1986), S. 460, mit Vorschlag de lege ferenda zu § 1626 Abs. 2.

[680] Vgl. Beschlüsse des 59. DJT (1992), Verhandlungen des 59. DJT, M 261, D.I.1.; Thesen des Deutschen Familiengerichtstags (DFGT), I.3., FamRZ 1993, 1164; Thesen des Deutschen Juristinnenbundes (DJB) zur Neuregelung des Kindschaftsrechts, III.2., FuR 1992, 185.

[681] Vgl. Rüfner, Zum Elternbegriff des Grundgesetzes, FamRZ 1963, 153, 155; Horst-

stabilität der nichtehelichen Lebensgemeinschaft behauptet und als Argument gegen die gemeinsame elterliche Sorge Unverheirateter angeführt[682]. Auf der anderen Seite wehren sich feministische Autorinnen gegen eine Erweiterung des väterlichen Sorgerechts durch die Einführung der gemeinsamen Sorge. Gemeinsame elterliche Sorge nichtverheirateter Eltern diene in erster Linie den Machtinteressen der Männer. Das Privileg der Mutter, über ihr nichteheliches Kind allein zu bestimmen, dürfe diesen Machtinteressen nicht geopfert werden[683].

So unterschiedlich die Kritikpunkte zu sein scheinen, sie leiden doch an demselben Mangel. Es geht weder darum, Staatsinteressen an der Institution der Ehe zu schützen, noch darum, väterliche Rechte auf Kosten der mütterlichen Position auszuweiten. In erster Linie ist das Interesse des Kindes massgebend. Und eine gesetzliche Neuregelung soll sich danach ausrichten.

bb. Umsetzung der Vorschläge durch den Gesetzgeber

Die Forderungen der grossen Mehrheit der Lehre und der genannten Vereinigungen sind vom Gesetzgeber gehört worden und sollen bei der anstehenden Gesamtrevision des Kindschaftsrechts weitgehend Beachtung finden. Im Rahmen dieser Gesamtrevision wird auch das Sorge- und Umgangsrecht neu gestaltet werden. Allerdings wurde die Revision nicht - wie ursprünglich geplant - in der letzten Legislaturperiode verwirklicht[684]. Ob der Gesetzgeber die formulierten Anliegen berücksichtigen wird, ist somit noch offen.

---

mann, Zum Problem der personensorgerechtlichen Beziehungen im ausserehelichen Eltern-Kind Verhältnis (1967), S. 87.

[682] Vgl. Bosch, Zur Rechtsstellung der mit beiden Eltern zusammenlebenden nichtehelichen Kinder, FamRZ 1991, 1121, 1122; Hahne, Überlegungen zur Verbesserung der Rechtsstellung des nichtehelichen Kindes, FamRZ 1990, 928, 929.

[683] Vgl. Stein-Hilbers, Biologie und Gefühl - Geschlechterbeziehungen im neuen Kindschaftsrecht, ZRP 1993, 256 ff.; Flügge, Ambivalenzen im Kampf um das Sorgerecht, Streit 1991, 4 ff.; Heinke, Frauen vertreten Frauen - für eine offen(siv)e Parteilichkeit, in: Fabricius-Brand (Hrsg.), Wenn aus Ehen Akten werden (1989), S. 77 ff.; Bahr-Jendges, Die Selbstbestimmung der Frau kann nicht so weit gehen, dass sie allein entscheidet, oder: ein Kind ohne Vater ist kein Mensch, Streit 1988, 99, 122; dies., Gemeinsames Sorgerecht nach Trennung und Scheidung, Streit 1983, 15 ff.

[684] Vgl. Leutheusser-Schnarrenberger, ZRP 1994, 161.

Rechtliche Unterschiede zwischen ehelichen und nichtehelichen Kindern, die in Teilbereichen noch vorhanden sind, müssten soweit als möglich abgebaut werden[685]. Einen wichtigen Punkt wird dabei die Ermöglichung der gemeinsamen elterlichen Sorge über nichteheliche Kinder darstellen[686].

2. Gesetzliche Regelung in Frankreich

a. Gemeinsame Elternverantwortung ohne Zusammenleben gemäss der loi Malhuret vom 22. Juli 1987

Durch eine bedeutende Revision des Code civil durch die loi Malhuret[687] wurden im Jahre 1987 zwei Wege geschaffen, auf dem auch unverheiratete Eltern beide Inhaber der elterlichen Gewalt werden können. Diese beiden Möglichkeiten wurden bei der folgenden Revision von 1993 beibehalten und sind auch heute geltendes Recht.

Wollen die Eltern beide die Elternverantwortung ausüben, müssen sie nur gemäss Art. 374 Abs. 2 Cc vor dem Richter für Familienangelegenheiten[688] eine diesbezügliche Erklärung abgeben. Eine zusätzliche Voraussetzung muss nicht erfüllt sein. Der Richter darf die rechtliche Folge der gemeinsamen Erklärung nicht verweigern und darf sie insbesondere auch nicht auf

---

685 Vgl. Leutheusser-Schnarrenberger, ZRP 1994, 41.

686 Vgl. Schwenzer, Elterliche Sorge für nichteheliche Kinder im Lichte internationaler Konventionen, ZEuP, erscheint demnächst; Leutheusser-Schnarrenberger, ZRP 1993, 415.

687 Gesetz n. 87-570 vom 22. Juli 1987; vgl. Vauvillé, D.1989.Chron.123 ff.; Bastien-Rabner, Le charme discret de la loi Malhuret, Droit de l'enfance et de la famille 1992/1, 221 ff.; Nicolas-Maguin, Pouvoirs du juge et volonté des parents dans l'exercice en commun de l'autorité parentale prévu par la loi du 22 juillet 1987, D.1988.Chron.307 ff.; de La Marnierre, Exercice en commun de l'autorité parentale sur les enfants dont les parents sont divorcés ou célibataires, Gaz.Pal.1987.2.638 ff.; Schwenzer, Elterliche Sorge für nichteheliche Kinder im Lichte internationaler Konventionen, ZEuP 1994, erscheint demnächst; Normann, Das neue Recht der elterlichen Sorge in Frankreich im Vergleich mit dem deutschen Recht, FamRZ 1988, 568 ff.

688 Durch die loi n. 93-22 vom 8.1.1993 wurde im neuen Art. 247 Cc auf den 1.2.1994 der juge aux affaires familiales anstelle des juge aux affaires matrimoniales für zuständig erklärt. J.C.P.1993.III.66093.

ihre Kindeswohlverträglichkeit hin überprüfen[689].

Nach Art. 374 Abs. 3 Cc kann der Richter auch auf Antrag nur eines Elternteils die elterliche Gewalt beiden Eltern zusprechen. Dies hat zur Folge, dass der Richter selbst gegen den Willen der unverheirateten Mutter dem Vater ebenfalls die elterliche Verantwortung zuteilen kann. In einem solchen Fall muss der Richter sehr sorgfältig prüfen, ob die Vorteile der geteilten Elternverantwortung gegenüber den zu erwartenden Konflikte überwiegen[690].

b. Keine Änderung durch Reform vom 8. Januar 1993 für unverheiratete, nicht zusammenlebende Eltern

Die in Art. 374 Abs. 2 und 3 Cc formulierten Möglichkeiten zur gemeinsamen Ausübung der Elternverantwortung Unverheirateter wurden durch die Reform vom 8. Januar 1993 nicht geändert.

Neu sieht das französische Recht nach der Reform vom 8. Januar 1993 jedoch einen Semi-Automatismus bei zusammenlebenden Eltern vor[691]. Damit die elterliche Gewalt automatisch beiden Elternteilen zusteht, müssen diese das Kind gleichzeitig oder nacheinander anerkennen und zum Zeitpunkt der gleichzeitigen oder der zweiten Anerkennung zusammenleben. Der unkomplizierteste Weg zur gemeinsamen Elternverantwortung knüpft also an das Zusammenleben an.

In der Literatur[692] wird bedauert, dass die zweite Voraussetzung des Zusammenwohnens Eingang in das Gesetz gefunden hat. Zunächst können sich

---

[689] Vgl. Cass. civ. 1re, 26.6.1990, D.1991.Jur.315 m. Anm. Massip = J.C.P.1991.II.21688 m. Anm. Vauvillé; Malaurie/Aynès, Droit civil, La famille (3. Aufl. 1992-1993), N 781; Hauser/Huet-Weiller, Traité de droit civil, La famille I (2. Aufl. 1993), N 1182.

[690] Vgl. Hauser/Huet-Weiller, Traité de droit civil, La famille I (2. Aufl. 1993), N 1187; vgl. auch Vorauflage (1989), N 1141.

[691] Vgl. oben 5.Kap.II.3.

[692] Vgl. Rubellin-Devichi, Une importante réforme en droit de la famille, J.C.P.1993.I.3659; Furkel, Die wichtigsten Änderungen im französischen Familienrecht durch das Gesetz vom 8. Januar 1993, FamRZ 1994, 1084, 1088; Ferrand, Die Entwicklung des französischen Kindschaftsrechts, in: Schwab/Henrich (Hrsg.), Entwicklungen des europäischen Kindschaftsrechts (1994), S. 41, 54.

Beweisschwierigkeiten ergeben, wenn die Eltern sich getrennt haben und der Vater Jahre später den Wunsch verspürt, an der Elternverantwortung teilzuhaben. Weiter wird angeführt, dass bei gleichzeitiger Anerkennung vor der Geburt des Kindes noch nicht gesagt werden könne, wie gross denn tatsächlich das Interesse des Vaters an seinem Kind sein werde. In dieselbe Richtung zielt der ebenso berechtigte Einwand, dass es in erster Linie auf den Willen der Eltern ankommen solle, Verantwortung für ihre Kinder zu übernehmen, unabhängig davon ob, sie zusammenleben oder nicht[693]. Es wäre konsequent gewesen, einen gleichlautenden Antrag der Eltern auf Erteilung der gemeinsamen elterlichen Verantwortung anlässlich der Anerkennung des Kindes genügen zu lassen.

3. Regelung in Grossbritannien

Zu wiederholen ist hier, dass die Elternverantwortung nach englischen Recht nicht abhängig von einer Ehe oder vom Zusammenleben der Eltern ist. Die gesetzliche Ausgestaltung kann somit an dieser Stelle gesamthaft vorgestellt werden.

a. Family Law Reform Act 1987

In England wurde die gemeinsame elterliche Gewalt[694] unverheirateter Eltern durch den Family Law Reform Act 1987 eingeführt. Das Ziel dieses Gesetzes war, die Einheit des Kindesrechts herbeizuführen, und keine Unterschiede mehr zu machen zwischen "legitimen" und "illegitimen" Kindern.

Dieses Ziel konnte nicht verwirklicht werden, da das Gesetz in seiner letztendlichen Form eine Kompromisslösung darstellte[695]. Denn noch immer wurde zwischen Kindern, die innerhalb oder ausserhalb einer Ehe geboren werden, unterschieden. Die rechtlichen Nachteile, die bisher an die unterschiedliche Geburt anknüpften, wurden in den einzelnen Punkten zwar ausgeschlossen, jedoch unter Aufrechterhaltung der grundsätzlichen Trennung

---

693 Vgl. Fulchiron, Une nouvelle réforme de l'autorité parentale, D.1993.Chron.117, 120; Hauser/Huet-Weiller, Traité de droit civil, La famille I (2. Aufl. 1993), N 1181.

694 Im Gesetz elterliche Rechte und Pflichten genannt.

695 Vgl. Lowe, The Family Law Reform Act 1987 - Useful Reform but an Unhappy Compromise?, Denning L.J. (1988) 77.

zwischen ehelichen und ausserehelichen Kindern[696].

Gemäss Sec. 4 FLRA 1987 konnte ein nichtehelicher Vater eine gerichtliche Verfügung beantragen, die ihn zum Inhaber der elterlichen Rechte und Pflichten machte[697]. Durch eine parental rights and duties order erlangte der Vater dieselbe rechtliche Stellung, wie wenn er der Ehemann der Mutter wäre. Im Vergleich mit dem deutschen Recht könnte hier ein Missverständnis entstehen. Diese richterliche Verfügung entspricht nicht der Ehelicherklärung gemäss § 1723 ff. BGB. Auch wenn der Vater durch Gerichtsbeschluss Inhaber der elterlichen Gewalt wird, wird die Mutter dadurch nicht ausgeschlossen. In Sec. 4 (2) FLRA 1987 war ausdrücklich vorgesehen, dass die elterlichen Rechte und Pflichten des Vaters neben die der Mutter traten und dass sie von beiden wahrgenommen werden konnten.

Um das Ziel der Gleichbehandlung ehelicher und nichtehelicher Kinder zu erreichen, wurde in einem zweiten Schritt der Gesamtrevision des Kindesrechts der Children Act 1989 geschaffen.

b. Children Act 1989

Der Children Act 1989 hat die Regelungen des Family Law Reform Act 1987 im Bereich der elterlichen Gewalt ersetzt.

Der CA 1989 verwirklicht eine neue Grundauffassung elterlicher Gewalt. Der Begriff der elterlichen Rechte und Pflichten wird abgeschafft zugunsten der elterlichen Verantwortung[698]. Diese Verantwortung, die durch Elternschaft entsteht, ist als fortdauernde Verpflichtung zu verstehen, die unabhängig von einer Ehe zwischen den Eltern besteht[699].

Eine andere wichtige Änderung besteht darin, dass der Grundsatz, keinen Unterschied zwischen ehelichen und ausserehelichen Kindern zu machen, umgesetzt wurde, indem der Status der Geburt als Anknüpfungspunkt fallen-

---

[696] Vgl. Bromley/Lowe, Bromley's Family Law (7. Aufl. 1987), S. 253; Heil, Das Personensorgerecht der Eltern nichtehelicher Kinder (1993), S. 27.
[697] Vorgeschlagen durch die Law Commission, vgl. Law Com. N 118, para. 7.26 f.
[698] Vgl. Law Com. N 172, para. 2.4.
[699] Vgl. Sachs, The Unmarried Father, Fam.Law 21 (1991) 538; Henrich, Reformen im englischen Kindschaftsrecht, in: Schwab/Henrich (Hrsg.), Entwicklungen des europäischen Kindschaftsrechts (1994), S. 33, 35 f.

Gemeinsame elterliche Gewalt ohne Zusammenleben 179

gelassen wurde. So sind beispielsweise im neuen Children Act 1989 als Ausdruck der Einheit des Kindesrechts in der Bezeichnung "Vater" auch nichteheliche Väter immer miteinbezogen[700].

Im Children Act 1989 ist zwar die automatische Zuteilung der elterlichen Gewalt eines ausserhalb einer Ehe geborenen Kindes an die Mutter beibehalten worden[701]. Doch nichteheliche Väter können auf verschiedenen Wegen Mitinhaber der Elternverantwortung werden. Die Elternverantwortung der Mutter wird davon nicht berührt, denn in Sec. 2 (5) und (6) CA 1989 ist ausdrücklich festgehalten, dass mehr als eine Person zur selben Zeit über dasselbe Kind Elternverantwortung tragen kann. Und die Elternverantwortung der einen Person wird nicht allein dadurch aufgehoben, dass eine weiterer Person dieser Verantwortung hinzutritt.

Der am 14. Oktober 1991 in Kraft getretene Children Act 1989 schafft insgesamt vier Möglichkeiten, wie unverheiratete Eltern zusammen Inhaber der elterlichen Verantwortung werden können. Keine der Varianten ist vom Zusammenleben der Eltern abhängig.

aa. Parental responsibility order

Gemäss Sec. 4 (1) (a) CA 1989 kann der Vater die Erteilung der Elternverantwortung durch gerichtliche Verfügung[702] beantragen. Diesen Antrag kann er auch bei Uneinigkeit gegen den Willen der Mutter des Kindes stellen[703]. Doch der Richter muss bei seiner Entscheidung auf das Wohl des Kindes Rücksicht nehmen, indem er nach der in Sec. 1 (3) CA 1989 formulierten Checkliste vorgeht[704]. In den Jahren 1991 und 1992 ergingen drei Entscheidungen, die als Leitlinie gelten für den Erlass einer parental re-

---

[700] Vgl. Masson/Morris, The Children Act Manual (1992), S. 19.
[701] Sec. 2 (2) CA 1989.
[702] Parental responsibility order.
[703] Vgl. Lyon, The Law Relating to Children (1993), N 100, 103, mit Hinweis auf Re C (Minors) (Parental Rights), [1992] 2 All E.R. 86; Masson/Morris, The Children Act Manual (1992), S. 24.
[704] Das Gericht hat insbesondere Rücksicht zu nehmen auf die Wünsche eines Kindes (unter Berücksichtigung seines Alters), auf seine körperlichen und psychischen Bedürfnisse, sein Alter und sein sozialer Hintergrund, auf schon erlittenes oder zu befürchtendes Leid zu nehmen und auf die Möglichkeiten der verantwortlichen Erwachsenen, die sich um das Kind kümmern.

sponsibility order[705]. Prägnant formuliert lautet die Kernfrage: "Hat der nichteheliche Vater des Kindes sich in der Vergangenheit wie ein verantwortlicher Vater verhalten oder ist anzunehmen, dass er sich in Zukunft wie ein verantwortungsbewusster Vater verhalten wird?[706]"

Für jede Anordnung nach dem Children Act gilt als oberstes Prinzip die Verwirklichung des Interesses des Kindes[707]. Nur wenn eine Verfügung dem Kindeswohl dient, ist eine solche zu erlassen[708]. Bevor der Richter handelt, hat er deshalb zu prüfen, ob die entsprechende richterliche Verfügung das Kindeswohl fördert, oder ob es besser wäre, gar keine Verfügung zu erlassen. Eine generelle Interventionspflicht besteht nach dem Children Act 1989 nicht mehr. Sie besteht nur und immer dann, wenn sie im konkreten Fall nach den Umständen gefordert ist.

bb. Parental responsibility agreement

Die zweite Möglichkeit[709] besteht in einer gemeinsamen Erklärung beider Eltern. Nach Sec. 4 (2) ist die Wirksamkeit eines parental responsibility agreement abhängig von der Einhaltung einer bestimmten Form. Eine Verordnung des Lord Chancellor[710], die gleichzeitig mit dem Gesetz in Kraft getreten ist, regelt die Form der Erklärung. Sie enthält ein Musterformular, das bei Gericht erhältlich ist.

Das von beiden Eltern unterzeichnete Formular wird durch das Gericht aufbewahrt, seine Gültigkeit ist hingegen nicht von einer gerichtlichen Genehmigung abhängig. Eine Überprüfung des Kindesinteresses durch den Richter findet nicht statt[711]. Das entscheidende Kriterium, damit die Rechtsfolge der

---

705 D v. Hereford and Worcester County Council, [1991] 1 F.L.R. 205; Re H, [1991] 1 F.L.R. 214; Re H, 7.9.1992 CA, Fam.Law 22 (1992) 416.
706 Vgl. Freeman, England: The Child's Welfare and Parental Rights, U.L.Journ.Fam.Law 31 (1992-93) 319, 340, mit Zitaten aus den genannten Entscheidungen.
707 Vgl. Re C (Minors) (Parental Rights), 8.8.1991 CA, P.C.L.B. 4 (1991) 9, 103.
708 Vgl. Sec. 1 (5) CA 1989.
709 Gemäss Sec. 4 (1) (b) CA 1989.
710 The Parental Responsibility Agreement, Regulations 1991 (SI 1991 N 1478).
711 Vgl. Bromley/Lowe, Bromley's Family Law (8. Aufl. 1992), S. 324; anders Heil, Das Personensorgerecht der Eltern nichtehelicher Kinder (1993), S. 41.

gemeinsamen Elternverantwortung eintreten kann, ist die übereinstimmende Erklärung der Eltern.

cc. Ernennung des Vaters zum Vormund des Kindes

Wird der Vater durch Erklärung der Mutter oder durch das Gericht zum guardian des Kindes bestimmt[712], so wird er damit gleichzeitig auch Inhaber der Elternverantwortung. Die Einsetzung als guardian wird allerdings erst mit dem Tod der Mutter wirksam[713].

dd. Residence Order

Die residence order nach Sec. 8 CA 1989 kann als Aufenthaltsanordnung bezeichnet werden. Diese Verfügung wurde schon an anderer Stelle kurz vorgestellt[714], sie ist jedoch in diesem Zusammenhang nochmals zu nennen. In erster Linie stellt sie eine Lösung für den Konfliktfall dar und kann auf eine bestimmte Zeit beschränkt werden. Sie regelt, bei wem ein Kind leben soll. Bestehen keine Konflikte zwischen den Inhabern der Elternverantwortung, entscheiden sie selbständig, bei wem das Kind seinen ständigen Aufenthaltsort haben soll. Nur für den Fall, dass eine Einigung nicht möglich ist, soll der Richter den Obhutsberechtigten bestimmen. Der Grundsatz des CA 1989, dass der Staat nur dort eingreifen soll, wo eine Intervention notwendig ist, wird hier wiederum deutlich.

Die Residence Orders ersetzen die bisherigen Sorgerechtsbeschlüsse, wobei sie aber flexibler eingesetzt werden können. Der Richter verfügt bei der Ausgestaltung einer solchen Aufenthaltsanordnung über einen weiten Ermessensspielraum. Er hat die Möglichkeit, eine auf den konkreten Einzelfall zugeschnittene Lösung zu erarbeiten. Im Sinne des Gesetzes sollen diese Anordnungen für die Beteiligten nicht Sieg oder Niederlage bedeuten, sondern es sollen im Interesse des Kindes diejenigen Probleme geregelt werden, die entschieden werden müssen[715]. Wenn das Gericht eine residence order

---

712 Sec. 5 (1) CA 1989; vgl. Mitchels, Unmarried Parents and the Children Act 1989, P.C.L.B. 4 (1991) 8, 94 f.
713 Vgl. Bromley/Lowe, Bromley's Family Law (8. Aufl. 1992), S. 323.
714 Vgl. oben 6.Kap.II.3.b.
715 Vgl. Lowe, Die Rechtsstellung des Kindes - Reform auf englische Art, FuR 1991, 123, 129.

zugunsten eines unverheirateten Vaters ausspricht, so ist es verpflichtet, zusätzlich eine separate order nach Sec. 4 CA 1989 (parental responsibility order) auszusprechen[716], sofern der Vater nicht ohnehin schon Mitinhaber der Elternverantwortung war.

ee. Ausübung der gemeinsamen Elternverantwortung

Jeder Inhaber der Elternverantwortung kann diese selbständig ausüben. Im Rahmen der Gesetzesvorbereitung wurde diskutiert, ob die handelnde Person jeweils das Einverständnis der andern Inhaber der parental responsibility einholen müsse. Diese Frage stellt sich nach englischem Recht vordringlicher als in den anderen Rechtsordnungen, denn nach dem CA 1989 können nicht nur die Eltern, sondern zusätzlich auch weitere Personen Träger der Elternverantwortung sein[717].

Grundsätzlich sollten alle Inhaber unabhängig voneinander handeln können. Dies entspricht auch dem generellen Ziel des Gesetzes, in beiden Eltern das Gefühl, dass sie sich angesprochen und verantwortlich fühlen für die Anliegen ihrer Kinder, zu wecken und zu erhalten[718]. Auf der anderen Seite wurde in der Diskussion vorgebracht, dass die Pflicht, den andern Elternteil zu informieren und ihn anzuhören, die Kooperation zwischen den Eltern fördern könnte[719]. Schliesslich wurde die Befragungspflicht abgelehnt mit der Begründung, dass derjenige Elternteil, der das Kind betreut, unverzüglich handeln können muss, wenn die Situation es erfordert. Im Interesse des Kindes dürfen anstehende Entscheidungen nicht herausgezögert werden[720]. Nur in ganz bestimmten Fällen[721], in denen es um Entscheidungen von besonderer Tragweite geht, sieht das Gesetz zwingend die Zustimmung beider oder aller Inhaber der Elternverantwortung vor[722].

---

[716] Vgl. Bromley/Lowe, Bromley's Family Law (8. Aufl. 1992), 325.

[717] Vgl. Hoggett/White/Carr/Lowe, A Guide to the Children Act 1989 (1990), S. 13.

[718] Vgl. Law Com. Working Paper N 96 (1986), para. 4.25 und 7.17.

[719] Vgl. Law Com. N 172, para. 2.9. (b).

[720] Vgl. Bromley/Lowe, Bromley's Family Law (8. Aufl. 1992), S. 333 f.

[721] Bspw. bei Freigabe des Kindes zur Adoption, Namenswechsel, Wegzug aus dem Vereinigten Königreich, vgl. Sec. 2 Subsec. (7) CA 1989.

[722] Vgl. Masson/Morris, The Children Act Manual (1992), S. 19.

4. Zwischenbemerkung zu den ausländischen Regelungen

Bei der Betrachtung der verschiedenen Rechtsordnungen und insbesondere unter Berücksichtigung der Gesetzesreformen wird eine wichtige Tendenz deutlich. Das Kriterium des Zusammenlebens tritt zugunsten des Antrags der Eltern und des Kindeswohls zunehmend in den Hintergrund. Bei der Problematik der gemeinsamen Elternverantwortung Unverheirateter stehen folglich in den ausländischen Rechtsordnungen nicht die Konkubinatseltern allein im Mittelpunkt. Die gesetzgebenden Institutionen haben offenere Formulierungen gewählt und dadurch alle Lebensformen berücksichtigt.

5. Rechtliche Situation in der Schweiz de lege lata

Das schweizerische Recht kennt keine gemeinsame elterliche Gewalt nicht verheirateter Eltern, unabhängig davon, ob sie zusammenleben oder nicht[723].

6. Im Vorentwurf für die Revision des ZGB vorgesehene Regelung

a. Gemeinsame elterliche Gewalt unverheirateter Eltern nicht vorgesehen

Mit der Revision des Scheidungsrechts und der damit verbundenen teilweisen Änderung des Kindesrechts wird keine gemeinsame Elternverantwortung entsprechend der elterlichen Gewalt verheirateter Eltern eingeführt werden. Es ist nicht vorgesehen, dass beide Elternteile zusammen Inhaber der elterlichen Gewalt sein können. Das Institut der gemeinsamen Elternverantwortung sei nicht nötig, um die Autonomie von Eltern in einer eheähnlichen Gemeinschaft zu sichern und von staatlicher Bevormundung freizuhalten[724]. Denn das Gesetz verhindere nicht, dass Mutter und Vater tatsächlich - ohne entsprechende rechtliche Bestimmung - gemeinsam die Verantwortung für ihr Kind übernehmen könnten.

Der Elternteil, der nicht Inhaber der elterlichen Gewalt ist, soll aber im revidierten Recht in Zusammenhang mit der elterlichen Gewalt erstmals ge-

---

[723] Vgl. BGE 114 II 412, 415 = Pra 78 (1989) Nr. 135, S. 454.
[724] Vgl. Bericht zum VE (1992), S. 99.

nannt werden. Art. 298a des Vorentwurfs sieht eine Form der Teilnahme an der elterlichen Gewalt vor, wobei nicht unterschieden wird zwischen dem nicht verheirateten Vater und dem geschiedenen Elternteil, welcher nicht Inhaber der elterlichen Gewalt ist[725]. Die Bestimmung ist somit auch nach einer Scheidung mit Alleinzuteilung der Elternverantwortung anwendbar:

> "Ist der alleinige Inhaber der elterlichen Gewalt damit einverstanden, so ist der andere Elternteil befugt, ihm in der Ausübung der elterlichen Gewalt in angemessener Weise beizustehen und ihn zu vertreten, wenn es die Umstände erfordern."[726]

Die Expertenkommission führt aus, dass sich diese Regelung an die Bestimmungen über Stief- und Pflegeeltern[727] anlehnt. Die Stellung des unverheirateten Vaters soll aufgewertet werden. Die in der Bestimmung genannte Befugnis ist dem Bericht zufolge als familienrechtliche Befugnis zu verstehen, die über eine bloss rechtsgeschäftliche Ermächtigung hinausgehe[728].

Die Kommission geht zwar zunächst von der zusammenlebenden nichtehelichen Familie aus und hat ausdrücklich zum Ziel, die Stellung des Konkubinatsvaters aufzuwerten. Lebt der Vater mit der Mutter und dem Kind zusammen, ist er unter den beiden Voraussetzungen des Einverständnisses der Mutter und den sein Handeln erfordernden Umständen befugt, an der Ausübung der elterlichen Gewalt teilzunehmen. Gleichzeitig wertet sie die offene Formulierung der Bestimmung als grossen Vorteil, da damit ihre Anwendung auf alle Fälle, in denen nur ein Elternteil Inhaber der elterlichen Gewalt ist, ermöglicht wird[729].

 b. Ergebnisse des Vernehmlassungsverfahrens

  aa. Positive Vernehmlassungen

Die vorliegende Formulierung von Art. 298a VE wird mehrheitlich begrüsst. Mehrfach wird dabei - besonders in Äusserungen interessierter Organisationen und nicht-offizieller Vernehmlassungsteilnehmerinnen - hervorgehoben,

---

[725] Vgl. Bericht zum VE (1992), S. 99.
[726] Art. 298a VE.
[727] Vgl. Art. 299, 300 Abs. 1 ZGB.
[728] Vgl. Bericht zum VE (1992), S. 99.
[729] Vgl. Bericht zum VE (1992), S. 99.

dass das Einverständnis des Inhabers oder der Inhaberin der elterlichen Gewalt Voraussetzung für eine Teilnahme sein müsse[730].

Nur ganz vereinzelt wird die Bestimmung mit dem ausdrücklichen Hinweis darauf, dass damit nicht die gemeinsame elterliche Gewalt nichtehelicher Eltern eingeführt werden soll, begrüsst. Lediglich zwei Kantone aus der Innerschweiz wollen diese Norm als Absage an gemeinsame Elternverantwortung unverheirateter Eltern verstanden wissen[731].

bb. Kritische Vernehmlassungen

Ein fast ebensogrosser Anteil der Vernehmlassungen ergibt eine kritische Sicht der vorgesehenen Teilnahme an der elterlichen Gewalt.

Die Umschreibung der Teilnahme "in angemessener Weise" wird in einigen Fällen als zu unklar bemängelt und zur Streichung vorgeschlagen[732].

Die Kantone Genf und Tessin kritisieren die Regelung als zu wenig weitgehend. Sie erachten sie einerseits als unvereinbar mit Art. 18 der Kinderrechtskonvention. Andererseits wird die Ungleichbehandlung nichtehelicher Eltern und geschiedener Eltern kritisiert. Im Interesse des Kindes könne die vorgeschlagene Regelung als ein Schritt in die richtige Richtung betrachtet werden, eine weitergehende Revision sei allerdings unumgänglich[733].

In vielen Vernehmlassungen, sowohl von Kantonen, Parteien als auch interessierter Organisationen[734], wird die Bestimmung in ihrer vorliegenden Form als überflüssig betrachtet. Sie regle eine Selbstverständlichkeit, die schon nach geltendem Recht praktiziert werde. Das Ziel, welches mit dieser Bestimmung erreicht werden soll, eine Verbesserung der rechtlichen Stel-

---

[730] Vgl. Zusammenstellung der Vernehmlassungen (1993), S. 725 ff.

[731] Vgl. die Kantone Zug und Schwyz, Zusammenstellung der Vernehmlassungen (1993), S. 725.

[732] Vgl. Bund Schweizerischer Frauenorganisationen, Zusammenstellung der Vernehmlassungen (1993), S. 725; Zürcher Frauenzentrale sowie Université de Lausanne, Zusammenstellung der Vernehmlassungen (1993), S. 728.

[733] Vgl. Zusammenstellung der Vernehmlassungen (1993), S. 727.

[734] Vgl. Kanton Luzern, Regionalkonferenz der Regierungen der Nordwestschweiz, CVP, FDP, Schweizerischer Anwaltsverband, Universität Basel, Verein Schweizerischer Amtsvormünder.

lung des nichtehelichen Vaters, finde hingegen eine unbefriedigende Lösung. Art. 298a VE sei kein genügender Ersatz für die mangelnde elterliche Gewalt (zusammenlebender,) nicht verheirateter Eltern[735].

Zudem wird darauf aufmerksam gemacht, dass Art. 299 und 300 Abs. 1 ZGB auch nach geltendem Recht Anwendung finden, sofern sich das Kind unter der Obhut desjenigen Elternteils befindet, welcher nicht Inhaber der elterlichen Gewalt ist. Die neue Regelung würde sogar einen Rückschritt bedeuten, denn de lege lata ist die stellvertretende Ausübung der elterlichen Gewalt durch die Pflegeeltern als Wirkung von Art. 300 Abs. 1 ZGB im Interesse des Kindes nicht an das Einverständnis des Inhabers der elterlichen Gewalt gebunden.

In zwei Fällen werden erweiternde Vorschläge formuliert, die beide auf Antrag die Übertragung der gemeinsamen elterlichen Gewalt auf nichteheliche Eltern durch die Vormundschaftsbehörde vorsehen[736].

c. Würdigung der vorgesehenen Regelung

Auf Art. 298a VE könnte verzichtet werden, denn er ändert nichts an der Rechtslage, wie sie heute schon besteht. Auch nach geltendem Recht kann die unverheiratete Mutter als Inhaberin der elterlichen Gewalt den Vater im Einzelfall mit der Ausführung beauftragen[737]. Durch die neue Regelung wird lediglich die Möglichkeit gesetzlich festgehalten, dem nicht sorgeberechtigten Elternteil in ganz bestimmten Fällen auf freiwilliger Basis die Stellvertretung zu überlassen. Es wäre von Vorteil, die Bestimmung ganz wegzulassen, denn sie vermittelt durch den Begriff der Teilnahme nur den falschen Eindruck, beide Eltern seien Inhaber der elterlichen Gewalt. Dies ist jedoch nicht der Fall.

Einen weiteren Kritikpunkt stellt die Anwendung von Bestimmungen, die für Stief- und Pflegeeltern geschaffen worden sind, auf nichteheliche leibliche

---

[735] Vgl. Zusammenstellung der Vernehmlassungen (1993), S. 728 ff.

[736] Vgl. Interessengemeinschaft geschiedener und getrennt lebender Männer, Zusammenstellung der Vernehmlassungen (1993), S. 728; Schweizerischer Anwaltsverband, Zusammenstellung der Vernehmlassungen (1993), S. 729.

[737] Vgl. auch Reusser, Die Revision des Scheidungsrechts: Die aus kindes- und vormundschaftsrechtlicher Sicht relevanten Neuerungen, ZVW 1993, 47, 55f.

Eltern dar. Ein nichtehelicher Vater ist nicht nur ein Pflegeelternteil oder ein Stiefelternteil. Er ist der wirkliche Vater des Kindes.

Der Vorentwurf scheut sich vor der Erfassung nichtehelicher Eltern als gleichberechtigte Inhaber der elterlichen Gewalt. Im Bericht zum Vorentwurf wird ausdrücklich darauf hingewiesen, dass durch die vorgeschlagene Lösung die Schwierigkeit, Anfang und Ende der gemeinsamen elterlichen Gewalt regeln zu müssen, vermieden werden kann[738]. Die rechtliche Situation nichtehelicher Kinder und ihrer Eltern verlangt jedoch nicht nach einer Scheinlösung, sondern nach einer Regelung, welche die inhaltlich beste Lösung darstellt.

7. Eigene Vorschläge zur gemeinsamen Elternverantwortung Unverheirateter de lege ferenda

a. Gemeinsame Elternverantwortung ist gesetzlich vorzusehen

Die Möglichkeit einer faktischen Teilnahme beider Elternteile an der elterlichen Gewalt auf freiwilliger Basis genügt nicht. Das Kind nichtehelicher Eltern hat ein massgebliches Interesse daran, dass die emotionalen Beziehungen an beide Elternteile rechtlich abgesichert werden[739].

In der Literatur wird die Befürchtung geäussert, dass dadurch die nichteheliche Familie (ob zusammenlebend oder nicht) zu Lasten der Ehe anerkannt würde[740]. Doch es geht dabei nicht um eine Regelung nichtehelicher Beziehungen, sondern um die Aufhebung der rechtlichen Schlechterstellung des nichtehelichen Kindes. Nicht die Beziehung der Eltern untereinander, sondern die rechtliche Beziehung des Kindes zu seinen Eltern als Teil des Kindesrechts ist zu regeln. Dabei sollte die Schwelle für die gemeinsame Ausübung der Elternverantwortung nicht zu hoch angesetzt werden. Die Voraussetzungen dürfen nicht prohibitiv wirken.

---

[738] Vgl. Bericht zum VE (1992), S. 99.

[739] Lempp, Das gemeinsame Sorgerecht aus kinderpsychiatrischer Sicht, ZfJ 1984, 305 308.

[740] Zitiert bei Stettler, SPR III/2 (1992), S. 248; Vogt, Kinder im gemeinsamen Haushalt, in: Die eheähnliche Gemeinschaft (Konkubinat) im schweizerischen Recht (1984), S. 99.

b. Reines Antragsmodell

Ein übereinstimmender Antrag der Eltern soll die einzige Voraussetzung für die Gewährung der Elternverantwortung beider Elternteile darstellen. Die Eltern erbringen durch einen gleichlautenden Antrag die Hauptvoraussetzung für das tatsächliche Funktionieren der gemeinsamen elterlichen Gewalt: Sie erklären ihren Willen, kooperativ die Verantwortung für die Entwicklung und Erziehung ihres Kindes tragen zu wollen.

Für den Antrag auf gemeinsame Ausübung der Elternverantwortung ist eine bestimmte Form einzuhalten, da er weitreichende Rechtsfolgen mit sich nach sich zieht. Nach englischem Recht sind für das parental responsibility agreement[741] bei Gericht vorgefertigte Formulare erhältlich.

Um das Verfahren jedoch möglichst einfach zu gestalten, ist auf die Mitwirkung eines Gerichts zu verzichten, und die nötigen Formulare könnten beim Zivilstandsamt[742] zugänglich sein. Das von den Eltern vollständig ausgefüllte Formular gilt als gemeinsame Erklärung und wird beim Zivilstandsamt aufbewahrt. Die Wirkung könnte unmittelbar mit der Antragstellung eintreten und wäre nicht genehmigungsbedürftig, denn mit dem übereinstimmend gestellten Antrag erfüllen die Eltern bereits die Voraussetzung, welche für die Tragfähigkeit der gemeinsamen Elternverantwortung am ehesten Gewähr bieten kann. Die Rechtsfolge der gemeinsamen Elternverantwortung wäre nicht in ein Register einzutragen, denn die durch das Zivilstandsamt geführten Register enthalten keine Angaben daüber, wer Inhaber der elterlichen Gewalt über ein Kind ist[743].

c. Zusammenleben stellt keine Voraussetzung dar

Bei Zusammenleben der Eltern sind die Umstände für die gemeinsame elterliche Gewalt sehr gut. Sowohl die rechtlichen Entscheidungen als auch die tägliche Erziehungs- und Betreuungsarbeit können durch beide Elternteile geleistet werden. Die Eltern können sich in ihren elterlichen Rechten und Pflichten teilen und ergänzen. Ihre Lebenssituation entspricht derjenigen

---

[741] Vgl. Sec. 4 (2) CA 1989.

[742] Der Zivilstandsbeamte ist ebenfalls zuständig für die Annahme und Beurkundung einer Anerkennungserklärung gem. Art. 260 Abs. 3 ZGB.

[743] Gemäss Auskunft Zivilstandsamt Basel-Stadt.

einer ehelichen Familie.

Dennoch soll die Lebensgemeinschaft nicht die ausschlaggebende Voraussetzung darstellen. Einerseits könnte das Zusammenleben fingiert sein und die zuständige Behörde müsste sich im Einzelfall Gewissheit darüber verschaffen, dass eine Wohngemeinschaft tatsächlich besteht. Zudem kann allein vom Zusammenleben nicht auf die Bereitschaft zu beidseitigem Engagement der Eltern geschlossen werden und der übereinstimmende Wille beider Eltern zur gemeinsamen Elternverantwortung kann nicht vermutet werden. Anderseits ist erneut darauf hinzuweisen, dass die erforderliche Bereitschaft zur Kooperation auch ohne Lebensgemeinschaft vorhanden sein kann[744].

d. Keine Kindeswohlüberprüfung

Beantragen die Elternteile zusammen eine Übertragung der elterlichen Gewalt auf Mutter und Vater, so ist zu vermuten, dass beide auch tatsächlich Verantwortung für ihr Kind übernehmen wollen. Das einvernehmliche Handeln der Eltern bietet Gewähr dafür, dass die Folge der gemeinsamen Elternverantwortung auch den Interessen des Kindes entspricht. Der Antrag ist infolgedessen keiner Prüfung des Kindeswohls zu unterziehen.

Ein weiterer Grund für die Ablehnung der Kindeswohlüberprüfung ergibt sich aus der Schwierigkeit, die Entwicklung der Beziehung zwischen Mutter, Vater und Kind für die Zukunft vorauszusagen[745]. Bei der ursprünglichen Einräumung der gemeinsamen Elternverantwortung kurz nach der Geburt des Kindes kann sich eine Beziehung zwischen Vater und Kind noch kaum gebildet haben, so dass eine Voraussage für die Zukunft ohne Erfahrungen aus der Gegenwart nahezu unmöglich wird.

e. Gemeinsame Elternverantwortung gegen den Willen eines Elternteils

Mit der Anerkennung des Kindes durch den Vater vor dem Zivilstandsbe-

---

[744] Vgl. Schwenzer, Gutachten zum 59. DJT (1992), S. 70 f.; dies., Vom Status zur Realbeziehung (1987), S. 269 f., hier allerdings noch etwas skeptisch.
[745] Vgl. 2.Kap.II.2.c. und e.

amten[746] entsteht ein rechtliches Verhältnis zwischen dem Kind und seinem Vater. Die elterliche Gewalt steht zunächst von Gesetzes wegen - auch nach erfolgter Anerkennung - allein der Mutter zu.

Anders würde es sich verhalten, wenn die gemeinsame Ausübung der Elternverantwortung mit der Anerkennung des Kindes automatisch eingeräumt würde. Doch die automatische Zuteilung der elterlichen Gewalt an beide Elternteile führt m.E. zu weit, da nicht immer davon ausgegangen werden kann, dass sie dem Kindeswohl entspricht. Es kann nicht vermutet werden, dass die gemeinsame elterliche Gewalt auch gegen den Willen der Mutter generell im Interesse des Kindes liegt. Um diesem Umstand Rechnung zu tragen, ist die automatische Zuteilung der gemeinsamen Elternverantwortung abzulehnen.

Demjenigen Elternteil, der die gemeinsame Elternverantwortung trotz Widerspruchs des andern wünscht, sollte jedoch die Möglichkeit offenstehen, das Gericht anzurufen, um eine Überprüfung der Situation zu erreichen. Nur wenn anschliessend der Richter zum Schluss kommt, dass das Kindesinteresse die gemeinsame Elternverantwortung trotz Uneinigkeit der Eltern erfordert, sollte er sie auch gegen den Willen eines Elternteils zusprechen können[747].

Hier wird wiederum - wie bei der gemeinsamen Elternverantwortung nach Scheidung[748] - deutlich, dass es letztendlich nicht um die Selbstverwirklichung der Eltern, sondern um die bestmögliche Wahrung des Kindesinteresses geht. Ergibt sich aus bei der Analyse der Situation durch den Richter, dass das Kindeswohl nach gemeinsamer elterlicher Gewalt verlangt, so muss diesem Umstand vor dem Wunsch der Eltern Priorität eingeräumt werden.

Im Vergleich zur Sachlage nach Scheidung sind allerdings bei ursprünglicher Zuteilung gemeinsamer Elternverantwortung Unverheirateter noch seltener Fälle vorstellbar, in denen die erzwungene gemeinsame Ausübung tatsächlich den Interessen des Kindes dienen würden. Denn zum Zeitpunkt der Uneinigkeit waren noch nie beide Elternteile Inhaber der elterlichen Gewalt.

---

[746] Art. 260 Abs. 2 ZGB; Art. 102 ff. ZStV.
[747] Vgl. Frankreich: Art. 374 Abs. 3 Cc; Grossbritannien: Sec. 4 (1) (a) CA 1989.
[748] Vgl. 6.Kap.II.6.d.

Niemand wird von einer Rolle oder Funktion ausgeschlossen, die er bisher innehatte. Der Streit zwischen den Eltern ist schon vor der Geburt des Kindes oder kurz danach erwachsen, so dass zum Vater noch gar keine Beziehung entstehen konnte. Und für den Aufbau einer Beziehung in der Zukunft stehen die Umstände denkbar ungünstig, wenn sich die Mutter gegen die gemeinsame Elternverantwortung wehrt[749].

f. Beendigung der gemeinsamen Elternverantwortung

Können die Eltern aufgrund bestehender Konflikte nicht mehr im Interesse des Kindes kooperieren, so muss eine Beendigung der gemeinsamen Ausübung der Elternverantwortung erreicht werden können.

Da eine staatliche Interventionsmöglichkeit bei der Auflösung einer nichtehelichen Beziehung nicht besteht, ist ein Verfahren auf Antrag einzuführen. Ein Elternteil, das Kind oder - bei Kindeswohlgefährdung - die vormundschaftlichen Behörden könnten auf Antrag ein leicht zugängliches gerichtliches Verfahren einleiten, das soweit möglich auch das Kind miteinbezieht. In diesem Verfahren würde über die Zuteilung der elterlichen Gewalt an einen Elternteil durch den Richter entschieden. Dieses Verfahren entspricht dem Verfahren über die umstrittene Zuteilung der elterlichen Gewalt im Scheidungsprozess nach geltendem Recht.

Im Konfliktfall ist die Regelung der Lebensverhältnisse durch den Richter im Interesse des Kindes notwendig. Es handelt sich bei der Einführung dieses Verfahrens nicht um den ersten Schritt einer gesetzlichen Regelung nichtehelicher Beziehungen. Der Vorschlag lässt sich vereinbaren mit dem Entschluss der Eltern, nicht in der vom Staat vorgesehenen Form der Ehe zu leben. Denn es geht in diesem Moment um die Interessen des Kindes, die gewahrt werden müssen und nicht um die Freiheit der Eltern. Unverheiratete Partner haben für sich selbst eine Alternative zur gesetzlich geregelten Ehe gewählt. Diese Wahl darf jedoch keine negativen Auswirkungen auf ihr Kind haben, das keinen Einfluss auf diese Entscheidung hatte.

---

[749] Auch wenn diese Situation nicht die einzig mögliche ist, so dürfte sie doch den Hauptfall darstellen.

Thesen

I. Gemeinsame Elternverantwortung nach Scheidung

1. Die gemeinsame Ausübung der Elternverantwortung nach Scheidung der Eltern ist gesetzlich vorzusehen. Auf den Zwangsverbund soll nicht verzichtet werden, da die Zeit um die Scheidung eine schwere Belastung für die Kinder darstellt, und in ihrem Interesse die Schwelle für eine Überprüfung der Situation durch das Gericht und Sachverständige nicht zu hoch angesetzt werden soll.

2. Im Rahmen des Scheidungsprozesses können die Eltern Antrag auf Belassung der gemeinsamen Elternverantwortung stellen. Der Antrag ist genehmigungsbedürftig.

   a. Bei Einigkeit der Eltern kann vermutet werden, dass die zwischen ihnen erarbeitete Regelung dem Kindeswohl am besten entspricht. Der Richter prüft nur, ob der Antrag dem Willen beider Parteien entspricht.

   b. Eine Überprüfung des Kindeswohls durch den Richter und Sachverständige soll nur vorgenommen werden, wenn sich die Eltern über die Zuteilung der Elternverantwortung nicht einig sind oder wenn der Richter über Anhaltspunkte verfügt, die eine Überprüfung des Kindeswohls angezeigt erscheinen lassen. In Ausnahmefällen kann dies dazu führen, dass trotz Widerspruchs eines Elternteils die elterliche Gewalt bei beiden bleibt.

3. Die gemeinsame Elternverantwortung muss beendigt werden können. Wenn einvernehmliches Handeln zwischen den Eltern nicht mehr möglich ist, soll auf Antrag eines Elternteils, des Kindes oder der vormundschaftlichen Behörde die Zuteilung der Elternverantwortung durch das Zivilgericht beurteilt werden.

II. Gemeinsame Elternverantwortung unverheirateter Eltern

1. Ein übereinstimmender Antrag der Eltern soll die einzige Voraussetzung für die Ausübung der Elternverantwortung durch beide Elternteile darstellen. Nach dem reinen Antragsmodell tritt die Wirkung der gemeinsamen Elternverantwortung sofort mit Antragstellung ein. Eine Genehmigung ist nicht erforderlich.

2. Falls nur ein Elternteil die gemeinsame Elternverantwortung wünscht, kann das Gericht angerufen werden. Das Gericht kann die gemeinsame Ausübung der elterlichen Gewalt gegen den Willen des andern Elternteils zuweisen, wenn das Kindeswohl dies ausnahmsweise erfordert.

3. Die Beendigung der gemeinsamen Elternverantwortung soll durch gerichtliches Urteil möglich sein. Der Antrag auf Alleinzuweisung der elterlichen Gewalt kann durch einen Elternteil, das Kind oder die vormundschaftliche Behörde gestellt werden.

Schlussbetrachtung

In Deutschland, Frankreich und Grossbritannien können Eltern auch nach der Scheidung ihrer Ehe die elterliche Verantwortung für ihre Kinder weiterhin gemeinsam ausüben. Die Schweiz befindet sich auf dem Weg, die gemeinsame elterliche Gewalt nach der Scheidung gesetzlich einzuführen.

Im Rahmen der Diskussion um die gemeinsame Elternverantwortung wird teilweise vorgebracht, dass die gemeinsame elterliche Gewalt sich von der Zuteilung der elterlichen Gewalt an einen Elternteil mit einem ausgedehnten Besuchsrecht für den andern Elternteil kaum unterscheide. Solange keine Uneinigkeiten zwischen den Eltern über die Ausübung der elterlichen Gewalt vorhanden sind, sind sich beide Varianten in der Praxis tatsächlich sehr ähnlich. Neben der fehlenden rechtlichen Entscheidungsbefugnis des besuchsberechtigen Elternteils besteht jedoch noch ein ganz wesentlicher Unterschied. Bei der gemeinsamen elterlichen Gewalt wird auf eine subsidiäre Zuteilungsregelung für den Konfliktfall verzichtet. Bei der Alleinzuteilung mit ausgedehntem Besuchsrecht wird zum Zeitpunkt der Scheidung eine Regelung ausgearbeitet, die in einer kritischen Situation in der Zukunft zum Zuge kommt, indem bei auftretenden Schwierigkeiten die alleinige Inhaberin oder der alleinige Inhaber der elterlichen Gewalt allein entscheidet, oder indem gar das Besuchsrecht aufgrund der Konflikte eingeschränkt wird.

Befürworter dieser Lösung betonen als Vorteil die Klarheit der Situation, die Schaden vom Kind abwenden soll. Dieser Vorteil wird aber möglicherweise zu einem hohen Preis erkauft. Denn es ist vorstellbar, dass sich die Umstände in der Zeit zwischen dem Scheidungsurteil und der Konfliktsituation verändern, so dass die ursprünglich ausgearbeitete Lösung nicht mehr den Verhältnissen angepasst ist. Diese Lösung auf Vorrat kann so den Kindesinteressen mehr schaden als nützen, wenn keine Überprüfung der Situation durch den Richter zum kritischen Zeitpunkt möglich ist. Bei der gemeinsamen Elternverantwortung hingegen findet bei übereinstimmendem Elternantrag im Moment der Scheidung keine Überprüfung des Kindeswohls statt, da sie nicht gefordert ist. Liegt Kooperationsfähigkeit zwischen den Eltern vor, so können sie zusammen die elterliche Gewalt im Interesse des Kindes ausüben. Geht den Eltern diese Fähigkeit in der Zukunft verloren, so wird in diesem Moment eine den vorliegenden Verhältnissen angepasste Entscheidung des Richter nötig.

Eine Lösung auf Vorrat hat zudem den Nachteil, dass sie demjenigen Elternteil, der durch die subsidiäre Lösung privilegiert wird, ein Druckmittel in die Hand gibt. Sobald kleinere Unstimmigkeiten auftreten, kann dieser Elternteil auf die richterliche Alleinzuteilung der elterlichen Gewalt verweisen und den anderen dadurch zum Einlenken bewegen. Es ist unbestritten, dass auch bei grundsätzlich einverständlichem Handeln Meinungsverschiedenheiten auftreten können. Will der Besuchsberechtigte seine Position, die auf freiwilliger Integration durch den andern Elternteil beruht, nicht verlieren, muss er seinen Widerstand aufgeben.

Das Argument der Klarheit der Situation ist eng verknüpft mit dem Argument des Vorteils der eindeutigen Zuordnung des nichtehelichen Kindes zu seiner Mutter. Die rechtliche Zuteilung des Kindes zu seiner Mutter von Geburt an soll nicht in Frage gestellt werden. Doch auch hier liegt der Nachteil in der mangelnden Anpassungsfähigkeit der Lösung auf den Einzelfall. So liegt beispielsweise bei einem nichtehelichen Kind, das mit beiden Elternteilen zusammen aufwächst und dabei auch von beiden abwechslungsweise betreut wird, keine Notwendigkeit der ausschliesslichen Zuteilung an die Mutter vor. Im Falle der Auflösung dieser Lebensgemeinschaft wäre im Gegenteil nötig, dass im Interesse des Kindes eine Überprüfung der Situation durch den Richter stattfinden kann. Es ist vorstellbar, dass es im geschilderten Fall dem Wohl des Kindes eher entspricht, in Zukunft mit dem Vater zu leben, als mit der Mutter wegzuziehen. Das schweizerische Recht sieht jedoch - anders als das französische und das englische Recht und in Kürze auch das deutsche Recht - diese Möglichkeit nicht vor. Nach schweizerischem Recht ist die Mutter allein Inhaberin des Aufenthaltsbestimmungsrechts und dem Vater bleibt allein ein Besuchsrecht.

Die Familie ist ein sehr privates Rechtsgebiet, dessen Regelung viel Zurückhaltung erfordert. Der Staat sollte so wenig wie möglich in die Verhältnisse der Familienmitglieder untereinander eingreifen. Diese Zurückhaltung birgt jedoch gleichzeitig die Gefahr in sich, dass sich der Stärkere auf Kosten des Schwächeren durchsetzt. Eine Möglichkeit bei der Lösung dieses Dilemmas kann die Abkehr von der starren Regelung der zwangsweisen Überprüfung der Situation durch den Richter in Richtung einer offeneren Normierung darstellen. Dabei müssen jedoch allen Familienmitgliedern und der vormundschaftlichen Behörde die rechtlichen Mittel zur Verfügung stehen, die richterliche Beurteilung und Abänderung der rechtlichen Verhältnisse zu verlangen. Bezogen auf die Scheidungssituation bedeutet dies, dass die Zuteilung der elterlichen Gewalt an einen Elternteil nicht nötig ist bei Vorliegen eines Antrags der Eltern auf Belassung der gemeinsamen Elternverantwortung. Der Richter drückt sich dabei zum Zeitpunkt der Scheidung nicht um eine Entscheidung. Er trifft sie lediglich nicht auf Vorrat, sondern möglicherweise in einem späteren Moment, falls sie überhaupt erforderlich wird.

Es wird hier nicht der Standpunkt vertreten, dass die gemeinsame elterliche Gewalt nach Scheidung oder die gemeinsame Elternverantwortung unverheirateter Eltern den Regelfall darstellen soll. Die Fähigkeit, Konflikte in der Paarbeziehung von der Elternbeziehung zu trennen, haben möglicherweise nur wenige Eltern. Andererseits soll auch nicht das Bild aufgezeichnet werden, alle nicht in einer Ehe geborenen Kinder wohnten mit beiden Elternteilen als Familie zusammen oder stünden in regem Kontakt zu beiden Elternteilen. Doch selbst wenn die vorgeschlagene Regelung nur auf einen relativ geringen Prozentsatz aller Eltern und Kinder Anwendung finden wird, sollte das Gesetz diese Möglichkeiten vorsehen, anstatt sie unnötigerweise zu verbieten.

Es soll auch bemerkt sein, dass die gemeinsame Elternverantwortung allein noch keine "neue Familie" schafft. Die gemeinsame elterliche Gewalt garantiert keine Aufrechterhaltung der Beziehungen zwischen dem Kind und seinen beiden Elternteilen, wie schon durch verschiedene Untersuchungen bestätigt worden ist. Schon während bestehender Gemeinschaft (mit oder ohne Zusammenleben) sollte jeder Elternteil eine eigenständige Beziehung zum Kind aufbauen. Damit ein Netz von Beziehungen über die Trennung der Eltern hinaus tatsächlich weitergeführt werden kann, müssen die Eltern schon während ihrer Partnerbeziehung die gemeinsame Verantwortung in den verschiedenen Bereichen der Familie praktiziert haben. Mit dem herkömmlichen Verständnis von Rollenteilung kann dieses Ziel jedoch nicht erreicht werden. Auch der Tausch der Rollen mit Umkehr der Verhältnisse führt nicht weiter. Eine neue, anteilsmässige Verteilung der Aufgaben in den Lebenszentren Kindererziehung/Haushalt und Arbeitswelt kann dieses Ziel verwirklichen helfen. Beide Elternteile können dadurch persönliche Beziehungen zu den Kindern aufbauen und gleichzeitig ausserhalb der Familie zu deren Finanzierung beitragen. Eine Veränderung der Auffassung der Aufgabenteilung innerhalb der Familie wird deshalb für immer mehr Elternpaare zum Anliegen.

Abschliessend ist zur gemeinsamen Elternverantwortung nicht verheirateter Eltern zu sagen, dass die Ehe eine künstliche Privilegierung, wie sie heute durch das Gesetz geschaffen wird, nicht braucht. Es gibt viele gute Gründe für eine Eheschliessung. Die Furcht der Eltern vor Diskriminierung ihres Kindes durch dessen rechtliche Schlechterstellung stellt keine sinnvolle Motivation zur Heirat dar.

JURISTISCHE FAKULTÄT DER UNIVERSITÄT BASEL

SCHRIFTENREIHE
DES INSTITUTS FÜR INTERNATIONALES RECHT
UND INTERNATIONALE BEZIEHUNGEN

Herausgegeben von F. Vischer, F.-E. Klein und L. Wildhaber

Heft 1 **Kaufman, Hans.** Die Gutachten des Ständigen Internationalen Gerichtshofes als Mittel zwischenstaatlicher Streitschlichtung.
1939. 239 Seiten.

Heft 2 **Scherrer, Werner.** Zur Frage der internationalen Vereinheitlichung des Privatrechts.
1939. 102 Seiten.

Heft 3 **Lewald, Hans.** Règles générales des conflits de lois.
Contributions à la technique du droit international privé.
Vorlesungen gehalten im August 1939 an der Haager Akademie für internationales Recht.
1941. 150 Seiten. Vergriffen.

Heft 4 **Hagemann, Max.** Die neuen Tendenzen der Neutralität und die völkerrechtliche Stellung der Schweiz.
1945. 108 Seiten. Vergriffen.

Heft 5 **Kallmann, François.** Anerkennung und Vollstreckung ausländischer Zivilurteile und gerichtlicher Vergleiche.
1946. 434 Seiten.

Heft 6 **Thieme, Hans.** Das Naturrecht und die europäische Privatrechtsgeschichte.
2. Auflage, 1954. 54 Seiten. Vergriffen.

Heft 7 **Janner, Antonino.** La Puissance protectrice en Droit international d'après les expériences faites par la Suisse pendant la seconde guerre mondiale.
2. Auflage, 1972. 79 Seiten.

Heft 8 **Graf, Karl Bernhard.** Die Grundrechte der Staaten im Völkerrecht. Eine kritische Untersuchung ihrer Grundlagen.
1948. 208 Seiten. Vergriffen.

Heft 9 **Vischer, Frank.** Die rechtsvergleichenden Tatbestände im internationalen Privatrecht.
Die Übereinstimmung der materiellen Rechtsinhalte als Voraussetzung des internationalen Privatrechtes. Die Bedeutung des Begriffes der Äquivalenz.
1953. 138 Seiten. Vergriffen.

Heft 10 **von Sinner, Vincent R. M.** Das Recht der Partnership in den Vereinigten Staaten von Amerika, vom schweizerischen Rechte aus betrachtet.
1955. 135 Seiten.

Heft 11 **Klein, Frédéric-Edouard.** Considérations sur l'arbitrage en droit international privé précédées d'une étude de législation, de doctrine et de jurisprudence comparées en la matière.
1955. 320 Seiten. Vergriffen.

Heft 12 **Hagemann, Max.** Die europäische Wirtschaftsintegration und die Neutralität und Souveränität der Schweiz.
1957. 68 Seiten.

Heft 13 **Alder, Claudius.** Die Befugnisse der Organe der Europäischen Wirtschaftsgemeinschaft gegenüber Mitgliedstaaten und Privatunternehmen. Übersicht über die Kompetenzen des Rates und der Kommission unter besonderer Berücksichtigung der Praxis.
1962. 194 Seiten.

Heft 14 **Wenger, Werner.** Zum obligationenrechtlichen Schiedsverfahren im schweizerischen Recht.
Eine rechtsvergleichende und historische Studie zur Unterscheidung zwischen Schiedsrichter und Schiedsgutachter unter besonderer Berücksichtigung des «arbitrato libero» des italienischen Rechts.
1968. 204 Seiten.

Heft 15 **Creutzig, Jürgen.** Das selbständige Schuldversprechen.
Eine vergleichende Darstellung nach dem englischen und französischen Recht.
1969. 264 Seiten.

Heft 16 **Wildhaber, Luzius.** Treaty-Making Power and Constitution.
An International and Comparative Study.
1971. 433 Seiten.

Heft 17 **Gutzwiller, Peter Christoph.** Vertragliche Abreden zur Sicherung des Geldwerts, insbesondere Gleitklauseln.
Eine vergleichende Darstellung der Rechtslage in Frankreich, Deutschland und der Schweiz.
1972. 176 Seiten.

Heft 18 **Deutsch-französisch-schweizerisches Colloquim über die Grundlagen und Funktionen des Haftpflichtrechts** – Colloque franco-germano-suisse sur les fondements et les fonctions de la responsabilité civile.
Documents présentés par Frédéric-Edouard Klein.
1973. 290 Seiten.

Heft 19 **Trutmann, Verena.** Das internationale Privatrecht der Deliktsobligationen. Ein Beitrag zur Auseinandersetzung mit den neueren amerikanischen kollisionsrechtlichen Theorien.
1973. 214 Seiten.

Heft 20 **Löw, Christoph.** Der Informationsanspruch des Aktionärs im amerikanischen Recht.
Eine Darstellung der Aktionärsinformation in den Rechten der Einzelstaaten und des Bundes mit einem dokumentarischen Anhang über einzelne Verordnungen der Securities and Exchange Commission (SEC).
1973. 398 Seiten.

Heft 21 **von Arx, Herbert Julius.** Atombombenversuche und Völkerrecht.
1974. 208 Seiten.

Heft 22 **Bucher, Andreas.** Grundfragen der Anknüpfungsgerechtigkeit im internationalen Privatrecht (aus kontinentaleuropäischer Sicht).
1975. 268 Seiten.

Heft 23 **Züllig, Robert.** Die internationale Fusion – Unter besonderer Berücksichtigung des deutschen und des italienischen Rechts.
1975. 138 Seiten.

Heft 24 **Knechtle, Arnold.** Grundfragen des Internationalen Steuerrechts – erläutert an Beispielen des Internationalen Steuerrechts der Schweiz und der Bundesrepublik Deutschland.
1976. 229 Seiten.

Heft 25 **Nickel-Schweizer, Gaby.** Rechtsvergleichender Beitrag zum fiduziarischen Eigentum in Deutschland und in der Schweiz.
1977. 131 Seiten.

Heft 26 **Radü, Friedrich Wilhelm.** Die Konkretisierung der Berufsfreiheit im Arbeitsrecht der Bundesrepublik Deutschland und der Schweiz.
1978. 196 Seiten.

Heft 27 **Meier, Guido.** Grundstatut und Sonderanknüpfung im IPR des liechtensteinischen Gesellschaftsrechts, erläutert an Hand ausländischer Kollisionsrechtslehre und -praxis.
1979. 312 Seiten.

Heft 28 **Freivogel, Andreas.** Audi alteram partem. Das rechtliche Gehör im englischen Verwaltungsverfahren (mit einigen rechtsvergleichenden Bemerkungen zur Praxis des Schweizerischen Bundesgerichts).
1979. 234 Seiten.

Heft 29	**Kaufmann-Kohler, Gabrielle.** La clause d'élection de for dans les contrats internationaux. 1980. 240 Seiten.
Heft 30	**Schulze, Carsten.** Die Kodifikation des Vertragsstatuts im internationalen Privatrecht. 1980. 248 Seiten.
Heft 31	**Wagner, Beatrice.** Die Konzentrationskontrolle in der EWG und ihre Bedeutung für Zusammenschlüsse schweizerischer Unternehmen. 1982. 188 Seiten.
Heft 32	**Rosen, Walter.** Das System der Ombudsmann-Ämter im Vereinigten Königreich von Grossbritannien und Nordirland. 1982. 216 Seiten.
Band 33	**Klein, F.-E. /Vischer, Frank.** Colloque de Bâle sur la loi régissant les obligations contractuelles (fr.-engl.). 1983. 248 Seiten.
Band 34	**Schmid, Bernhard.** Rang und Geltung der Europäischen Konvention zum Schutze der Menschenrechte und Grundfreiheiten vom 3. November 1950 in den Vertragsstaaten. 1984. 196 Seiten.
Band 35	**Gränicher, Dieter.** Die kollisionsrechtliche Anknüpfung ausländischer Devisenmassnahmen. 1984. 142 Seiten.
Band 36	**Baltensperger, Peter.** Untersuchung der luft- und verkehrspolizeilichen Befugnisse des Flughafenhalters am Beispiel des interkontinentalen Flughafens Zürich-Kloten. 1984. 135 Seiten.
Band 37	**Pauer, Alexander.** Die humanitäre Intervention. Militärische und wirtschaftliche Zwangsmassnahmen zur Gewährleistung der Menschenrechte. 1985. 236 Seiten.
Band 38	**Schmiedlin, Stefan.** Frustration of Contract and clausula rebus sic stantibus. Eine rechtsvergleichende Analyse. 1985. 184 Seiten.
Band 39	**Breitenmoser, Stephan.** Der Schutz der Privatsphäre gemäss Art. 8 EMRK. Das Recht auf Achtung des Privat- und Familienlebens, der Wohnung und des Briefverkehrs. 1986. 399 Seiten.
Band 40	**Cornut, Eric.** Der Grundstückkauf im IPR. Unter Einschluss der Zuständigkeitsverweisung und des internationalen Konfliktes. 1987. 159 Seiten.
Band 41	**Bauer, Thomas.** Börsenmässige Termingeschäfte und Differenzeinwand im schweizerischen und deutschen IPR. 1988. 442 Seiten.
Band 42	**Huwyler, Markus.** Ausländische juristische Personen im internationalen Enteignungsrecht der Schweiz. 1989. 169 Seiten.
Band 43	**Stäheli, Thomas.** Persönlichkeitsverletzungen im IPR. 1989. 228 Seiten.
Band 44	**Spothelfer, Pascal E.** Völkerrechtliche Zuständigkeiten und das PipelineEmbargo. 1990, 120 Seiten.
Band 45	**Staehelin, Daniel.** Die Anerkennung ausländischer Konkurse und Nachlassverträge in der Schweiz (Art. 166 ff. IPRG). 1989. 216 Seiten.
Band 46	**Schwager, Stefan.** Empfehlungen internationaler Organisationen besonders auf dem Gebiet der europäischen Raumordnung. 1990. 240 Seiten.

Band 47 **Sassòli, Marco.** Bedeutung einer Kodifikation für das allgemeine Völkerrecht mit besonderer Betrachtung der Regeln zum Schutze der Zivilbevölkerung vor den Auswirkungen von Feindseligkeiten.
1990. 592 Seiten.
Band 48 **Zellweger, Caspar.** Die Form der schuldrechtlichen Verträge im internationalen Privatrecht. Wurzeln und Rechtfertigung der Sonderanknüpfung.
1990. 152 Seiten.
Band 49 **Klein, F.-E.** (Hrsg.) Colloque de Bâle sur le rôle du droit public en droit international privé (fr.-engl.).
1991. 260 Seiten.
Band 50 **Bessenich, Balthasar.** Die grenzüberschreitende Fusion nach den Bestimmungen des IPRG und des OR.
1991. 222 Seiten.
Band 51 **Huber, Lucius.** Das Joint-venture im internationalen Privatrecht.
1992. 185 Seiten.
Band 52 **Morscher, Thomas.** Staatliche Rechtssetzungsakte als Leistungshindernisse im internationalen Warenkauf.
1992. 232 Seiten.
Band 53 **Von Escher, Markus.** Einheitsgesetz und Einheitsrecht.
1992. 124 Seiten.
Band 54 **Goetz, Stefan.** Das internationale Kreditkartenverfahren.
1992. 296 Seiten.
Band 55 **Jäger, Thomas.** Streitbeilegung und Überwachung als Mittel zur Durchführung des GATT.
1992. 360 Seiten.
Band 56 **Probst, Thomas.** Die Änderung der Rechtsprechung.
1993. 1126 Seiten.
Band 57 **Ehrenzeller, Bernhard.** Legislative Gewalt und Aussenpolitik.
1993. 652 Seiten.
Band 58 **Petitpierre, Daniel.** Zivilrechtliche Haftpflicht für Umweltschädigungen nach schweizerischem Recht.
1993. 224 Seiten.
Band 59 **Voser, Nathalie.** Die Theorie der lois d'application immédiate im Internationalen Privatrecht.
1993. 338 Seiten.
Band 60 **Dormann Bessenich, Agnes.** Der ausländische Staat als Kläger.
1993. 262 Seiten.
Band 61 **Chapuis, Cédric.** Die Übertragung von Hoheitsrechten auf supranationale Organisationen.
1993. 381 Seiten.
Band 62 **Staehelin, Matthias.** Gerichtsstandvereinbarungen im internationalen Handelsverkehr Europas: Form und Willenseinigung nach Art. 17 EUGVÜ/LugÜ.
1994. 235 Seiten.
Band 63 **Müller, Markus.** Die internationale Zuständigkeit bei grenzüberschreitenden Umweltbeeinträchtigungen.
1994. 222 Seiten.
Band 64 **Wittibschlager, Martina.** Rechtshängigkeit in internationalen Verhältnissen.
1994. 208 Seiten.
Band 65 **Brühl-Moser, Denise.** Die Entwicklung des Selbstbestimmungsrechts der Völker.
1994. 382 Seiten.
Band 66 **Müller, Roland M.** Anerkennung und Vollstreckung schweizerischer Zivilurteile in den USA.
1994. 218 Seiten.

Band 67 **Linsi, Christian.** Gegenmassnahmen in der Form des Embargos zur Durchsetzung elementarer Völkerrechtsverpflichtungen in der schweizerischen Aussenpolitik. 1994. 323 Seiten.